JN192818

日本プロテスタント教会史の一断面

信仰告白と教会合同運動を軸として

落合建仁
著

日本キリスト教団出版局

まえがき

本書は、筆者が神学校を卒業して以来、約一〇年間にわたって教会とキリスト教学校で伝道に従事してきた中で、折々に書き留めてきた諸文章の中から、主なもの一二編を論文集の体裁でまとめたものである。

筆者は、日本のキリスト教の歴史の中でも、特に、日本においてプロテスタント・キリスト教の伝道が開始されてから、一九四一（昭和一六）年にプロテスタント諸教派教会が合同して「日本基督教団」（以下、教団）が成立するに至るまでの経緯に関心がある。本書は、その関心を基調に、日本におけるプロテスタント諸教会の形成過程における諸問題に焦点をあてたものである。

とは言え、本書の目次を見るだけでは、一見バラバラなテーマが並んでいるようにしか見えないかもしれない。しかし、本書の全ての章が――筆者の置かれている教会的立ち位置からの視点という限定された面はあるものの――教団にあって〈いかに教会を形成していくか〉という視点で貫かれている。それは、筆者が教団の伝道者であるとの召しと、（それゆえ学会にではなく）教会に軸足を置いていることに由来するものである。この日本に事実として存在する教会共同体「日本基督教団」、その共同体が今日《こんにち》に至るまでいかに形成され、そして今後神の助けと導きのもとに形成されていくべきか――日本プロテスタント・キリスト教史に関する優れた研究書が数多《あまた》ある中で本書の存在理由があるとすれば、それは本書の主題が、教団にあって〈いかに教会を形成していくか〉に注視しているという一点に尽きると思う。

よって、本書は教会形成を第一に視野に置いたものであり、その内容は、研究者・学者よりも、広く教会教職者、教会役員・長老、信徒にこそ、興味をもって読まれ得るものとなっているのではないかと思っている。また筆者も、そのような方々から読後の様々な感想を聞き、また教会を真実に建て上げる前向きな議論をしていくことができればと願っている。

本書の各章はだいたい日本プロテスタント教会史における年代順に並べてあるが、年代順であったとしても、必ずしも前後が内容的に直接つながっているとは限らないので、目次を見て、関心を持たれた章からぜひお読みいただければと思う。また、多くの章の文章は、筆者が教会関係で口頭あるいは文章で発表したものが基となっているので、実際に日々親しく教会生活を送っている者であれば、書かれていることについて、それほどむずかしく感じることはないはずである（特に第一章と第三章は、講演録に近いものとなっている。各章の初出については「あとがき」参照）。

なお、本文中、聖書の引用は共同訳聖書実行委員会『聖書　新共同訳』（日本聖書協会、一九八七年）に依った。また引用文中、現代では差別用語や不快用語にあたると思われるものも、歴史的用語として使用せざるを得なかった箇所があることを断っておく。

いずれにせよ、本書が、日本プロテスタント・キリスト教会の形成に、将来何らかの形で少しでも資することがあれば、筆者にとって望外の喜びである。

❖目次

第一部

目次

第二部

第三部

第五部

凡例

一、史資料の引用において、原則、変体仮名は普通仮名に、漢字の旧字体は新字体に改めた。なお、合略仮名はそのままとした。
二、史資料の引用箇所における「／」は改行箇所を、「……」は省略を、〔　〕は引用者による補足を表す。
三、年代表示は西暦を原則とし、読者の便宜を図るため適宜元号を使用した。ただし、一九四六（昭和二一）年以降は西暦のみを使用した。
四、敬称は、現存の方々も含め、原則、省略した。
五、本書中に表記されているＵＲＬは二〇一七年九月一日現在のものである。

第一部

第一章

初期日本プロテスタント教会における〈聖書解釈の伝統〉理解
――「日本基督公会条例」を手掛かりに

一　はじめに

本章が試みることは、日本における聖書の読み方――特に初期日本プロテスタント教会は聖書の読み方をどう受容したか――についてである。筆者が、日本における聖書の読み方について興味を持った契機として次の二つがあった。第一は、いわゆる〈潜伏キリシタン〉の伝承において、聖書の内容とその読み方が変容していった現象が見られたこと、第二は、開国後、日本のプロテスタント教会の主流教派である日本基督教会と日本組合基督教会（以下、組合教会）で、聖書の読み方をめぐり、前者に比して後者がより大きな混乱を経験したことである（いずれも後述）。上記のような現象や相違がなぜ生じたのかと問うのであるが、その際、理由の一つとして〈聖書解釈の伝統〉の欠如に行き着くと思われるのである。

〈聖書解釈の伝統〉、すなわち、それはまた「聖書と伝統」という用語でも表現することができる。聖書をどう読むかという時に、読者（ここでは一個人としてではなく、信仰共同体たる教会という単位を想定する）の読み方に手引きを与えてくれる役割を果たすのが「伝統」である。ここで言う「伝統」とは、より具体的に言えば信条や信仰告白、教理問答書等を指している。そして、聖書解釈における伝統のあり方については、たとえば便宜的に三通りの仕方で分類すると以下のようになる[1]。

（一）単一源泉理論――聖書正典において啓示された真理は内容的にはそれ自体で十分であり、聖書こそ「規制する規範（ノルマ・ノルマンス）」であると見る。そして、その聖書から引き出された聖書解釈の「伝統」（信条、信仰告白、教理問答書、正統教父や宗教改革者の文書、釈義など「書かれた伝統」）もまた、「（聖書によって）規制された規範（ノルマ・ノルマータ）」として受け入れるというものである。

（二）二重源泉理論――これは、イエス・キリストから発せられ使徒たちが宣べ伝えた福音は、一つが聖書正典であり、それとは別に、教会の使徒的監督職の継承によって口伝や儀礼、教説の形式で伝達された伝統がある、と捉える見方である。この立場は一六世紀のトレント公会議において強く擁護された。

（三）伝統の否定――これは、口伝や儀式的伝統を否定することは言うに及ばず、聖書を教会的に解釈するという意味での伝統の役割も否定するものである。トマス・ミュンツァーら一六世紀の急進的な神学者たちにとっては、個々人は聖霊の導きの下で自分の好きなように聖書を解釈する権利を持っていた。つまり、教会の共同的な判断よりも、個人の私的な判断が上位に置かれる。それゆえ急進派は非聖書的という理由で、幼児洗礼の執行を拒否し、同様に三位一体やキリストの神性などの教理も批判した。

こうして見た時、しばしばプロテスタント的聖書原理は〈聖書のみ〉であると言われることがあるが、これが多分に誤解を招きやすい表現であることがわかる。なぜならば、マルティン・ルターやジャン・カルヴァンら主流派の宗教改革者たちは聖書と共に聖書に由来する伝統をも重んじていたからである。しかし、系譜的には宗教改革的伝統を受け継いでいるはずの日本プロテスタント教会の、その歴史を顧みる時、初期から現代に至るまで必ずしも伝統に則した聖書の読み方が定着しているとは言い難い(2)。そうとすると、なぜ日本のプロテスタント教会に、宗教改革的「聖書と伝統」理解がふさわしく伝わらなかったのであろうかとの問いへと行きつく。

本章は、このような疑問の一端を解き明かすべく、明治初期の日本にプロテスタント・キリスト教が外国人宣教師たちによってもたらされた際、「聖書と伝統」理解についてはどのように移入されたかを見ていくものである。なお、この点についての先行研究の状況であるが、同時代の「聖書の理解の仕方」について記したものに大内三郎『近代日本の聖書思想』（日本基督教団出版部、一九六〇年）があるものの、それは「日本プロテスタント思想史上の幾人かの代表的人物を登場させ、かれらの「聖書思想」を考察」（一四八頁）したものであり、伝統に対する視座は含まれていない。棚村重行が、日本にプロテスタント教会が移入された時点の「聖書と伝統」理解について関心を寄せ、重要な問題提起をしている箇所はあるものの、集中的に述べられたものではなかった。[3] よって、本章はそれらを踏まえつつ、〈聖書解釈の伝統〉理解や信仰内容がより具体的に叙述されるところの文書、すなわち初期日本プロテスタント教会の信条的諸文書の移入・制定の経緯と由来を微視的に見ていくこととする。

それでは、以下からはまず、日本における伝統なき聖書の読み方の過去の実例としての、潜伏キリシタンと組合教会の場合を挙げ、これらがどのようなものであったかに簡単に触れ、筆者の問題意識を確認・共有してから本論に入っていくという筋道をたどりたい。

二　日本における伝統なき聖書の読み方の実例

1　潜伏キリシタンの時代

いわゆる〈潜伏キリシタン〉[4]とは、一七世紀以降、キリシタンに対する迫害が激しくなり、その難を逃れるため各地に潜伏、密かに信仰を継承し続けた人々のことである。潜伏キリシタンは、元を遡ればローマ・カトリック教会の流れを受け継ぐものであり、さらに時期的にも、開国後のプロテスタント伝道と直接の接点はないと言える。その意味で本章の主題の関心とは直接関連はないが――本章は金城学院大学日本語日本文化学会で、主として学部生を対象としてなされた講演発表に基づいている――日本人特有の聖書の読み方の傾向があることについて紹介することは興味深いことと思われるため、あえて触れる次第である。

さて、潜伏キリシタンの間で伝承された教えに『天地《てんち》始之事《はじまりのこと》』がある。(5) 近代になってから見つかったもので、教会側は「随分と奇怪な伝説を交えた、取るに足らぬもの」と見ていて、発見された当初、捨てられてしまった写本もあったようである。しかし、潜伏下において浸透した民間のキリシタン信仰、その内容・実態を垣間見させてくれるという点において、極めて貴重な資料とされる。(6)

『天地始之事』は、旧約聖書の冒頭から始まってノアの箱舟で旧約部分が終わり、預言書等を一気に飛び越え、新約聖書のイエスの生誕物語に至る。そこにはなぜかマリアが「丸や」、ヘロデは「よろうてつ」という名で出てくる。続いて「いざべるな」という名のエリサベトが、受胎したマリアを訪ねる場面では、エリサベトとマリアが「あべ川」で出会い、マリアの胎内の子が踊り、そこで、「あべ川にてつくらせたもふゆへ、あべ-丸や一結びといふ也」と変形している（本来「アヴェ・マリア」とは、ラテン語で「おめでとう、マリア」といった意味である）。これでは怪文書と見られて、捨てられるようなことがあったとしても、しかたがないかもしれない。

そのような細かな点よりもむしろ、本質的な変化があった。『天地始之事』を題材にして河合隼雄が著書の中で、そこには〈罪〉の問題が欠落してしまっていると指摘、そこに日本人の精神体質が反映しているという趣旨のことを言ったのである。(7) 遠藤周作もまた、『天地始之事』中の、イエスの死の理由が述べられた部分について強い関心を抱いた。(8) なぜならば、伝統的にはイエスの十字架の死は我々の罪の赦しのためだが、『天地始之事』ではいつのまにか、イエス自身が犯した罪を赦してもらうための修行だった、ということになっていたからである。どういうことかというと、イエスが生まれた時、ヘロデ王は二歳以下の男の子を一人残さず殺させたが、(9) それは、イエスが生まれたことによって、男の子がたくさん死んでしまったのであり、だからイエスはそれの赦しを請うために自ら十字架で死んだ、という教えにすり替わってしまっているのである。要するに、イエスの十字架の死は、悪いことをしたから責任をとって死んだという、自己責任の死ということになる。

なぜ、十字架理解が変質し、贖罪理解が消滅するのか——それだけでも十分に日本の精神性を論じるに値するであろうが——筆者はこの事実を、東京神学大学学部三年次の時に、日本キリスト教史の講義を鵜沼裕子先生から受ける中で初めて知ったのであるが、信仰共同体における聖書の読み方の適切な導き手たる訓練を受けた教職者、あるいは聖書の読み方の手引きとなる書かれた伝統の存在意義は、やはり大事なのかもしれないと思わされたのであった。

2　キリスト論論争

次に、過去の一五〇年間あまりの日本プロテスタント・キリスト教会史上、聖書の読み方に関して——それはそのまま福音の理解をめぐる問題でもある——議論が起きた主要な出来事として、一九〇一（明治三四）—一九〇二（明治三五）年にかけて生じた「キリスト論論争」あるいは「福音主義論争」が有名である。これは植村正久（日本基督教会牧師）と海老名弾正（組合教会牧師）の間でキリスト教信仰の中心的事柄をめぐって理解の相違が明らかにされたもので、一言で言えば、「キリストを神として信じるのか、それとも師であるキリストの信仰に倣うのかという問題」（近藤勝彦）であった[10]。海老名にとって、キリストは「父子有親の関係」に親密に生きた我々兄弟仲間の長子であって、御子なる神とはしなかった。植村はこれに対して、キリストは我々の祈りを受ける方、つまり神であると言い、その贖いによって人間は救いに入れられたと語ったのであった。その後、福音同盟会第一二回大会（一九〇二〔明治三五〕年四月）の決議によって、一般的に言って植村の主張にそった信仰理解が教界において公的に認められる形となった。

それにしても、日本プロテスタント・キリスト教会史上、聖書の理解をめぐって議論が生じた際、なぜか当事者に組合教会の教職者が多い。たとえば、海老名弾正以外にも、組合教会を脱会の後、新神学を主張して書物『日本現今之基督教並ニ将来之基督教』（一八九一〔明治二四〕年）を著した金森通倫、講演「聖書のインスピレーション」（一八八九（明治二二）年）で物議を醸した小崎弘道等である。実は、三人とも同志社の出身であるが、同志社に入学する前は熊本洋学校に在籍した、いわゆる「熊本バンド」のメンバーでもあった。それはすなわち、熊本洋学校教師のL・L・ジェーンズ[11]に教えを受けたという点で共通している。ジェーンズの聖書講義を紐解くと、それは、イエスの死は贖罪の死ではなく、一英雄としての死という理解の内容であった[12]。これは明らかに伝統的イエス理解とは異なるものであった[13]。はたして、熊本バンドは大挙して同志社に入学後、教授陣と贖罪理解で衝突することになる[14]。

彼らの信仰がそのようなジェーンズの陶冶を受けたことに由来し、福音理解について論争が生じたりすることは理解できるとして、不思議なのは、先ほどの海老名の場合、福音同盟会第一二回大会の決議によってその主張は退けられたにもかかわらず、その後も彼が変わることなく組合教会において重要な働きを担い続けたことである。組合教会の枠内で、宗教改革的「聖書と伝統」理解に則ることなく（見方を変えれば、囚われることなく）、自由に発言することができたのは一体なぜなのか。以上の幾つかの日本プロテスタント・キリスト教会史上の出来事からは、組合教会と日本基督教会とでは、「聖書と伝統」理解がどう異なった形で機能したのか、そのことを考えさせられるのである。

三　初期日本プロテスタント教会の信仰告白

1　日本最初のプロテスタント教会の誕生

それではこれから本題に入ることとなる。すなわち、日本で最初のプロテスタント教会が保有した信条的諸文書、特に聖書について言及した部分を、教会成立の様子と共に見ていくこととしたい。

一八五三（嘉永六）年にマシュー・ペリーが来航、一八五八（安政五）年に日米修好通商条約が調印され、翌年発効した。これにあわせ、一八五九（安政六）年に続々と宣教師たちが来日した。キリスト教伝道はまだ禁じられていたが、開港場の居留地に入った宣教師たちのもとに、英語を学ぶ目的で青年たち（特に武士の子弟たち）が集った。

表面上は英語教授であったその伝道はオランダ改革派教会や米国長老教会の宣教師たちによって担われ、一八七二年三月一〇日（明治五年〔旧暦〕二月二日）に日本人九名がJ・H・バラから受洗、すでに受洗していた二名を加え[15]、「日本人による最初のプロテスタント教会」[16]である日本基督公会（横浜公会とも言う）が成立する。[17]これが今日の日本キリスト教会横浜海岸教会である（なお、キリシタン禁制の高札撤去が行われ、ようやく日本でキリスト教伝道が黙認されるのは一八七三〔明治六〕年からである）。

この日本基督公会の成立は、初週祈祷会が発端であった。初週祈祷会とは、毎年、年始の一週間に連続の祈祷会を行うもので、「福音同盟会（The Evangelical Alliance）」（後述）が推奨していたものであった。さて、その初週祈祷会に出席していた植村正久が後に回顧して書いた文章に、この祈祷会と、そこから教会が誕生する様子が記されている。

〔バラ氏の門に出入りしたる人々、〕大いに感ずるところありて、明治五年正月（旧暦）バラ氏に乞うて、西洋人のなすがごとく、初週の祈祷会を開けり。これ日本国において、祈祷会を催すの初めなり。これを開くの日、バラ氏はいかなることに感じたりけん、壁上の黒板にイザヤ三十二章十五節の一句を取り、聖霊の濺《そそ》がるる云々の文字を記し、使徒行伝を開講し、最も熱心にペンテコステの章を説明せり。会するものおよそ三十名、今まで祈祷の声を発することなかりし甲祈り、乙これに次ぎ、或いは泣き、或いは叫びて祈りするもの互いに前後を争うがごとくにありき。[18]

初週の祈祷会が終わってもなお興奮さめやらず、夏までそのような学びと祈祷の会が続けられた。そして、「九人は明治五年二月二日（新暦〔一八七二年〕の三月十日）バラ氏よりバプテスマを受け、その以前に受洗し居たる小川廉〔ママ〕之助（義綏）氏と共に教会を設立」したのであった。

さて、そうして成立した日本基督公会は、当初どのような規則または信仰告白——特に今の我々の関心で言うならば、聖書の読み方を規定した文書――を定め、持っていたのであろうか。公会設立当時、教会には複数名の明治政府に通じた諜者（スパイ）が混じっていたが、彼らが残した報告書は皮肉なことに現在では、その当時をよく知ることのできる一級の史料となっている。[19]それらから、公会設立に際し「規則」が準備されたことは知られていたが、その内容は長らく不明であった。しかし、バラによって原文（邦文）から訳されたもの（「〔バラによる英文規則案〕」）が棚村重行によって近年発見され、そこから未見ではあるものの「〔原公会規則〕」を再構成できるまでになった。[20]そうして、（すでに知られていたものも含めて）最も初期の規則として、(1)「〔原公会規則〕」（未見）、(2)「〔バラによる英文規則案〕」[21]、(3)「公会定規」[22]と(4)「公会規則」[23]の四種類の存在が、その順番と共に知られることとなった。[24]

「〔バラによる英文規則案〕」と「公会規則」とでは、教会組織の具体的運営に関する部分で修正の跡が見られるが[25]、我々の関心事である、聖書に関する部分に大きな変更は見られない。よって、上記の中から、参考までに「公会規則」中の、聖書に関する部分を抜粋してみたい。

一、聖書は神霊ノ黙示ナレバ信ズベク行フベキノ標準タルナリ。

……

〔内規条〕

九、聖書中ノ疑キ事イマダ審ニセザルモノハ猥リニ教外ノ人ニ説べカラズ。蓋人ヲ導ント欲シ反テ人ヲ疑ハスレバナリ、故ニ先ヅ教師ニ就テ之ヲ質シ或ハ教会ニ於テ之ヲ論定スベシ。

2　日本基督公会条例における聖書観

さて、各個教会としての上記「日本基督公会」が、その後全体教会としての様相を帯びてくるのは、東京に支会を設けることとし（一八七三〔明治六〕年九月六日）、「東京日本基督公会」が設立された時であろう（九月二〇日）[26]。その傍らでは、早くも一八七四（明治七）年九月一三日に、全体教会としての「日本基督公会」に加わらない「横浜第一長老公会」[27]（今日の日本基督教団横浜指路教会）が設立された。しかし、一八七四（明治七）年一〇月三日に四公会（横浜、東京、神戸〔四月一九日設立〕、大阪〔五月二四日設立〕）の代表者による会議が行われ、ここで四公会が合同すること（以下、四公会合同運動[28]）と、各々「日本基督公会条例」を持ち帰り、各個教会において受け取り、さらに次の春（一八七五〔明治八〕年四月第一水曜日）の会議において、一致した全体の規則とすることの決定がなされた[29]。そうして一〇月三日の会議に四公会代表者へ提示されたのが、「日本基督公会条例」（以下、公会条例）である。その中でも、以下の第二条例「公会基礎」は特によく知られている。

我輩ノ公会ハ宗派ニ属セズ唯主耶蘇キリストノ名ニ依テ建ル所ナレバ、単ニ聖書ヲ標準トシ、是ヲ信ジ、是ヲ勉ル者ハ、皆是キリストノ僕、我儕ノ兄弟ナレバ、各中ノ各員全世界ノ信者ヲ同視シテ一家ノ親愛ヲ尽スベシ。是故ニ此会ヲ日本国基督公会ト称ス[30]。

そして、この第二条例の前に位置するのが第一条例「信仰諸則」（すなわち信条にあたる）であり、その中の第一則と第二則に聖書に関する記述がやはり見られる。（傍線は筆者）

第一則
聖書ハ神霊ノ示ス所又権能ト其信ズベキ事ヲ充実セルヿ

第二則
聖書ヲ読ミ且伝フルトキ自己ノ決心ニ任スベキハ正理ナルヲ又務ムベキヿ

第二則の傍線部分、いわゆる〈聖書の私的解釈〉に関する部分が特に重要である。この部分だけを見ると、そこには宗教改革的遺産としての教理（信条・信仰告白）に則った「聖書と伝統」理解とは程遠いものがあるからである。なぜこのような規則ができ、またその出所は何なのであろうか。

この度、「公会条例」を扱うに際し、一般に公刊されている資料集にあたるのではなく、原典に目を通す機会を得ることができた。東京女子大学比較文化研究所蔵、佐波文庫の「日本基督公会条例」（KD貴重資料8。資料番号は、木村健次郎編集兼発行人『植村記念　佐波文庫目録』東京女子大学附属比較文化研究所発行、一九六五年による）と「日本基督公会条例草稿（朱書入原本）」（KD貴重資料7。写真を参照）がそれである。二つを比較・検討することにより、草稿に幾分か修正が加えられて、今日知られている公会条例が成ったことがわかる。参考までに、第一条例「信仰諸則」の第一則と第二則の、草稿は以下の通りである。

第一則

聖書ハ神霊（カミノミタマ）ノ示ス所又権威ト充実ト

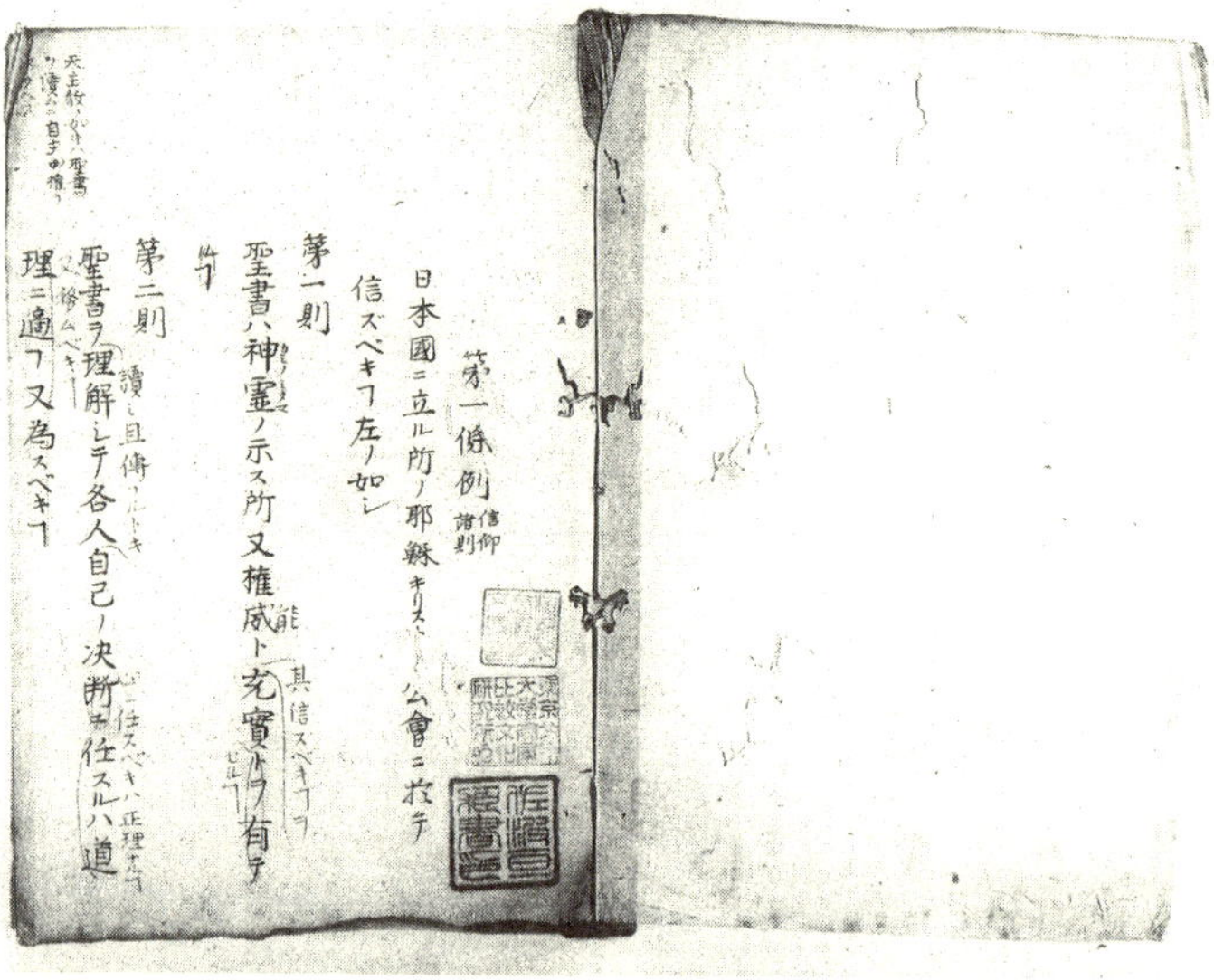

「日本基督公会条例草稿（朱書入原本）」（KD 貴重資料 7。図版掲載許諾済）

ヲ有テルヿ

第二則

聖書ヲ理解シテ各人自己ノ決断ニ任スルハ道理ニ適フヿ又為スベキヿ

草稿段階と決定稿との間に、主旨に本質的な違いは見られないが、注目すべき点があった。それはいずれも第二則の欄外上部に、「天主教ノ如キハ聖書ヲ読ムニ自主ノ権ヲアタヘス」と記されている点である[31]。この文章のニュアンスとしては〝ローマ・カトリック教会などは、聖書を読むにあたって、自分で判断する権利を与えない教会だ、それに比してプロテスタント教会は聖書を読むにあたって自分で判断する権利があるのだ〟ということになろう。これは一体何を意味するのであろうか。

実は、この「公会条例」の「信仰諸則」の部分は、山本秀煌（日本基督教会牧師。バラより受洗した、日本プロテスタント・キリスト教会の生き字引的存在の教会史家）が「これ新教各派共通の教義、綱領を抜粋したる万国福音同盟会の信条九ヶ条に則りたるもの[32]」と記すように、（初週祈祷会の契機となった、あの）「福音同盟会」の“The Doctrinal Basis of the Evangelical Alliance. A.D.1846.”（以下、教理的基礎）を日本語訳したものであった。「公会条例」第一条例の「信仰諸則」第二則に則ったとされる、「教理的基礎」の元々の英文はこのようなものであった。

2. The right and duty of private judgment in the interpretation of the Holy Scriptures.[33]（訳：聖書の解釈に際しては、私的判断の権利と義務を有する〔棚村重行訳〕）

これが、「教理的基礎」の第二箇条、いわゆる〈聖書の私的解釈の権利と義務〉条項である。ここで新たに問わなければならないのは、「福音同盟会」及びその「教理的基礎」とは一体何であり、〈聖書の私的解釈の権利と義務〉条項はどのような背景と経緯から生まれたのか、ということである。そのために、時代を少しばかり遡り、また視点を日本からヨーロッパに移して検討していきたい。

四　福音同盟会と教理的基礎の成立

1　福音同盟会とは何か

準備段階としてのリヴァプール会議　従来、日本では「福音同盟会（The Evangelical Alliance）」については、「是れ即ち基督教の福音主義を標榜したる諸教派の連盟にして、一八四九《〔ママ〕》年（嘉永二《〔ママ〕》年）の夏、欧米各国における新教各派の代表者約八百名が英京ロンドンに会合して組織したるもの(34)」とか、「一八四六年全世界の五十二のプロテスタント教派より約八百名の者が集まって結成した団体(35)」であると紹介されてきた。しかし、そのような紹介は必ずしも十分なものであるとは言い難かった(36)。よって以下からは、棚村重行の重要な先行研究、『二つの福音は波濤を越えて――十九世紀英米文明世界と「日本基督公会」運動および対抗運動』（教文館、二〇〇九年、特に二一六頁以下）に依りつつ、まず「福音同盟会」成立の経緯・背景を確認し、引き続き「教理的基礎」成立の経緯、特に〈聖書の私的解釈の権利と義務〉条項のそれについて見ていきたい。

「福音同盟会」が成立する契機となったのは、一八四三年のスコットランドで開催されたウェストミンスター神学者会議二百周年を記念する式典（the bicentenary of the Westminster Assembly）において、キリスト教徒への一致の呼びかけがなされたことに始まる(37)。そして、ロンドンで大きな会議を開くべく、その準備の会が一八四五年一〇月にリヴァプールで開催された。「リヴァプール会議」がそれであり、会議の様子については議事録によって知ることができる(38)。

この会議では種々の事柄が話し合われ、「福音同盟会」という名称も提案されたが、ケッスラーによれば以下の三つの基本的な問題を解決する必要性が認識されたという(39)。すなわち、（一）想定されている一致とは組織的なもののなのか否か、(二) この一致は諸教派教会に広められるべきか否か、または諸個人にとどまるものなのか、そして (三) その諸真理は教理的基礎のどこに含まれ、またその諸真理はどう定式化されるのか、であった。これらについて会議では、(一) 一致は「福音同盟会」において組織的なものとなること、(二)「福音同盟会」の参加者は教派単位ではなくキリスト教徒個人であることが確認された。そして、(三) については、会衆派牧師A・ウェルズの「聖書の唯一の権威や十分性、神の一であり三位一体であること、人類の堕落、キリストによる贖い、信仰による義、聖霊による再生といった、六つか七つの主要なポイントに基づいて、アウクスブルクとウェストミンスターの信仰告白、三九箇条の調和を決意すべきである」[40] という提案等を経て、スコットランド自由教会のキャンドリッシュ博士を委員長とする委員会が起草し、まとめられたのが八箇条からなる「合同の基礎 (the Basis of Union)」(後の「教理的基礎」原案) である[41]。そこには、プロテスタント・キリスト教信仰の基本が記されている。

我々の関心事から言えば、この時に初めて「合同の基礎」に〈聖書の私的解釈の権利と義務〉を認めた件《くだん》の条項が現れたことが重要である。第七箇条 “7. The right and duty of private judgment in the interpretation of Holy Scripture.” がそれであるが、議事録からは、これに関する細かい提案理由の説明や議論は見られない。しかし、想定される組織 (すなわち後の「福音同盟会」) がキリスト教徒個人の参加で構成されることを考えているのであれば、〈聖書の私的解釈の権利と義務〉を認めるとは、組織が各個人の聖書解釈については口を挟まないという意味を当然持つであろう。

なお、合同の基礎についてキャンドリッシュ個人は、規範性を持つ「信条 (a creed)」ではなく、規範性のない「一般的な声明 (a general statement)」であることを強調しているが[42]、それが神学的に、ドイツと英国の宗教改革的伝統を多分に含んだ三つの信仰告白 (アウクスブルク、ウェストミンスター、三九箇条) を調和させることを志向して作られたということは[43]、強調してもし過ぎることはないであろう。

「福音同盟会」の成立

さて、リヴァプール会議の準備を経ていよいよ「福音同盟会」の創立総会が、一八四六年八月一九日から九月二日にかけてロンドンで開催された。創立総会における〈聖書の私的解釈の権利と義務〉条項をめぐる議論については次項で触れるとして、その前に創立総会が有していた宗教的・神学的特徴を確認したい。棚村重行によれば「福音同盟会」の創立総会は、（一）信仰復興運動を支持する福音伝道主義的な自由教会的教派的な背景を持つプロテスタント・キリスト教徒が多数参加し、（二）反ローマ・カトリック的[44]、ないしオックスフォード運動[45]のような高教会型の運動に対決し、（三）一方で啓蒙主義的・合理主義的キリスト教としてのユニテリアニズム[46]、ユニヴァーサリズム[47]に反対しつつ、（四）福音伝道主義的諸教派の協力と一致を目指す個人資格による参加の自発的結社型の運動体であったという[48]。

また、創立総会に参加した人々は圧倒的にアングロ・サクソン系諸国からであり[49]、従来の「全世界から集まった」といった表現はやや言い過ぎであったことがわかる。いずれにせよ、「福音同盟会」とは「「宗教的自由化」が促進された英国の首都ロンドンで一八四六年に誕生した、教派所属のキリスト教徒諸個人を主体としたキリスト教協力・一致を目指す個人主体型自発的結社運動[50]」であった。

2　福音同盟会の「教理的基礎」

「教理的基礎」の成立

さて、我々の関心事である「教理的基礎」中の〈聖書の私的解釈の権利と義務〉条項は、創立総会ではどのように取扱われたのであろうか。「教理的基礎」全体について言えば、八月二一日の午前のセッションで、英国教会の教区聖職者E・ビッカーステースによって「教理的基礎」の原案（the Basis）が議場に上程され（以下、*DB1*）、種々の議論を経て、二四日の夕方、今日我々がよく知っているところの「教理的基礎」が決議されるという経過をたどった（以下、*DB2*）[51][52]。

さて、八月二一日の午前のセッションで、ビッカーステースによって*DB1*が提示された時、〈聖書の私的解釈の権利と義務〉条項（この時点ではまだ第七箇条）について併せて説明がなされたが、それはビッカーステース個人がその条項から感じるところを述べたものであった。すなわち、教皇の新しい回勅を見るにつけ、信徒へ聖書を提供することに――それが信徒にとって有害であるかのように――否定的であること、また、聖書に対する従順と同様に人間（教皇）の伝統への従順が求められていることを感じる時、〈聖書の私的解釈の権利と義務〉条項の存在は、私たちが、自分自身で聖書に向かい、その意味と適用とを良心的な判断によって形作ることへ赴かせるであろう、と述べている。[53] つまり、〈聖書の私的解釈の権利と義務〉条項は、「福音同盟会」が個人参加の組織であるゆえに設けられた条項であると共に、当時のローマ・カトリック教会のあり方を背景とする時、この条項がまた別な意義・意味をも帯び始めているように思われるという趣旨のことが言われたのである。同日夕刻のセッションにおいて、大きな議論も起こることなく、この箇条は承認された。[54]

なお、大会五日目、八月二四日（ちなみに二三日は日曜日であったために休会）の夕刻のセッションにおいて、〈聖書の私的解釈の権利と義務〉条項、すなわち *DBI* の第七箇条の位置に関して議論が起きた。ロンドンのカワード大学の教授で会衆派牧師T・W・ジェンキン博士は、*DBI* における聖書の権威に関する第一箇条の後ろに、*DBI* の第七箇条〈聖書の私的解釈の権利と義務〉を新たに第二箇条として置くべきだと主張、ウェスレー主義的メソジスト派の牧師J・スコットが「我々は聖書の権威を宣言した。その上で、これらを判断する各自の権利を宣言することがその箇条の論理的な位置である」（棚村訳）と支持を表明し、議場はこの動議を可決した。[55]

「教理的基礎」の拘束性

さて、〈聖書の私的解釈の権利と義務〉条項を含む「教理的基礎」全体の性格と役割、拘束性に関しては、八月二一日以来、機会あるごとに意見が交わされたが、それを「補足文」として付加することについて本格的に審議されたのは、総会第五日（八月二四日）の午前のセッションから午後のセッションの前半においてであった。議論の発端は、バプテスト派の牧師、E・スティーネ博士の提案による「教理的基礎」原案に付すべき「補足文（the supplementary clause）」案の上程である。その後、議論を経て、教派教会主体ではない個人参加の自発的結社である「福音同盟会」の「教理的基礎」は、信条のように拘束性を持つものではなく、あくまでも個人的な判断の指標、象徴的機能を認めるという方向で議論が進められ、「補足文」は最終的に八月二四日の夕刻のセッションで可決されたのであった[56]。

本来的性格の相違　以上、「福音同盟会」、「教理的基礎」の成立と〈聖書の私的解釈の権利と義務〉条項に関する議論を、棚村重行の研究に依拠しつつ見てきたが、その特徴は我々の関心事に照らせば次のようにまとめることができるであろう。「福音同盟会」は決して〈教会〉ではなく、様々な（異なる信仰告白を有する）教派の背景を持つ教職者と信徒からなる任意団体である。そのような団体の一致協力のために、最大公約数として制定されたのが「教理的基礎」であった。そのような性格の「教理的基礎」中に含まれた〈聖書の私的解釈の権利と義務〉条項であるから、議論に直接出てくることはなかったが、各教派・各個人の聖書の解釈の違いにまでは、「教理的基礎」に基づく「福音同盟会」は口出ししない、という意味を持っていたことは間違いないであろう。

いずれにせよ、日本の初期プロテスタント・キリスト教会は、この、崇高な理念を持ってはいるものの親睦団体用にすぎない「教理的基礎」を、教会の信仰告白として転用したのであった。「日本基督公会条例」の第一条例「信仰諸則」の第二則の欄外表記は、確かに*DBI*が提示された時の議論を反映してはいると言えるかもしれないが、むしろ、プロテスタント教会は私的解釈があるのだとの思わぬ誤解を招く可能性のある表記と言えるであろう。それにしても、そのようなものが転用されたのはなぜであり、どのような経緯があったというのであろうか。再び、三〇年後の日本へと視点を戻す。

五　〈聖書の私的解釈の権利と義務〉条項の採択とその後

1　どのようにして公会条例に採択されたか

「教理的基礎」が日本基督公会に採用される方向で話し合われることになった契機は、アメリカ改革派教会の海外伝道局総幹事J・M・フェリスに由来するようである。というのは、一八七四（明治七）年一月一六日付のアメリカ改革派教会宣教師J・H・バラの書簡（フェリス宛て）によると、公会の共通信仰告白として「福音同盟会」の「教理的基礎」全体を採用する案は、もともと公会運動を支持していたアメリカ改革派教会の海外伝道局幹事フェリスがバラに伝えた提案であった、ということがわかるからである。[57] ただ、その理由については判然としない。[58]

一八七四（明治七）年四月二日に横浜で開かれた四公会合同のための宣教師会議では、四公会共通の信仰告白として当初、宣教師によって作成された長い信仰告白が提案された。[59] ところが、一〇月の横浜における会議で提案されたのは「教理的基礎」であった。その間、どのような事情があったかはよくはわからない。ただ、一八七四（明治七）年六月一八日付のバラの書簡が、四公会合同運動についての日本人の態度を記すくだりで、信仰告白について以下のように報告している。

……第二に、彼ら〔日本人信徒〕は、彼らの判断で神の言葉と合致すると是認するものなら、私たち〔外国人宣教師〕が行うどのような提案でも、信仰の箇条として（as articles of faith）受け入れるであろう。しかし、彼らは、彼ら自身の信条の承認と定式化（the approval and the formulary of their own Creed）を望んでいる。彼らは彼らのために準備されたどのような良いもの〔信条〕でも受け入れることを拒んでいる。これは一つの立場である。私たちは、彼らが主張している点が正しいと考える。特に彼らはいまや彼ら自身が作成し、正当で、国民的な起源を有する大変良い信条（a very good Creed now of their own formation and having a legitimate and national origin）を持っているのだから。[60]（棚村訳）

ここから、日本人信徒側が、いかに良い内容の信仰告白であっても、準備されたものをただ受け取るようなしかたを好んでいないこと、[61] そして日本人信徒の間で、外国人宣教師が提案する信仰告白案に代わって、彼ら自身が作成した信仰告白案の採用を主張する機運が盛り上がってきた、ということが見てとれる。

なお、並行して、一八七四（明治七）年四月一九日に神戸（摂津第一）公会が、五月二四日には大阪（摂津第二または梅本町）公会が設立された。神戸公会の設立に携わった宣教師J・D・デイヴィスの息子であるJ・M・デイヴィスが残した証言（一九一六〔大正五〕年）によると、両公会は「福音同盟会の信条を採用することに決めた（decided to take the creed of Evangelical Alliance）」と言うが、それを裏付ける当時の文書は今もって未見である。[62]

2　諸教会における〈聖書の私的解釈の権利と義務〉条項のその後

組合教会　さて、〈聖書の私的解釈の権利と義務〉条項を含んだ「日本基督公会条例」を中心に据えようとした四公会合同運動は一八七五（明治八）年四月をもって「条件付きで中止[63]」されたが、その後、組合教会（の伝統を後に有する諸教会）側において〈聖書の私的解釈の権利と義務〉条項はどのような変遷をたどったのであろうか。

たとえば、神戸女学院大学図書館蔵の『公会の主意』（一八七五〔明治八〕年から七九〔明治一二〕年頃に成立したと推定される）、これは「関西に教会が数ヵ所成立した際、どこの教会にも適用するものとして印刷されたもの[64]」で、そこに収められた「公会の主意」第二条には「聖書をまなびこれを人々に伝ふるときには其道義と務むべきことは各々自分の心にしたがひさだむべし[65]」とある。元来「権利」と「義務」とあったところが、「道義」「務べきこと」と変化している。

次に、組合教会側で見られる「教理的基礎」としては、一八八六（明治一九）年四月に開催された日本基督伝道会社[66]の第九年会が、総会の「規約」を制定して「日本組合教会[67]」を組織した際、「規約」の第二条の中に教理的基礎を和訳した形で採択された「信仰箇条」がある。そこには「聖書ノ意義ヲ解スルニハ各自ニ判定ノ権利并ニ義務アル[68]」と訳されている。この「信仰箇条」の制定の事情と経緯については、年会記事を読んでもあまり判然としないし、[69]出席した宣教師たちの書簡・レポートにも「信仰箇条」に関する言及は見られない。[70]いずれにせよ、『公会の主意』、「信仰箇条」にしても、教理的基礎や〈聖書の私的解釈の権利と義務〉の元来の意味について、（欄外表記もなく）十分な理解はなされなかったであろうことがうかがわれる。

その後、「新神学や自由神学の思想が闖入し来り」[71]、信仰箇条が「極めて不完全なる上に、当時信仰動揺の甚しい時なる為此際新しく「信仰の告白」を制定する必要が起り」[72]、一八九二（明治二五）年の「信仰ノ告白」成立に至る。「信仰ノ告白」では、「信仰箇条」にあった〈聖書の私的解釈の権利と義務〉条項が削除され、聖書の個人主義的私的解釈を抑制しようとの意図が反映されたであろうことがわかる。しかし、「信仰ノ告白」の内容は、（ここでは紙幅の関係で、事情と経緯は全て省かざるを得ないが）実際には各個教会による恣意的解釈を可能とするような道を開くものであった。よって、後に、海老名弾正を始めとした個性的な伝道者が組合教会の中から生み出され、かつ教会の枠内に留まり続けることができたのは、結局のところ組合教会が聖書の恣意的解釈を防ぐ術を持たなかったゆえであったと言えよう[73]。

日本基督一致教会　それでは、最後に、組合教会と対になるところの日本基督一致教会（日本基督教会の前身）はどうであったかを見ていきたい。四公会合同運動は一八七五（明治八）年四月に中止されたが、引き続き、改革・長老派系ミッションの傘下にある諸公会・長老公会の合同運動は続き、その成果として一八七八（明治一一）年に設立されたのが「日本基督一致教会」（以下、一致教会）である。一致教会設立の際、「信仰ノ箇条」として、ドルトレヒト信仰基準、ウェストミンスター信仰告白、同小教理問答及びハイデルベルク信仰問答が採用され[74]、「凡テノ会吏此ノ規矩ニ反セル教ハ之ヲ主張スルコトヲ得ズ、又教ルコトヲ得ザルナリ」[75]とされた。これは、宣教師の側から、「信条は、一つの教派から、教理問答は、もう一つの教派から、教会規則は、第三の教派から採択されて、全部の者が、なんらかの方法で、日本人の教会の、健全な教理と善良な秩序を維持するために必要なものを提供[76]」した結果であった。これまでの経緯をふまえるならば、日本人による聖書の個人主義的私的解釈を抑止しようとの宣教師たちの意識もあったのではと思われるが、どうであろうか（この点については、宣教師側史料をより詳細に調べ、裏付けられる必要がある）。

これに対して、日本人信徒側には多くの反感があったようである[77]。それは、従来の簡易な信条的諸文書（「公会規則」や「公会条例」のあり方）に比べ、あまりにも自由がきかない、「四筋の鎖[78]」（植村正久）のようなものだったからであり、「多数の有志者は大に激昂して之に不同意を唱へ、築地病院に集会して激論三日、殆んど分裂の態」にあったが、「所謂温和派の調和論（若し之をしも調和論と謂ふべくんば）終に勝を制し[79]」たのであった。

とはいえ、一致教会がこのような信条による束縛されたかのような歩みを経験したことが、先述した組合教会が明治二〇年代以降に経験したような混乱を招かなかった一理由と思われる。事実、後に植村正久は、「殊に吾人が忘まじき一つの利益は十年の一致か〔ママ〕、進歩と保守とを調和して変化と堅固とを兼ぬべき改良の地盤を作り、基礎を設けしめたることとなり。一致教会の憲法は軽忽なる変化を遮断するの溝渠なり[80]」と評価するのであった。

六　おわりに

以上、初期日本プロテスタント・キリスト教会が聖書の読み方をどう受容したかについて、同時期の信条的諸文書の移入・制定の経緯と由来を微視的に見るという視点から検討した。そこからわかったことは、本来、個人主体型の任意団体である「福音同盟会」の、拘束性のない「教理的基礎」が、その意図とは違う形で初期日本プロテスタント・キリスト教会の信条として移入され、その後しばらく聖書の読み方を規定したことであった。宗教改革五百周年を間もなく迎えようとするこの時、宗教改革的伝統がアメリカ大陸経由で日本にどう伝わり、受容されたか（取捨選択、誤解、変容）に注目する視点を持つことは、日本のプロテスタント教会の歴史を再検討し、将来に活かす上でますます意義あることと思われる。

なお、本章で試みたことは〈日本における聖書の読み方〉という広範な課題の、極めて一部でしかない。たとえば、本章は聖書の読み手の主体を〈教会〉に絞って論を進めたが、プロテスタントの教派は他にもあり（メソジスト派等）、正教会や無教会も視野に入れる必要がある。また、聖書を読む主体は、〈教会〉（信仰共同体）と共に、〈個人〉もあるのであり、たとえば内村鑑三のそれを避けて通ることはできない。そして、その〈個人〉と言っても、著名な日本人教界指導者と、歴史上は無名の信徒、さらに教界外の読み手のそれとでは、聖書の読み方や受け取り方は当然異なってくる。[81]それらは別稿を期したい。

注

1　たとえば、A・E・マクグラス、神代真砂実訳『キリスト教神学入門』教文館、二〇〇二年、二五四―二六一頁、棚村重行『現代人のための教理史ガイド』教文館、二〇〇一年、八八―一三六頁、等。また、「聖書と伝統」理解の詳細については、Heiko A. Oberman, *Forerunners of the Refomation, Philadelphia*: Fortress Press, 1981, pp. 53-120 を参照。

2　たとえば、倉松功の問題意識を参照（倉松功「プロテスタント教会にとって信条とは何であるか」、『ルター――その信仰と神学』福音と現代社、一九八二年所収、二七七―二八五頁（初出は、『福音と現代』第一八号、福音と現代社、一九七四年一二月））。

3　棚村重行『福音は波濤を越えて――大阪教会創立１２０周年記念公開講座』日本基督教団大阪教会発行、二〇〇〇年、七〇―七三頁）、同前掲『現代人のための教理史ガイド』一二七―一二九頁。

4　この呼称についてであるが、宮崎賢太郎は、「迫害が激しくなって信仰を隠さねばならなくなった一六四〇年（寛永一七）前後から、現在に至るまで、一貫して同じ「隠れキリシタン」という名前で呼ぶのが通例」であるが、宮崎は、「キリシタン禁教令が出されていた江戸時代の信徒を「潜伏キリシタン」、一八七三（明治六）年禁教令が撤廃された後も潜伏時代の信仰形態を続けている人々をカクレキリシタン」と呼んで区別することを提唱している（宮崎賢太郎『カクレキリシタンの実像――日本人のキリスト教理解と変容』吉川弘文館、二〇一四年、三九―四〇頁）。よって、本章では、この提唱に従った呼称を採っている。

5　海老沢有道・H・チースリク・土井忠生・大塚光信校注『日本思想大系25　キリシタン書　排耶書』岩波書店、一九七〇年所収。

6　田北耕也「収蔵書目解題（天地始之事）」、前掲『日本思想大系25』所収、六三一頁。

7　河合隼雄『神話と日本人の心』岩波書店、二〇〇三年、九九―一〇四頁。

8　遠藤周作『切支丹時代　殉教と棄教の歴史』小学館、一九九二年、一九三―二〇〇頁。

9　新約聖書の「マタイによる福音書」第二章一六―一八節。

10　近藤勝彦「伝道は何を伝えるか――伝道とキリストによる贖罪」、『教会学校教案』日本基督教団福音主義教会連合教育委員会、二〇一四年九月所収、三頁。それはまた、「贖罪理解が隠然たる仕方で終始関心の根底に置かれていた」論争でもあった（近藤勝彦「植村正久の贖罪理解と今日的意義」、『神学』第六八号、東京神学大学神学会、二〇〇六年所収、七頁）。

11　ジェーンズは熊本洋学校教師で、米国オハイオ州の出身。南北戦争に従軍した砲兵大尉であり、一八七一（明治四）年に来日した。神学の教育を受けた宣教師ではなく信徒であり、洋学校では全教科を担当（日本初とも言われる男女共学教育も行っている）、途中から聖書講義を行い、彼によって信仰へと導かれた青年たちの群が後に〈熊本バンド〉と呼ばれるようになった。参考文献として、ジェーンズの評伝、フレッド・G・ノートヘルファー、飛鳥井雅道訳『アメリカのサムライ――L・L・ジェーンズ大尉と日本』（法政大学出版局、一九九一年）がある。

12　たとえば、ジェーンズは聖書講義を回顧する文章の中で、「新約聖書は、虚偽と嘘の独断・作り話によって塗り固められていて、……人は鉱夫のように、ふるいにかけ、水で洗って迷信やナンセンスという砂利や沈泥の中から黄金を選び出し、独断や教義的神秘という花崗岩をたたきこわして、隠された真実を取り出さねばなりません」と述べ、また、「私はローマ帝国の崩壊からメイフラワー号にいたる世界の歴史を、人間性に対する弾圧の歴史と考えていた。……キリストもまさに、これらの人々〔ガリレオやコペルニクス、ブルーノら〕に先だって同じように受難したのであった」とも述べている（ジェーンズ、田中啓介訳『熊本回想』熊本日日新聞社、一九九一年〔第三版〕、一〇九、一一四頁。Janes, Capt. L. L., *Kumamoto: An Episode in Japan's Break from Feudalism.* 同志社々史史料編集所、一九七〇年を参考に一部加筆・私訳）。

13　ジェーンズの信仰理解の由来については、本書第四章「熊本バンドに移植されたL・L・ジェーンズの神学・思想とその影響――「新神学問題」以前の、高等批評的聖書解釈の流入」を参照。

14　宮川経輝はこの頃を回想して、「教室では幾度か〔新島襄〕先生と議論を戦はしたか知れない。キリストの贖罪と云ふ問題に就ては三十日間私の級と先生と議論を戦はしたのである。……三十日目に先生が教室に出て来られた。……実にキリストは罪のない御方であるが、罪ある人間が罰せられるのを見るに忍びずして自らその罰をお受けになつたと云ふやうな訳だと云つて泣かれたのである。もう先生の涙で議論も何も捨て丶しまった」と言い、新島は「彼等を三年の間教育したのであるが、幾度か自分は寝床に入つて涙を以て枕を濡らしたことがあるか知れない」と嘆いて言ったという（宮川経輝『信仰の悦び』旭屋書店、一九二〇（大正九）年、二二〇―二二一頁）。他にもJ・D・デイヴィス（同志社教授）が、贖罪について生徒たちと論争を繰り返してひどい頭痛で寝込んでしまった時には、生徒たちはそれを「贖罪病（Atonement Sickness）」と呼んだという（ノートヘルファー、前掲書、四一一頁）。

15　『海岸教会創立五十年略史』海岸教会、一九二二（大正一一）年、五頁、東京神学大学図書館蔵。

16　井上平三郎『濱のともしび――横浜海岸教会初期史考』キリスト新聞社、一九八三年、三九頁。

17　「公会」とは「教会」と同じchurchの訳語であり、また「公同教会」の意味として受け取る必要もない（五十嵐喜和『日本基督教会史の諸問題』改革社、一九八三年、一四―二一頁）。

18　「日本帝国最首《ママ》のプロテスタント教会」、『福音新報』第五四号、一八九二（明治二五）年三月二五日所収。

19　「諜者正木護の耶蘇教探索報告書」「安藤劉太郎の耶蘇教探索報告書」（小沢三郎『幕末明治耶蘇教史研究』日本基督教団出版局、一九七三年所収）や、杉井六郎校注「小沢三郎編日本プロテスタント史史料1　諜者豊田道二の耶蘇教徒探索報告書について」（『キリスト教社会問題研究』第二〇号、一九七二年所収）。

20　棚村重行『二つの福音は波濤を越えて――十九世紀英米文明世界と「日本基督公会」運動および対抗運動』教文館、二〇〇九年、四一五頁以下。

21　*The Reformed Church in America Board of Foreign Missions: Japan Mission*, 1872, 14-17. 以下、*RCABFMJM*, 1872, 14-17. と略記。マイクロフィルム版宣教師史料（原文書所蔵はArchives of the Reformed Church in America）からの複製本（横浜開港資料館蔵）を使用、最後の数字は複製本の整理頁番号。バラによる英文規則案が、具体的に何を参考として作成されたかはまだ判明していない。ただ、（信仰や倫理に関する部分ではなく、）長老制に関する内規定を見る限り、冒頭に牧師・長老・執事の三職を置くところから始めるのは、バラが属するところのオランダ改革派教会の憲法（Reformed Church in America. General Synod, *The constitution of the Reformed Dutch Church of North America*, Philadelphia, G.W. Mentz & Son, 1840）に近いものも感じられ、その相互関係についての確定作業は今後の課題であろう。

22　『日本基督教会歴史資料集（三）明治初期教会憲法規則』日本基督教会歴史編纂委員会、一九七六年所収、一―三頁。

23　同右、五―七頁。

24　これらの成立順の前後関係については従来不明な点も多かったが、棚村重行によれば、「1「原公会規則」およびそれを英訳したバラによる英文規則案（西暦一八七二年三月十日）→2「公会定規」（旧暦三月六日、西暦一八七二年四月十三日頃から審議）

↓3 再び「公会規則」（少なくとも一八七二〔明治五〕年十月五日より審議は再開されたと思われる）の検討という経過をたどったと推定」されるという（棚村重行、前掲書、四七八頁）。

25 棚村重行、前掲書、四四二―四四七頁。

26 ただし、東京公会の「信条規則は勿論、其の他の制度も皆横浜公会のそれと同一」（山本秀煌『日本基督教会史』日本基督教会事務所、一九二九年、三四頁）であったが、「又別に会衆定規が設けられて居た」。すなわち、一八七四（明治七）年一月一三日に決議採用された、粟津高明の起草による「会衆定規」がそれで、聖書については、「第一条　公会の信徒は単に聖書を標準とし人類普通の自主分を守るに過ぎざるのみ」とあった（山本秀煌『日本基督新榮教会六十年史』一九三三〔昭和八〕年、一〇―一三頁）。

27 横浜第一長老公会には「横浜第一長老公会規則」があるが、聖書及び聖書解釈についての記述はない（前掲『日本基督教会歴史資料集（三）明治初期教会憲法規則』所収、一五頁）。

28 これは一八七二（明治五）年九月二〇―二五日に行われた宣教師会議の第二決議（現地人教会の組織化に関する決議）に基づくものであった。この決議は、諸教派教会の合同を目指す内容のもので、「『日本基督公会運動』の発効」と見ることができる（棚村重行、前掲書、三三九頁）。ちなみに、この宣教師会議は、共同事業としての聖書和訳も決議されたことでもよく知られ、後に翻訳委員社中訳『新約聖書』（いわゆる明治元訳）で実を結ぶことになる（鈴木範久『聖書の日本語』岩波書店、二〇〇六年、八三頁以下）。

29 「この大会〔四公会会議〕に出席したものは、横浜東京両公会の代員、神戸大阪両公会の代員及び両派に関係ある宣教師数名で、先づ合同賛成の旨を発表し、次に前記の草案を受納し、且つ各教会が之れを採用した以上は、之れを以て一般公会の共通則となる事を決議し、終に次回の大会を翌年四月神戸に開くことに決した」（佐波亘編著『植村正久と其の時代　第三巻』教文館、一九三八〔昭和一三〕年、六六九頁）。

30 前掲『日本基督教会歴史資料集（三）明治初期教会憲法規則』所収、一二頁。

31 前掲『植村正久と其の時代　第一巻』に所収されている「日本基督公会条例」（四五五頁）は欄外表記も反映させてあるが、後に編纂された資料集・信条集等には、原典に依ったと言いつつ、この重要な欄外記述を省略している場合が多い。

32 山本秀煌、前掲書、二五頁。

33 Philip Schaff, ed., *The Creeds of Christendom*, vol.3. Grand Rapids, Michigan: Baker Book House, Reprinted 2007 from the 1931 edition,

pp. 827-828.

34 山本秀煌、前掲書、三〇―三一頁。

35 土肥昭夫『日本プロテスタント教会の成立と展開』日本基督教団出版局、一九七五年、二八頁。

36 棚村重行、前掲書、二一六―二一八頁。

37 John W. Ewing, *Goodly Fellowship: A Centenary tribute to the Life and Work of the World's Evangelical Alliance 1846-1946*, London & Edinburgh: Marshall, Morgan & Scott, Ltd., 1946, p. 13.（東京基督教大学図書館蔵）（同右、二二二―二二三頁）

38 *Conference on Christian Union. Narratives of the Proceedings of the Meetings held in Liverpool, October, 1845*, London: James Nisbet and Co., 21, 1845.（以下、CCU）（Retrieved from http://books.google.com/books）（同右二二三頁）

39 J. B. A. Kessler, *A Study of the Evangelical Alliance in Great Britain*, Goes Netherlands: Oosterbann & Le Cointre N. V., 1968, p. 26.（同右二二三頁）

40 *CCU*, p. 29.（同右二二四頁）

41 Kessler, op. cit., p. 28.（同右二三八頁）

42 *Ibid.*, p.28.（同右二三八頁）

43 棚村重行、前掲書、二二四頁。

44 一九世紀のカトリック教会は、「端的に言えば、教皇の教会であり、ウルトラモンタニズム（原義は「山（アルプス）の向こう側」の意味で、フランス、ドイツ、イギリスなどのカトリック教会から見て、中央集権的支配を主張するローマ教皇庁の立場）の世紀」であった（菊地榮三・菊地伸二『キリスト教史』教文館、二〇〇五年、四一五頁）。

45 オックスフォード大学を拠点とする一九世紀前半の英国教会内の運動。高教会（英国教会内でローマ・カトリック教会との歴史的連続性を特に強調する流れの総称）理念の回復を目的とし、アングロ・カトリック運動の出発点となった（西原廉太「オックスフォード運動」「高教会」、前掲『岩波キリスト教辞典』岩波書店、二〇〇二年）。

46 三位一体論を否定し、単一人格の神を主張し、イエス・キリストの神性を認めず、その贖罪を無意味とし、聖霊を神の現存とする教派（金子啓一「ユニテリアン派」、『岩波キリスト教辞典』）。

47 「万物が新しくなる」（使3・21）という聖書的典拠により、万人救済を信ずるキリスト教の一派（森本あんり「ユニヴァーサリスト」、同『岩波キリスト教辞典』）。

48　棚村重行、前掲書、二三七、二四八頁。

49　（一）全体で九二二名、教職者、信徒混成のプロテスタント的会議、（二）圧倒的にアングロ・サクソン系諸国（大ブリテン、合衆国、カナダ）に住み、特に多数のイングランド居住者が参加、（三）大多数は「非国教徒」、自由教会に所属するキリスト教徒で、（四）合衆国では、インターナショナルな気風を持つ北東部の背景で、教派教会型の主流教派の背景を持つ人々が多数であった、と要約できよう（棚村重行、前掲書、二三〇頁）。

50　棚村重行、前掲書、三〇一頁。

51　*Evangelical Alliance. Report of the Proceedings of the Conference, Held at Freemasons' Hall, London, from August 19th to September 2nd inclusive, 1846*, London: Patridge and Oakey, Paternoster Row, 1847, p. 189.（以下、*EAR*）（Retrieved from http://books.google.com/books）（同右、二四二―二四三頁）

52　同右、二四一―二四八頁。

53　*EAR*, pp. 80-81. ここに、「良心的な判断（conscientious judgement）」という言葉が出てくため、「教皇の新しい回勅」とは、人々の無制約な良心の自由の保証を攻撃した、グレゴリウス一六世の回勅『ミラーリ・ヴォス』（一八三二年）のことと思われる（K・v・アーレティン、沢田昭夫訳『カトリシズム ―― 教皇と近代世界』平凡社、一九七三年、七四頁以下参照）。

54　*EAR*, pp. 128-129.（棚村重行、前掲書、二七四頁）

55　*EAR*, pp. 170-185.（同右、二四四―二四五頁）

56　*EAR*, pp. 170-183.（同右、二四五―二四六頁）

57　*RCABFM/JM*, 1874, 34.（同右五二三―五二四頁）バラがその提案を長老派のD・タムソンにも伝達した結果、築地の東京公会においてはタムソンが、「福音同盟会」の「教理的基礎」を日本人信徒たちにはかり、書簡の日付である一八七四（明治七）年一月一六日頃までに東京公会の信仰告白として採用したとされる（この書簡の日付について、棚村重行は「一月十日付け」〔前掲書、五二三頁〕と記すが、原典を確認したところ「一六日」の間違いであろう）。しかし、注26でも記したように、山本秀煌の前掲『日本基督新栄教会六十年史』によれば、一八七四（明治七）年一月一三日の会議で、粟津高明が起草した「会衆定規」が、従来の信条に加えて採択されたとあり、わずか数日後に「教理的基礎」が採択されたと言うのであろうか。それとも、一月一六日付のバラ書簡が記す"their adoption of the 9 Articles put faith of the Evangelical Alliance as their confession of faith"とは、直前に起草・採択された「会衆定規」のことを指しているのであろうか。

58　*RCABFMJM*, 1874の全体に目を通してみたものの、このことに直接言及された記述を見出すことはできなかった。
59　棚村重行、前掲書、五一三―五二一頁。
60　同右、五二五頁より引用（一部表現を変更）。
61　バラが書いた日本伝道の記録（日付不明）があり、日本基督公会の成立に際しての様子も記されているが、彼が当初から日本人信徒の自主性を重んじていたことがうかがわれる。「この教会の名称、数ヶ条の主要な信仰信条、教会政治の形態、礼拝の順序などは、すべて（教会を設立した）彼ら自身の選択か承認のいずれかで決まりました。求められた助言や助力は、彼らを霊的存在（神）へ導いたキリストの僕たち（宣教師）によって与えられましたが、この事を除けば、すべての教会政治は最初に選ばれた人たち自身の手で形造られました」（ジェームズ・ハミルトン・バラ、井上光訳『宣教師バラの初期伝道――しののめ　夜明け　日本における神の国のはじまり』キリスト新聞社、二〇一〇年、三八頁）。
62　J・マール・デイヴィス、北垣宗治訳『宣教の勇者デイヴィスの生涯』学校法人同志社、二〇〇六年、一五四頁（J. Merele Davis, *Davis, Soldier Missionary, A Biography of Rev. Jerome D. Davis, D. D., Lieut-Colonel of Volunteers and for Thirty-Nine Year's A Missionary of the American Board of Commissioners for Foreign Missions in Japan*, Boston and Chicago: The Pilgrim Press, 1916, p. 126〔西南学院大学図書館蔵〕）。なお、J・M・デイヴィスは他に、一八七二（明治五）年九月二〇―二五日に行われた宣教師会議でも「福音同盟会の信条が採択され」（一五九頁）たと記すが、そのような事実は確認されていない（棚村重行、前掲書、六九八頁）。よって、J・マール・デイヴィスの信条に関する記述は、厳密さを欠いたものとして受け取る必要があろう。
63　棚村重行、前掲書、六〇〇頁。
64　茂義樹『明治初期神戸伝道とD・C・グリーン』新教出版社、一九八六年、一六四―一六五頁。
65　テキストは、茂義樹、前掲書、一六六頁。
66　一八七七（明治一〇）年に澤山保羅らによって提唱された、国内各地に伝道者を派遣する機関。一九一二（大正元）年一〇月になって日本組合基督教会伝道部に改組される。
67　「日本組合基督教会」となるのは一八九七（明治三〇）年四月の第二回総会からである。
68　『日本組合基督教会第二回総会議事録』一八八七（明治二〇）年五月、一―二頁（日本基督教団霊南坂教会蔵）。
69　『日本基督伝道会社第九年会記事』〔出版年不明〕、四五―四七頁（同志社大学図書館蔵）。
70　第九年会に出席していた宣教師は「アツキンソン　グリーン　デホレスト　ケレー　ラーネット　ヲルチン　ペレー　オー、

エチ、ギュリキ　ゼー、チー、ギュリキ」（『第九年会記事』三―四頁）であるが、*American Board of Commissioners for Foreign Missions archives, Mission to Japan 1880-1890*（同志社大学図書館蔵）のマイクロフィルム版宣教師史料の該当箇所（たとえばLetters A, Allchin, No.70; Letters A, Atkinson, No.97-245; Letters B-C, Cary, No.421-471; Letters D, De Forest, No.291-434）を確認したものの、このことに関する記述を見出すことはできなかった。

71　小崎弘道「我が国の宗教思想」、『小崎全集　第二巻　日本基督教史』警醒社内小崎全集刊行会、一九三八（昭和一三）年所収、三五六頁。

72　小崎弘道、同右、一五六頁。

73　このことに関しては、本書第五章「組合教会「信仰ノ告白」の制定経緯――「信仰箇条」から「信仰ノ告白」への移行における諸問題と、その影響」を参照せよ。

74　これら信仰箇条については、先年、「復刻・日本基督一致教会信仰ノ箇条」出版委員会編『復刻・日本基督一致教会信仰ノ箇条』教文館、二〇一三年、が出版されたことによって、ようやく全文を手にとって読むことができる環境が整った。今後、日本プロテスタント・キリスト教史研究において、一致教会時代への関心が高まると思われる。

75　『教会政治』の「日本国キリスト一致教会政治規則」の前文より（前掲『日本基督教会歴史資料集（三）明治初期教会憲法規則』所収、一七頁）。

76　S・R・ブラウンの一八七八（明治一一）年四月二〇日付、フェリス宛書簡（高谷道男編訳『S・R・ブラウン書簡集――幕末明治初期宣教記録』日本基督教団出版部、一九六五年、三四四頁）。

77　たとえば、山本秀煌が「要するに此の合同一致教会の成立は、宣教々師主人となりて之れが一切の献立をなし、日本人は客人となりてその饗応にあづかりしが如く、その西洋式料理の教義や規則を丸呑みにして消化し兼ねたる観ある極めて不自然のものなりき」（前掲『日本基督教会史』七一頁）と記した言葉は有名である。

78　植村正久「宣言若くは信条」、『福音新報』第一五一一号、一九二四（大正一三）年七月三一日所収。

79　植村正久「日本基督教会といへる名称及び其由来」、『福音週報』第四四号、一八九一（明治二四）年一月九日所収。

80　植村正久、前掲記事。

81　筆者は東京神学大学学部三年次の時に、日本キリスト教史の学びを鵜沼裕子先生から初めて受けたが、授業の中で先生が、ご自身が著されたテキスト『史料による日本キリスト教史』（聖学院大学出版会、一九九二年）の中の、海老名弾正や新島襄の回心の体験と信仰理解を記した「受容当初の福音理解」という章（二八頁）について、次のように述べておられたのが印象的であった。「この題の付け方は少し正確でなかったように思う。内容としては〝エリート青年たちの受け止めたキリスト教理解〟というように受け止めてほしい。これよりも後のことであるが、植村正久がある地方で伝道した時に、信者の一人が「其（＝耶蘇の甦生）は初めて聞いた……そんな事が有れば信じられぬ」（前掲『植村正久と其の時代　第三巻』七頁）と言い出して、植村は困惑させられたことがあったという。日本キリスト教史を研究する時は文献が中心になるので、どうしても上澄みのところだけしか見ることができず、このケースのように、もっと土着化した実際的な信徒の信仰・福音理解のところになかなか目を向けることができないのが実際である」と。

第二章　日本における礼拝指針の系譜
――未見の日本基督一致教会『礼拝模範』と東京神学大学図書館蔵『長老教会礼拝規則』をめぐって

礼拝がまずあって神学は第二義的なものである。このことは学者の間で忘れられていることが多い。神学がしばしば疑わしいものとなるのは、それが礼拝を無視したものであるからである。

（A・リチャードソン[1]）

一　はじめに

筆者は日頃このような問題意識から、日本におけるプロテスタント教会の礼拝が過去から現在、実際どのように整えられてきたかに関心を抱いていた。そうしたある時、ふとしたことから東京神学大学図書館で『長老教会礼拝規則』（以下、『礼拝規則』）を手にする機会があった。一瞬、日本基督一致教会（一八七七―九〇年。以下、一致教会）の憲法文書の一つで、未見の『礼拝模範』かと思われたが[2]、よくよく見ると細部が異なり、それどころか従来知られていない全く新しい史料であることがわかってきた。

両礼拝文書とも、いわゆる〈礼拝指針〉の系譜に属する、礼拝を整える上で重要な性格を持つものであるが、これまで日本の礼拝史研究でもほとんど光が当てられてこなかった。それはそのまま日本の礼拝とキリスト教界の有り様《よう》を投影しているように思われる。よって、新史料発見を契機にして記された本章の目的は、日本に礼拝指針が移入された経緯を導入に、両礼拝文書の内容・異同・特徴を検討し、それらを通して日本プロテスタント教会史における礼拝理解の一端を明らかにすることである（なお、『礼拝規則』の本文全体は、筆者が翻刻したものをインターネットからダウンロードして読むことができる[3]）。

二　日本における礼拝指針の形成過程

1　礼拝指針の歴史 ―― 日本に移入されるまで

総称としての礼拝指針（directory for worship）の概念について簡明に定義づけすることは難しいが[4]、その歴史を語る上で起源として挙げられうるのは、*Westminster Directory*（『ウェストミンスター礼拝指針』。以下、WD）であろう[5]。WDとは「ウェストミンスター信仰規準（信仰告白、大教理問答、小教理問答）を生み出した同じ神学者会議が作成し、一六四五年一月イングランド議会により国教会の従来の祈祷書（Common Prayer）に取って代わるものとして制定された礼拝文書[6]」のことである。礼拝指針は、朗読されるべき定式の祈祷文から成る祈祷書とは異なって、礼拝の定義と手引きが記された、神を礼拝する最大の自由を保障したものであった。

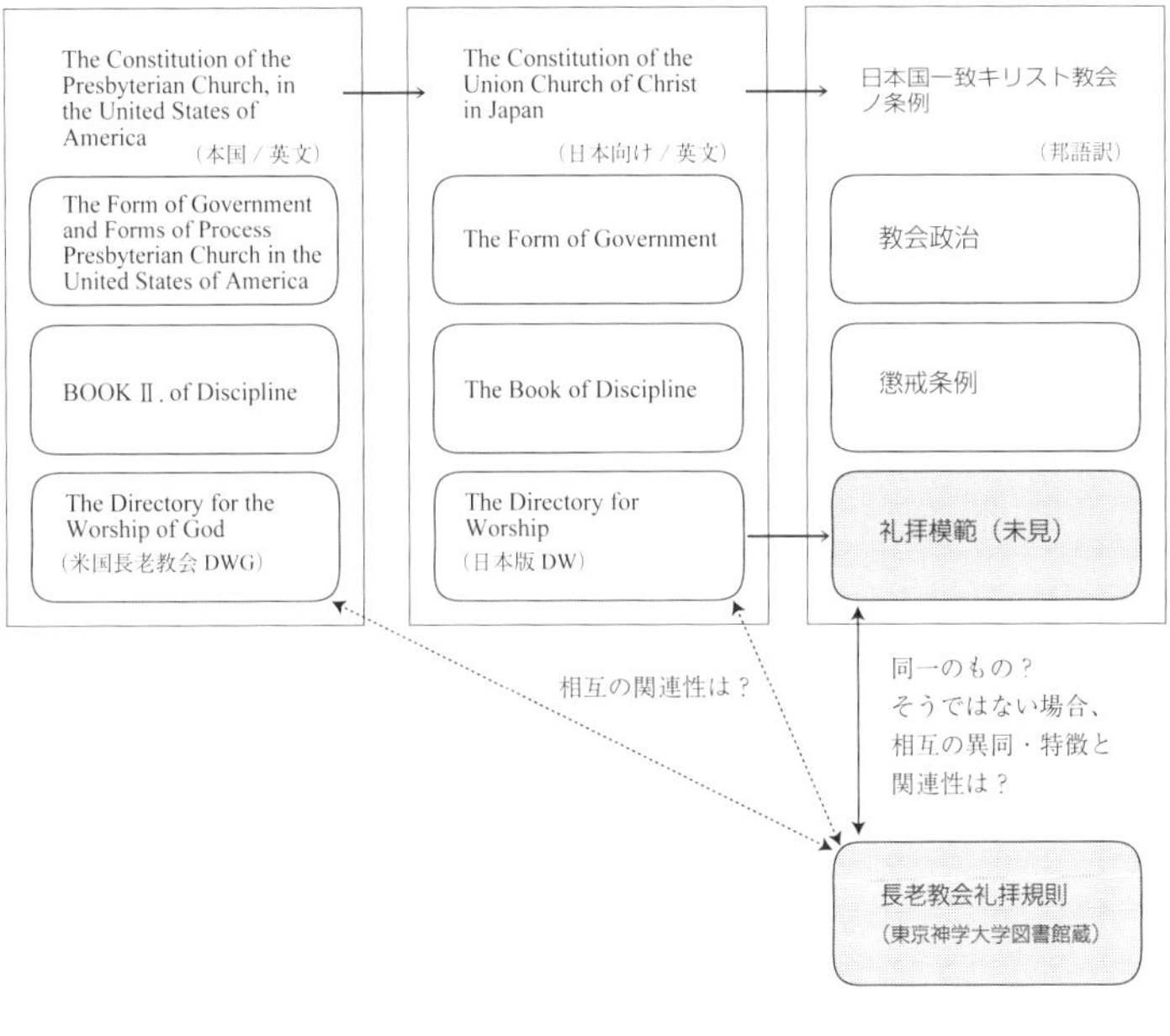

その後、ＷＤはピューリタンと共にアメリカ大陸に渡り[7]、米国長老教会の一七二九年の大会において望ましいものとされたが、それはせいぜい指導書として用いられた程度であったという。やがて第一次信仰復興運動を迎えたアメリカにおける礼拝は、実際的な必要を満たす形で発展していくことになり、一七八八年になって大会は米国長老教会総会を組織、新しくアメリカの *The Directory for the Worship of God*（『神礼拝指針』。以下基本的に、「米国長老教会ＤＷＧ」）を採択したのであった。

続く一九世紀は礼拝に関して、アメリカの「改革派諸教会が彼らの遺産を再発見し始める[8]」特記すべき世紀となった。たとえば、チャールズ・ベアドによって当初匿名で出版された『ユータキシア、すなわち長老派の礼拝、その歴史的素描[9]』（一八五五年）には宗教改革者が大陸で用いていた式順序と祈祷が書かれており、「長老主義の礼拝は決して、一定の典礼の束縛を受けるものではない[10]」と、その改革派教会の遺産を活き活きと示したのであった。そして一九〇六年、ヘンリ・ヴァン・ダイクを議長にして準備された「米国長老教会 *The Book of Common Worship*」（『公同礼拝式文』）が、総会議において任意使用として承認された[11]。ここに、礼拝指針のもとで礼拝式文が任意使用される形態が整ったのである[12]。

日本へ礼拝指針がもたらされたのは、まさにこのようなアメリカの礼拝復興運動が起きつつあった時期であった。ただ、アメリカ本国における礼拝の実践や、各国宣教地における礼拝が新しくされていくのは、二〇世紀に入ってからであった[13]。

2　『礼拝模範』の成立経緯

「日本版ＤＷ」の制定

以上のような状況を背景にしつつ、日本で最初の礼拝指針が、一致教会が成立した際（一八七七〔明治一〇〕年）の第一回中会にて、*The Constitution of the Union Church of Christ in Japan*（一致教会憲法）内に収められた *The Directory for Worship*（＝「日本版ＤＷ」）として誕生した。これは「信条は、一つの教派から、教理問答は、もう一つの教派から、教会規則は、第三の教派から採択」（後述）された結果であった。[14] 以下、「日本版ＤＷ」の制定とその邦語訳である『礼拝模範』（未見）への邦訳過程を、宣教師側の外国語史料等を用いて跡付けていきたい。[15]

一八七六（明治九）年五月一六日、改革派・長老派の両ミッションが、スコットランド一致長老教会ミッションに呼びかけて、三者が一致して、日本基督公会と日本長老教会の計九個の教会の合同を目指す決議を成した。[16] その後、六月七日に開催された三教派ミッションの合同委員会において、将来の合同教会の方向性が定められ、その際に、“Form of Government”と共に“Directory for Worship”“Book of Discipline”の採用が決まった。“Book of Discipline”については“U. P. churchs《ママ》 in America”から採用されることとなった。[17] 特に、Ｅ・Ｒ・ミラーの七月二四日付、横浜発、アメリカ改革派海外伝道局総幹事Ｊ・Ｍ・フェリス宛書簡には、合同教会の成立に向けて話し合われた内容がより詳細に報告されている。[18] たとえば、“Form of Government”については“Pres. Ch. in the U. S.”のものを基礎として採用されたこと、[19] そして、“Directory for Worship”も、本文の欄外表記によってではあるが、米国長老教会のものが採用されていることがわかる。[20] そして、“Directory for Worship”の採用に際して次のような文章が見られるのは重要である。

> 礼拝指針は、「献金」〔の章〕と、第九章以降に、〔中略〕「教会への加入の式」の章が加えられる。「洗礼」の章は、北アメリカ合同長老教会（“U. P. church of N. A.”）から、巧みな修正と共に採用される。「結婚」の章における様式は、改革派教会の式文（“Liturgy of the Ref. church”）から採用され、そして、洗礼と堅信のための様式も同様に推薦された。そして最後に、これら全体の式文は、牧師たちの選択の自由において使われるよう、翻訳が推薦された。

つまり、従来、「日本版ＤＷ」は、単純に米国長老教会のもののみを基礎に採用されたと考えられてきたが、実際には、非常に多くの改革派系諸教会からの影響を受けて成立したことがわかる[21]。

『礼拝模範』への翻訳　その後、「日本版ＤＷ」の邦訳がなかなかなされなかったためか、第五回中会（一八七九（明治一二）年一〇月）において、井深梶之助が「教会政治中ニ掲タル懲戒条例　礼拝模範　翻訳成否ノヿニ係ル問ヲ起」し、熊野雄七の動議によって「該二本ヲ翻訳スルノ委員ヲ定ム」こととなった。そうして挙げられた委員は「委員　懲戒条例ヘボン長老　ナックス教師　礼拝模範アメルマン教師　植村執事[22]」であった[23]。前者はアメリカ改革派教会宣教師、後者は植村正久のことである。

それから半年後の第六回中会（一八八〇（明治一三）年四月）において、アメルマンが礼拝模範編集委員として「委員等多忙未タ此ヿニ手ヲ下サス仍テ今後編集ヲ初メン併シ今一人委員ヲ増ンヿヲ乞」と報告したことが日本側史料に記録されているが、それに対する応答までは記されていない[24]。ところが、この中会についての長老派ミッションの記録によれば、この報告が受け入れられた後、動議があり、アメルマンの代わりにマクラーレン（スコットランド一致長老教会）の名が挙げられ、委員会の作業は継続することになったというのである[25]。委員の変更については従来知られていなかったことである。このような変更を経てついに、第七回中会（一八八〇（明治一三）年一〇月）において、植村正久が「礼拝模範編集委員報道」として、「礼拝模範一巻委員等謹テ編集シ敢テ会内ニ呈備ス」るのであった[26]。

以上のような邦訳過程を通してようやく完成した『礼拝模範』であったが、著者の知る限りでは、『礼拝模範』に関する記事はこれを最後に見出せなくなる[27]。理由として、（一）一致教会成立に際し、日本人にとっては「西洋式料理の教義や規則を丸呑みにして消化し兼ねたる観[28]」があったこと、そして（二）アメリカ大陸における礼拝復興運動が盛んになる前の、日本への礼拝指針の移植というタイミングだったからであろうか。もちろん、たとえば宣教地域における礼拝に関する記述が宣教師側史料で総じて少なかったりすることは必ずしも日本だけに限ったことではないのであるが[29]、当時の日本における改革長老系教会の、礼拝及び礼拝を整えることへの関心がそれほど高いものとならなかったことは、やはりうかがわれるのである。

三　日本における礼拝指針の特徴

1　未見の『礼拝模範』をめぐる研究

先行研究　さて、どちらかと言えば宣教師主導によって作成・翻訳された「日本版ＤＷ」と『礼拝模範』であるが、その後、日本の礼拝実践の中からは姿を消すこととなった。それどころか国内では邦語訳（『礼拝模範』）に関しては[30]今もって未見の状態のままであり[31]、長い間、日本の礼拝史研究において研究対象となることもなかった[32]。しかしそうした中、たぶん、初めて「日本版ＤＷ」に依って具体的検討を加えたのは馬場康夫の論考であろう[33]。

馬場はまず「日本版ＤＷ」全一六章を要約の上、日本語訳して紹介する。そして、『礼拝模範』の特徴を考察し、当時すでに翻訳されていた「三要文」を礼拝の中で用いるようにとの指示が全くないこと、洗礼式文と聖餐の祈祷文・式文を除いては礼拝全体の式文がないこと、日本基督公会時代の規則には全く触れられていなかった小児洗礼に関することが定められていること等を挙げ、これらから、『礼拝模範』はＷＤの影響を強く受けていると結論づけた。

次に、五十嵐喜和の論考である[34]。五十嵐は『礼拝模範』の特徴を最もよく表しているのは、第三章の「聖書の公的な朗読」ではないかと指摘、併せて、「日本版ＤＷ」の最終頁の注意書き「牧師の裁量によって『改革派教会の典礼』の使用も可」（五十嵐訳）に注目、「典礼」を『基督教礼拝式』[35]（一八八〇―一八八年？）と想定すると、一致教会が公同礼拝について、長老派の礼拝指針を持ちつつ、改革派の礼拝式を使用しようとする柔軟な態度で対処しようとしていたことになる、と指摘した。

若干の考察　「日本版ＤＷ」に依った『礼拝模範』に関する先行研究は以上である。両者ともＷＤの影響を見ているが、「米国長老教会ＤＷＧ」からの連続性という視点は弱かったように思う。そこで、若干の考察を筆者が以下付け加えるとすれば、（一）「米国長老教会ＤＷＧ」を現地教会の実情に即して発展させた「日本版ＤＷ」の特徴として、

第七章「キリスト者の献金」と第一一章「教会への加入の式」が新しく付加されたことが挙げられる。特に第七章は、献金が礼拝行為の一部であり、規則的に捧げるよう注意深く促している点などは興味深い。

次に、(二)〈教会と国家〉の問題についてである。「日本版ＤＷ」の第一五章を見ると、「米国長老教会ＤＷＧ」の第一四章に含まれていた、〝社会的権力に求められれば断食と感謝をするべきである[36]〟という趣旨の文言が巧妙に削られている。これは、一致教会が国家権力の影響や介入を受けないよう、〈教会と国家〉の関係を神学的に吟味した初めての日本のキリスト教会[37]とされるゆえんである。(三)「日本版ＤＷ」の第一六章に、ＷＤ中にはなかった"THE DIRECTORY FOR SECRET AND FAMILY WORSHIP"が含まれているのは、スコットランド教会の『家庭礼拝の指針』も加えられた米国長老教会の『神礼拝指針』(ＤＷＧ)特有の構造を受け継いだからと言える[38]。(四)三要文を唱えない点であるが、アメリカにおいて、「主の祈り」を唱えることすら憚《はばか》られた背景と[39]、「米国長老教会ＤＷＧ」特有の構図を引き継いでいるとすれば、『礼拝模範』に、礼拝の中に三要文を位置づける指示がないとしても不思議ではない。(五)また、ＷＤ以来の聖書朗読と説教の分離であるが、Ｈ・Ｏ・オールドは、それが原因でアメリカでは主題説教が流行り、御言葉、祈祷及びサクラメントの統一性が失われたと述べた[40]。この注意は、我が日本の教会の礼拝も他人事ではないであろう。

そして最後に注目したいのは、(六)先述した、「日本版ＤＷ」の最後の注意書きについてである。もしもこれが、一致教会が『礼拝模範』を有し、さらに『基督教礼拝式』が自由に任意で用いられるとする態度であるならば、これは、米国長老教会が一九〇六年になってたどり着いた結論、すなわち『神礼拝指針』のもと、『公同礼拝式文』が任意使用されるあり方と同じ趣旨であり、それがアメリカ本国よりも二〇年以上早く日本で企てられようとしたことになる。

2　『礼拝規則』の検討

一般的側面　上記『礼拝模範』の特徴をもとにして、以下『礼拝規則』の内容の検討へと移りたい。まず、『礼拝規則』について記された史料や文献は筆者の知る限りでは見当たらない。さらに、その書物の成立を示す最も重要な情報である刊記がなく（無刊記本）[41]、また『礼拝規則』は一冊しか現存しないため、複数の版本（刊本）を比較して何らかの情報を得るということもできない。それでも、成立年代については一応見当がつく。たとえば本文中に新約聖書からの引用があり、その翻訳の文体を手掛りに確認したところ、『礼拝規則』は一八八〇（明治一三）年以降に出版されたものと想定される[42]。その他、全体を通して使用されている文字に統一感がなく、特に第一〇章「婚礼の事」あたりを境に前後で使用されている字句の傾向が異なるのは興味深い[43]。また、『長老教会礼拝規則』という表題についてであるが、「日本版ＤＷ」が翻訳されたところの『礼拝模範』とは明らかに異なっている。"directory"をどう訳すかの問題でもあるが[44]、我々がすでに見てきたように、『礼拝模範』への翻訳過程において「規則」という言葉が使われた形跡はない。

　次に『礼拝規則』の構成についてである。まず目次であるが、『教会政治』や『懲戒条例』などが、日本版 *The Form of Government* や日本版 *The Book of Discipline* から目次の位置も変えられることなくそのまま翻訳されていることから、未見の『礼拝模範』も「日本版ＤＷ」からそのまま翻訳されたと考えるのが自然である。しかし、『礼拝規則』は、「日本版ＤＷ」の、特に日本向けに新たに付加された内容（第七、一一章）を欠いている。さらに、文量についても、たとえば第三章の聖書朗読に関する部分は、「米国長老教会ＤＷＧ」、「日本版ＤＷ」及び『礼拝規則』に共通する部分であるが、『礼拝規則』の該部分は相当省略され、簡略なものとなっている。

　それでは、『礼拝規則』は「米国長老教会ＤＷＧ」をただ翻訳・要約しただけかと言えば、そうとは言い切れない。なぜならば、「米国長老教会ＤＷＧ」には元来なく、「日本版ＤＷ」に新たに付加された「教会への加入の式」が、『礼拝規則』にも第九章「入会の事」として見られるからである[45]。よって、『礼拝規則』は、『礼拝模範』と共に、日本の実情に即して作成された礼拝指針の一つであると言うことができる。

神学的側面　『礼拝規則』中、神学的側面から注目すべき点は多々あるが、ここでは〈教会と国家〉の問題に焦点を絞りたい。なぜならば、「日本版ＤＷ」においては当該問題について慎重な態度が反映されていたことを先述したが、『礼拝規則』の第一三章では、「政府より断食感謝せんことを告ればすべての教会之を守るべし」とあり、一見、〈教会と国家〉の関係に無批判または無理解に見えるからである。しかし、実はそこにこそ、初期日本プロテスタント教会の元来から有していた傾向がよく表されているとも考えられる。

たとえば日本基督公会成立（一八七二〔明治五〕年）に際し、公会の規則（案）については近年、(1)「〔原公会規則〕」（未見）、(2)「〔(1)を英訳したＪ・Ｈ・バラによる英文規則案〕」[46]、(3)「公会定規」[47]と(4)「公会規則」[48]の四種類の存在が、審議された順番と共に知られるようになったが[49]、「公会定規」制定に関わる議論の中で、固守すべきものとして「王命ト雖モ道ノ為ニハ屈従スヘカラサル事」等の三ヶ条が挙げられたものの――切支丹禁制の高札撤去以前とは言え――結局、「会外ノ責ヲ怖ル、モノアリ遂ニ其論一定セズ……永ク心ニ誓テ此等ノ条ヲ固守スヘキハ勿論ノ宗規」であると、曖昧にされた経緯があった[50]。それどころか、「公会規則」第一三条には「尤宜ク和平端正ニシテ人ヲ教へ、君長ヲ尊敬シ、父母ニ孝順ニ、公法ヲ守ルベキナリ」（傍点筆者）とあるが、実はこの傍点部分は元来のバラによる英文規則案(2)にはなかった表現であり、(2)から(4)への過程で付加されたものであることも新たに判明している[51]。よって、後の日本プロテスタント教会の歩みが国家の枠組みに内包され、礼拝を通してキリスト者は何を信じ、拝み、そして服従すべきかが曖昧となっていく傾向があったことを顧みる時、『礼拝規則』中に見られる先のような〈教会と国家〉に関する文言は無視しえないものがある。

四　おわりに

以上、我々は日本へ礼拝指針が移入された経緯を概観し、『礼拝模範』『礼拝規則』両文書の内容・異同・特徴を検討してきた。結論として、新史料『礼拝規則』を「日本版ＤＷ」から邦訳された未見の『礼拝模範』と同定することができないのみならず、引き続き『礼拝規則』とは一体何であるかの問いが課題として残されるものの、かつて日本の教会が、宣教師主導による『礼拝模範』の制定・導入とは別に、日本の実情に即した独自の礼拝指針作成に取り組んだ事実があったことは評価できるであろう。

しかし、その後の日本の改革長老系教会が、礼拝への関心を深めていくことはなかった。アメリカから日本へ礼拝指針がもたらされた後、アメリカでは二〇世紀を通して礼拝への関心がますます高まっていったのとは対照的である。礼拝指針がアメリカから日本に移入された際、何が継承され、付加され、あるいは削除されたのかという視点で見るならば、礼拝をめぐっては〈教会と国家〉の問題以外にも、後の日本の教会の、たとえば聖餐の意味の希薄化等を見るにつけ、神学的に検討すべき課題は多い。

そしてさらに言えば、日本の教会が、礼拝の事柄に関してのみならず、宗教改革的遺産全般をアメリカ大陸経由で、何を継承し、発展させ、あるいは継承しなかったのかという視点で――つまり、ヨーロッパからいきなり日本に飛ぶのではなく――自己点検することは、宗教改革から五百年を迎えようとするこの時、有意義と思われる。

注

1　「礼拝」、A・リチャードソン、J・ボウデン編、佐柳文男訳『キリスト教神学事典』教文館、二〇〇五年、五九八頁。

2　かつて一致教会は、教会の憲法として、「信仰ノ箇条」（ドルトレヒト信仰基準、ウェストミンスター信仰告白、同小教理問答及びハイデルベルク信仰問答）、『教会政治』『懲戒条例』、そして『礼拝模範』を保有していた。特に後者三つは、当時の米国長老教会の教会憲法に収められていたものを基礎として、日本向けに整えられた *The Constitution of the Union Church of Christ in Japan* を構成する *The Form of Government, The Book of Discipline, The Directory for Worship*（以下、「日本版DW」）の三つが一致教会成立時（一八七七〔明治一〇〕年一〇月三日）に採択され（『日本基督教会歴史資料集（二）日本基督一致教会憲法英文原本』日本基督教会歴史編纂委員会、一九七五年所収）、この日本向け英文がさらに日本語訳されたものである（45頁図版参照）。『教会政治』と『懲戒条例』は、『日本基督教会歴史資料集（三）明治初期教会憲法規則』（一九七六年）に収められているが、『礼拝模範』は未見のため収められていない。

3　「金城学院大学リポジトリ」(https://kinjo.repo.nii.ac.jp/)より、落合建仁「東京神学大学図書館蔵『長老教会礼拝規則』——解題と翻刻」、『金城学院大学キリスト教文化研究所紀要』第一九号、二〇一六年三月、一三九―一五六頁（http://id.nii.ac.jp/1096/00000748/）をPDFファイルでダウンロードすることができる。

4　たとえばBradshaw, Paul. ed., *The New Westminster Dictionary of Liturgy and Worship*, Louisville, KY: Westminster John Knox Press,2002には項目として掲げられていない。

5　Hall, Stanley R., "American Presbyterians and the Directory for Worship, 1645-1989," *American Presbyterians*, Vol. 72, No. 2, 1994, p. 71.

6　松谷好明『ウェストミンスター礼拝指針——そのテキストとコンテキスト』一麦出版社、二〇一一年、一一頁。

7　以下、アメリカにおける改革派系諸教会の礼拝の歴史についての記述は、主としてMarsha M. Wilfong, "Reformed Worship in the United States of America. in Vischer," in Lukas. Ed., *Christian Worship in Reformed Churches Past and Present*, Grand rapids, Michigan / Cambridge, U.K.: William B Eerdmans Publishing Company, 2002, pp. 107-141 に依拠している。併せて邦語・邦語訳文献として、野村信「アメリカに渡った改革・長老教会の礼拝」（季刊『教会』第一三号、日本基督教団・改革長老教会協議会・教会研究所、一九九三年所収、一五―二〇頁）やJ・H・リース、吉田信夫訳『改革派教会の伝統』新教出版社、一九八九年。特に第六章「礼拝と改革派の伝統」二一二―二四六頁、等も随時参照した。

8　D. G. Buttrick, "Worship, Presbyterian and," in general editor: D. G. Hart; consulting editor: Mark. A. Noll., *Dictionary of the Presbyterian & Reformed tradition in America, Downers Grove*, Illinois: Inter Varsity Press, 1999, p.282.

9　Charles W. Baird, *The Presbyterian Liturgies: Historical Sketches*, previously printed under the title *Chapter on Liturgies*, 1856, and *Eutaxia*, 1855; reprint ed., Eugene: Wipf and Stock Publishers, 2006. この書物が書かれた目的についてはp.5を参照。

10　James A. Whyte,"Presbyterian Worship," in J. G. Davies. ed., *A New Dictionary of Liturgy and Worship*, London: SCM Pressed, 1986, p. 446.

11　この式文には、通常の礼拝や特別の礼拝の式順と祈祷、家庭礼拝のための祈祷、「祈りの宝庫」、詩編入り祈祷書、それに古代の礼拝で用いられていた賛美歌や頌栄が含まれていた。J・H・リース、前掲書、一八四頁。

12　現在の米国長老教会の場合、礼拝指針は、教会の礼拝秩序を示す公的な憲法文書としての権威を持っており（Presbyterian Church (U.S.A.), *Book of Order 2011-2013*. PartII of *The Constitution of the Presbyterian Church (U.S.A.)*, Louisville: Office of the General Assembly, 2011. See the Directory for Worship's Preface）、公同礼拝式文は任意使用のものとされている（Presbyterian Church (U.S.A.), *Book of Common Worship*, Louisville: Westminster/John Knox Press, 1993, p. 2）。

13　その後の、アメリカにおける長老教会の典礼形成の道筋は、たとえば『公同礼拝式文』は一九〇六（明治三九）年以降、幾度となく改訂が行われ、一九九三年の大改訂へと受け継がれる（Wilfong, op. cit., p. 127）。

14　S・R・ブラウンの一八七八（明治一一）年四月二〇日付、アメリカ改革派海外伝道局総幹事J・M・フェリス宛書簡（高谷道男編訳『S・R・ブラウン書簡集――幕末明治初期宣教記録』日本基督教団出版部、一九六五年、三四四頁）。

15　邦訳過程を跡付けた先行研究は存在するが、日本側史料及び日本語訳史料のみに依拠したものであった（五十嵐喜和「『教会政治』『懲戒条例』について」、『日本基督教会歴史資料集（三）』所収、九一頁、同「明治期日本の改革長老教会の礼拝」、季刊『教会』第一五号、一九九四年所収、六頁）。

16　山本秀煌『日本基督教会史』日本基督教会事務所、一九二九（昭和四）年、六七頁。

17　O・M・グリーンの六月七日付、東京発、長老派ミッション幹事ロウリー宛書簡。*Records of U. S. Presbyterian Missions, Japan*, vol. III, 1873-1876, No. 133. 以下、*USPMJ*, 1873-1876, No. 133と略記。マイクロフィルム版宣教師史料（原文書所蔵はThe Presbyterian Historical Society）からの複製本（横浜開港資料館蔵）を使用、最後のNo.はマイクロフィルムのテキストに付された書簡整理番号。なお、難儀なことに書簡の日付は六日とも読み取れるが（*Presbyterian Church in the U.S.A. Board of Foreign Missions Correspondence and Reports, Microfilms Series Calendar*, v. 19, JAPAN, vol. III, p. 14は、日付について無理をせず "Undated" と判断する）、ここでは七日の日付をさしあたって採用した。

18　*The Reformed Church in America Board of Foreign Missions: Japan Mission*, 1877, 69-73. 以下、*RCABFMJM*, 1877, 69-73と略記。マイクロフィルム版宣教師史料（原文書所蔵はArchives of the Reformed Church in America）からの複製本（横浜開港資料館蔵）を使用、最後の数字は複製本の整理頁番号（なお、この書簡自体の日付は一八七六〔明治九〕年七月二四日であるが、なぜか一八七七〔明治一〇〕年の資料群に紛れ込んでしまっている）。

19　*RCABFMJM*, 1877, 70.

20　*RCABFMJM*, 1877, 71.

21　その他、第一回中会に向けて、"Church Government" の準備は進んでいるが "Directory for Worship" についてはまだであると記された、ミラーの一八七七〔明治一〇〕年二月一〇日付、横浜発、フェリス宛書簡がある（*RCABFMJM*, 1877, 50）。
22　『明治十二年十月　日本基督一致教会中会記録』東京神学大学図書館蔵。以下、東神大蔵、一六頁。宣教師側史料、すなわち長老派ミッション側（*USPMJ*, 1877-1883, No. 129）及び改革派ミッション側中会議事録（*RCABFMJM*, 1879, 90-97）共に、同様の記録である。
23　ヘボンの一八七九（明治一二）年一〇月三一日付、横浜発、スレーター・ヘップバーン（ヘボンの弟）宛書簡に、「長老会議はわたしをノックス氏と協力で『信仰告白』ならびに『礼拝指針』を翻訳するよう指名しました」とあるが、これはヘボンの勘違いによる記述であろう（高谷道男編訳『ヘボンの手紙』有隣堂、一九七六年、一四二頁。念のため、横浜開港資料館図書室蔵のヘボン書簡（Letters of James Curtis Hepburn）の該当箇所の原文（目録番号 No.59）を確認したが、やはり "Directory of《ママ》 Worship" となっていた）。
24　『明治十三年春四月　日本基督一致教会中会記録』（東神大蔵）一〇頁。
25　*USPMJ*, 1877-1883, No. 149. なお、改革派ミッション側議事録も、文字が滲んで読みにくいものの、同主旨のことが記されている（*RCABFMJM*, 1880）。
26　『明治十三年十月　日本基督一致中会記録』（東神大蔵）一六頁。
27　「礼拝模範」の語句そのものは、時期が少し下った日本基督教会第一二回大会（一八九八〔明治三一〕年七月）において、「礼拝模範編成ノ決議案」が否決される形で出てはくる（『明治三十一年七月　日本基督教会第拾貳回大会記録』〔東神大蔵〕四四頁）。これは、後に一致教会が発展・成立した日本基督教会の憲法規則『日本基督教会信仰の告白 憲法規則及び付録』（明治二三年一二月改正）において礼拝式や聖餐に関する記述がなくなったため、その再興を期してアレキサンドルや植村正久らによってなされたものであって、今我々が検討しているところの『礼拝模範』そのものを指すわけではない。ただ、日本基督教会時代において、各教会で任意使用のできる礼拝模範の編成を試みようとする動きがあったということは、それ自身で検討に値することであろう（最後の点については、五十嵐喜和、前掲論文、九―一〇頁参照）。
28　山本秀煌、前掲書、七一頁。
29　Wilfong, op. cit., p. 125.
30　「邦語訳に関しては」という微妙な表現をした理由は、国内において、漢文版の「礼拝模範」は、漢文版『教会政治』に含められた形で複数点存在が確認されているからである。漢文版『教会政治』の国内における所在については、たとえば、（一）五十嵐喜和が指摘している同志社大学人文科学研究所蔵のもの（「『日本基督一致教会』とは何であったか」、季刊『教会』第九四号、二〇一四年所収）、（二）山口陽一が言及している法典長老教会旧蔵書のもの（「法典長老教会と『ウェストミンスター小教理問答』最初の日本語訳」、『基督神学』第二三号、二〇一一年所収）、また筆者が実際に調査することができたものとして（三）筑波大学附属中央図書館蔵のものと（四）同志社大学社史史料センター蔵のものがある。また、これら国内にある漢文版『教会政治』であるが、一八六〇年版（四）と一八六六年版（一）（二）（三）の二種類に分類できるようである。いずれも「大美合衆國長老教會寓甯教士譯刊」とあり（ただし一八六六年版は「甯」が「寗」となっている）、アメリカ合衆国長老教会のものが訳されたことがわかるが、問題は「寓甯教士」とは一体誰のことを指しているかである。もしも、この「寓甯教士」を〝寧波在住宣教師〟の意と捉えると、たとえば、『教会政治』と『礼拝模範』はウィリアム・マーティン（William Alexander Parsons Martin）ら美国長老会宣教師が書いたと報じているウェブサイト「中国・寧波史志網」（http://www.cnbsz.org.cn/big5/News_view.aspx?ContentId=807&CategoryId=52, accessed March 16, 2017）の有益な記事を見出すことができる。また、Wylie, Alexander, *Memorials of Protestant Missionaries to the Chinese*, Shanghae, 1867, pp. 204-205によれば、彼は一八五〇年から一八六〇年にかけて寧波で活動、最初の出版年は判然としないものの『公会政治』を出版し（in 24 leaves）、これが後に他の長老会宣教師と共に改訂され、一八六〇年に再版（in 72 leaves）されたこともわかる。再版されたものと、先述した（四）はいずれも同じ七二葉であり、同一のものと考えられるから、改訂時に書名（外題）が『公会政治』から『教会政治』に変更されたということなのであろう。よって、「寓甯教士」とは、初版『公会政治』、改訂版『教会政治』を翻訳出版した寧波在住のウィリアム・マーティンら美国長老会宣教師たち、ということになろう。以上、「寓甯教士」の意味については松谷曄介氏（香港中文大学・崇基学院神学院・客員研究員）よりご紹介いただいた、倉田明子氏（立教大学非常勤講師）に大変お世話になった（肩書きはいずれも本章初出執筆当時による）。ここに感謝の意を表したい。

31　五十嵐喜和「日本におけるプロテスタント宣教初期」（『人物でたどる礼拝の歴史』日本キリスト教団出版局、二〇〇九年所収、二三二―二三四頁）。

32　日本における礼拝の歴史が記された、由木康『礼拝学概論』（新教出版社、一九六一年）の最終章「日本における礼拝問題」（二〇七―二二九頁）にも言及は見られない。

33　馬場康夫「日本基督公会と日本基督一致教会の礼拝に見る聖餐」、季刊『教会』第一二号、一九九三年所収、三八―五二頁。

34　五十嵐喜和、前掲「明治期日本の改革長老教会の礼拝」四一―一〇頁。
35　『日本基督教会歴史資料集（五）基督教礼拝式』一九七八年所収。
36　ただし、ここで言う社会的権力とは、キリスト者による政治が前提であることも同時に触れられていることに注意。なお、「政府ノ裁判ヲ要スルコトヲ得ズ」（第七項）と記された『教会政治』第一三章は逆に、日本版 *The Form of Government* の制定に際し新たに挿入された文言であった。
37　五十嵐喜和、前掲「『日本基督一致教会』とは何であったか」四〇頁以下、同『日本基督教会史の諸問題』改革社、一九八三年、一三五頁以下を参照。
38　スタンリーは、二世紀にわたるアメリカにおける長老派諸教会の礼拝指針は、最終的には、（イングランドではなく、）スコットランド教会によって採択された二つの文書、すなわち（一）一六四五年にイングランド議会で制定され、スコットランド教会の総会によって採択されたＷＤと、（二）一六四七年に同総会で制定された『家庭礼拝の指針』を受け継いだものであると述べる（Stanley R., op. cit., pp. 71-72）。
39　ＷＤには「主の祈り」に関する規定があったが（松谷好明の前掲書による表記に従えば、「説教のあとの祈りについて」の項〔二〇二頁〕）、「米国長老教会ＤＷＧ」からは姿を消している。また、Wilfong, op. cit., p. 108 を参照。
40　Ｈ・Ｏ・オールド、金田幸男・小峯明訳『改革派教会の礼拝――その歴史と実践』教文館、二〇一二年、一四五―一四七頁。
41　その他書誌情報は以下の通り。種類：洋装本、茶表紙、大きさ：天地18・4センチ×左右12・6センチ、頁数：二七頁、印刷：活版。
42　『礼拝規則』における新約聖書からの直接引用は二箇所見られる。（一）『礼拝規則』八頁のマタイによる福音書第一八章一九節からの引用と、（二）『礼拝規則』一五頁のヘブライ人への手紙第一三章二〇―二一節からの引用がそれである。まず（一）であるが、『礼拝規則』八頁における引用文は、翻訳委員社中訳『新約聖書馬太伝　全』（米国聖書会社、一八七七〔明治一〇〕年。金城学院大学図書館蔵）の語法とほぼ同一である（翻訳委員社中訳『引照　新約全書』〔大英国聖書会社、一八八〇〔明治一三〕年。東神大蔵〕所収の「馬太伝」も同じ）。しかし、それよりも以前に出版されたヘボン訳『新約聖書馬太伝　全』（一八七三〔明治六〕年。金城学院大学図書館蔵）と比べると、趣をだいぶ異にする。次に（二）であるが、『礼拝規則』一五頁における引用文は、翻訳委員社中訳『引照　新約全書』の「希伯来書」とほぼ同一である。しかし、それ以前に分冊出版された翻訳委員社中訳『新約聖書希伯来書　全』（米国聖書会社、一八七六〔明治九〕年。南山大学図書館カトリック文庫蔵）と比べるならば、趣をやや異にする。上記（一）と（二）を総合すると、『礼拝規則』における聖書引用文は、一八七六（明治九）年以前に出版された翻訳聖書からの影響は見られず、一八七七（明治一〇）年以降に出版された翻訳聖書からの影響が見られるということになる。よって、『礼拝規則』の出版年代は、最初に影響の見られる翻訳委員社中訳『新約聖書馬太伝　全』が出版された一八七七（明治一〇）年を最下限とする可能性もないわけではないが、それよりも、『引照　新約全書』が出版・流布され、「馬太伝」と「希伯来書」を同時に参照できるようになった一八八〇（明治一三）年以降と考えるのが妥当ではないだろうか。一八八〇（明治一三）年は、一致教会が成立してから三年後、『礼拝模範』の完成が報告された第七回中会が行われた年でもある。

43　たとえば、平仮名（変体仮名）の使い方の傾向が異なる。平仮名によって、前後で傾向の変化する境は異なるが、一例として「し」の場合は第一〇章「婚礼の事」を境に、前半ではほとんど「し」が使用されていたのに対し（「志」は一回だけ）、後半は「志」がしばしば使用されている、といった具合である。

44　たとえば同時代の英和辞書、平文先生著『改訂増補 和英英和語林集成』丸善商社書店、一八八六（明治一九）年〔第三版〕においては、"directory" は「Jimmeiroku」（＝人名録）であるとだけ解説されている。（「明治学院大学図書館デジタルアーカイブス」より「デジタル和英語林集成」http://www.meijigakuin.ac.jp/mgda/waei/search/, accessed March 16, 2017 を参照）

45　それはまた、『礼拝規則』が「米国長老教会ＤＷＧ」に即した漢文版「礼拝模範」を（訳語の参照はあったにせよ）ただ翻訳したのではないことも意味する。

46　*RCABFMJM*, 1872, 14-17.

47　『日本基督教会歴史資料集（三）』所収、一―三頁。

48　同右、五―七頁。

49　棚村重行『二つの福音は波濤を越えて――十九世紀英米文明世界と「日本基督公会」運動および対抗運動』教文館、二〇〇九年、四五八、四七八頁。

50　「安藤劉太郎の耶蘇教探索報告書」、小沢三郎『幕末明治耶蘇教史研究』日本基督教団出版局、一九七三年、三一六頁。

51　棚村重行、前掲書、四四二頁。

第三章　愛知における長老教会の伝道事始め
――浪花中会と宣教師の働きとの関わりで

一　はじめに

主題の設定理由

まずは二人の伝道者の言葉を紹介しよう。

名古屋の土地に伝道に参りました。……どうも一向伝道の事は出来なかった。幾ら説いても聞いて呉れる人はない。困りました。

私は一人になって淋しかった。……時々、寂寞の感に堪へないこともあった。

この二つの言葉は、現在（本章初出執筆当時の二〇一五年）、金城学院大学（愛知県名古屋市）で日本基督教団（以下、教団）の教務教師として教鞭を取り、また伝道をしている筆者の心の言葉に聞こえるかもしれないが、そうではない。一つ目は、一八七八（明治一一）年に、植村正久(1)（一八五八・一・一五―一九二五）が名古屋で伝道に従事した時の思い出話からの引用(2)、二つ目は、同じ年に植村と共に同地で伝道に従事した山本秀煌《ひでてる》(3)（一八五七・一二・一六―一九四三）の思い出話からの引用である。[4] 植村が語っていることは名古屋伝道の困難さであり、山本が「淋しかった」と言っているのは、植村が在名わずか四ヶ月間ほどで帰京してしまったことによる。一体何が起こったかは後述するとして、愛知における長老教会の伝道は、内と外でこのような困難に直面する中から開始されたのであった。

さて、教団金城教会（愛知県名古屋市）を会場にして行われた教団全国連合長老会第六二回宣教協議会（二〇一六年二月二二―二三日）の主題は、「愛知における長老教会の伝道事始め」であった。本章はこの宣教協議会における筆者の発題をまとめたものであるが、なぜ、このような主題が設けられたかというと、今、愛知県または同県名古屋市に、教団内にあって、明確かつ活発に地域長老会（中会《ちゅうかい》）の形成を志している群れや動向があまり見られないという現状に由来する。[5] 筆者が教団鎌倉雪ノ下教会（神奈川連合長老会）の担任教師を辞した後、二〇一二年四月に金城学院[6]へ異動し、連合長老会の個人加盟を考えた時、最初にとまどったことは、どこの地域連合長老会（中会）に所属するのがふさわしいか、ということであった。最終的には、諸先輩の先生方と相談の上、三重連合長老会の個人加盟に落ち着いたが、それにしても不思議なのは、日本三大都市の一つとも言える名古屋を含む愛知県に、なぜ地域連合長老会が生まれなかったのかという素朴な問いが残ることである。そうした時、東海連合長老会担当の本宣教協議会において、この地域における地域長老会形成の可能性を模索すべく、まず過去の歴史を顧みようと企てたことはごく自然の成り行きと言えよう。

地域長老会（中会）とは何か……長老教会における教会統治の形態の特徴の一つに、以下のような教会会議の段階的構成がある。すなわち、各個教会の長老会議である小会（セッションまたはコンシストリー）、一定の地域内における各個教会を統治する中会（プレスビテリーまたはクラシス）、これらの中会を統轄する大会（シノッド）、最高の統治機関である総会（ジェネラル・アッセンブリー）である（赤木善光「長老主義」、日本キリスト教歴史大事典編集委員会編『日本キリスト教歴史大事典』教文館、一九八八年、八七七頁参照）。そして、それらの中でも特に中会は、教師の任職、各個教会の設立・解散を管掌する等、「長老主義教会政治運営のかなめ」（吉岡繁『教会の政治』小峯書店、一九七二年、一〇九頁）とされる。

本章の目的　よって、本章の目的は、愛知における過去の長老教会の歩みをたどり、そのことを踏まえた上で、将来のこの地における（教団にあっての）地域長老会（中会）形成の可能性について模索することにある。

そのために本章は次のような順番で進めていきたい。まず、愛知における長老教会（より具体的には日本基督一致教会〔一八七七―九〇〕。以下、一致教会）による伝道事始めを見ていきたい（それはそのまま名古屋における長老教会の伝道の黎明期を見ることでもある）。あわせて、当時の伝道者のスピリッツを知って現代の我々の励みとするためにも、幾つかの印象的なエピソードも見ていきたい。そして「四　愛知における中会形成と宣教師」では、中会形成がどのようになされたか、また日本基督教会（一致教会の後身）と宣教師の関わりを見ていくこととする。

長老教会の名古屋伝道に関しては、すでに、日本のキリスト教会の名古屋伝道についての包括的かつ詳細な研究書として、眞山光彌執筆による『尾張名古屋のキリスト教――名古屋教会の草創期』（新教出版社、一九八六年）や、同『愛知のキリスト教』（新教出版社、一九九二年）等がある。よって本章では、新しい事実の掘り起しとその紹介や学問的探究よりも、これら書物に依拠しつつ、前述の目的を達するための議論・検討の土台を、新たな知見も踏まえた上で提供することができればと願っている。それはまた、この地域のみならず、他の未だ地域長老会（中会）の形成が志向されていない地域の今後を考えるヒントともなろう。

二　名古屋伝道事始め

1　愛知におけるプロテスタント伝道

メソヂストによる伝道　愛知県[7]でプロテスタント・キリスト教の伝道が行われたのは一八七六（明治九）年のことである。これは東京や大阪よりは少し遅いわけであるが、それは愛知県が、函館、長崎、横浜や神戸などの開港地から遠かったことが理由として挙げられるであろう[8]。

プロテスタントによる愛知県伝道を最初に担ったのは、米国のメソヂスト監督教会ミッションであった。横浜で漢学の教師をしていた元西尾藩士の尾原英吉は、一八七六（明治九）年秋、メソヂスト監督教会日本宣教総理のR・S・マクレーによって回心し、同年一二月、クリスマスの直前、西尾の親族・知人に伝道を開始した。そして翌年、マクレーは西尾に組会を組織し、またM・C・ハリスは一八七八（明治一一）年かその翌年、西尾教会を組織した。これが〈三河〉伝道事始めである。

一方で、メソヂスト監督教会試用伝道者の小杉亮平は、一八七八（明治一一）年一月、不思議な導きで名古屋区郊外の大曾根町坂上に住むカナダ・メソヂスト会友の山田菊臧と出会い、彼の自宅で行った集会が、〈尾張名古屋〉伝道事始めである[9]。

日本人による伝道　長老教会すなわち一致教会による愛知県伝道・尾張名古屋伝道はというと、メソヂストのそれよりやや遅れた一八七八（明治一一）年一二月である。この年アメリカ改革派ミッションから名古屋に派遣された二人の青年伝道者植村正久と山本秀煌が、一二月九日、帰省中の阪野《ばんの》嘉一《かいち》（一八五二―一九四二）の自宅、有松村で行った集会が一致教会系の最初の伝道集会となった。なぜ、一致教会の伝道がメソヂスト教会より遅れて開始されたかであるが、米国長老教会の宣教師であるH・ルーミスの書簡を見てもわかるように、名古屋が有力な伝道地であることは早い段階で把握されていたのは確かである[10]。しかし、同書簡では、関東における伝道に手一杯であることもうかがわれ、名古屋にまで伝道の力を振り向けることができなかったことが一理由として推察されるであろう[11]。

さて、一致教会にとってこの名古屋伝道は、日本人による伝道としては最も初期に位置するものの一つであることに注目しておきたい。『植村正久と其の時代　第三巻』（教文館、一九三八（昭和一三）年）の第一章（一―一二頁）が

「日本人の最初の伝道」として編まれているのであるが、そこに名古屋伝道が出てくるのである。

なお、そこに出てくる、日本人による最初の伝道は、一八七三（明治六）年一〇月に奥野昌綱（一八二三―一九一〇）と小川義綏《よしやす》（一八三一―一九一二）の二人による、[12] 上総の十日市場、武州八王子その他の地方への伝道であり、[13] その他にも、植村にとっての初めての伝道がどのようなものであったかについても記されている。本多庸一（一八四九―一九一二）の死去直後に、植村が本多との思い出を語る中で見られる、次のような文章である。

明治六七年頃、[14] 或る日曜日の午後初めて神奈川に伝道を試みることになつたとき、金子某といふ人の家に於て、真先きに説教（もし説教と言ふことが出来るならば）をしたのは本多庸一君で、其お相伴を勤め、其の前座に何かわからぬ話しをやつたのが余である。多分それが本多君にも余にも説教といふもの、初陣であつたろうと思う。[15]

植村が自身の説教デビューの時を、「何かわからぬ話し」をしたと顧みているのは面白い。その後、彼は高崎伝道を試みるものの、厳しい状況に直面して舞い戻ってくることになる。そして植村の次なる伝道地こそが、名古屋であった。

2　一致教会による名古屋伝道[16]

名古屋伝道の契機　植村と山本の二人が名古屋で伝道することになった契機は何であったのか。『七一雑報』（一八七五〔明治八〕年創刊）という、その名の通り七日に一度だけ発行される、日本初のキリスト教系週刊新聞がある。その『七一雑報』第三巻第四三号（一八七八〔明治一一〕年一〇月二五日）に次のような文章が出てくる。

名古屋に居らる、鈴木甲二〔ママ〕郎氏より東京の小川氏へ該地へ向けて伝道者を派出せらる、様との依頼にて事によれ

ば麹町教会の山本氏は羽前行はよして名古屋へ赴かる、との噂

鈴木鉀次郎とは、一八六九（明治二）年一月五日、横浜で米国長老教会宣教師D・タムソンから小川義綏らと共に洗礼を受けた元宮津藩士で、一八七八（明治一一）年頃には名古屋裁判所判事の公務の余暇に福音を講じ、毎日退庁後に聖書を輪読していた[17]。そうして、彼の部下の中から数名の求道者が起こされたことが、名古屋伝道応援の依頼がなされる動機となった[18]。

それ以前から、植村が名古屋伝道に派遣される可能性や[19]、山本と二人で米沢に派遣される可能性[20]、また一八七八（明治一一）年一二月以降植村は井深梶之助らと共に毎週二回「耶穌教徴証論宗教改革史」を講じる予定（今で言う市民講座のようなものか）にあった[21]。しかし、それらを中断し切り上げてでさえも[22]、最終的に名古屋伝道へ向かわせたのは、まさに「マケドニア州に渡って来て、わたしたちを助けてください」（使徒一六・九）との幻と同じくする「依頼」が届いたからである[23]。我々も、伝道応援の依頼に応えて、新たに伝道していく姿勢を忘れないものでありたい。

こうして一致教会の名古屋伝道は、形式的には東京麹町教会によって、実質的にはアメリカ改革派教会ミッションによって、二人を派遣するという形で開始されたのであった[24]。両者共に准允を受けて約八か月、満二〇歳の時である[25]。

名古屋伝道の開始

当時の名古屋は人口約一一万人[26]、浄土真宗の「金城湯池」[27]とも言われ多くの寺院があった。その名古屋に二人は一八七八（明治一一）年一二月に到着するが、以後、彼らの伝道の様子については、比較的よく再現が可能である。なぜならば、先述した植村の思い出話や山本の思い出話（「伝道の草分」[28]）を始め、山本の記した詳細な日記も残っているからである[29]。これらを基にしつつ、名古屋伝道の様子を以下から見ていきたい。

名古屋伝道を始める契機となった鈴木の下にいた求道者は、「既にメソヂスト派に転じて居たので、あてがはづれた」[30]というが、それでも、二人は有松村に帰省中の阪野嘉一を訪ね、彼を介して伝道を開始することとした。なぜ尾張国知多郡有松村生まれである阪野を訪ねたかというと、彼と二人の間には、皆、J・H・バラから洗礼を受けた間

柄という共通点があったからである。[31]　後述するが、一八七九（明治一二）年三月、植村がまだ名古屋で伝道に従事していた頃、阪野は東京一致神学校入学を決意、学びの後に、植村の強力な後押しもあって、「実質的に名古屋教会初代牧師[32]」となる。その阪野が当時を回顧して、晩年に記した文章がある。

当時自分は家事上の為め休学して郷里知多郡有松町に帰省中なりしが学友にして且つ先輩なる植村山本両氏は自分を有松町に訪問せられ種々協議の上自分も名古屋に出張し、右両氏の下宿所なる鍛治屋町某氏の二階にて、我等三人が祈祷会を開きたり。此の会こそは、我教会の名古屋伝道最初の礼拝と云ふべけれ。[33]

この祈祷会・礼拝が行われた詳細な日付はわからない。有松村伝道が行われたのは一八七八（明治一一）年一二月九日であるから、[34]その前後であろう。[35]しかし、若き青年たちが信仰の交わりを頼って一つとなり、少人数ながら祈りをもって伝道を開始した原点――これは当事者にとっては忘れられない光景となったであろうし、現在伝道に携わる者にとっても極めて印象的な光景ではないだろうか。最初の有松村伝道では、「聴衆大凡五十人」であったという。さっそく植村はこの時のことを、お気に入りの雑誌である『七一雑報[36]』に威勢よく知らせたであろうことが、次の記事からうかがい知ることができる。

植村氏の報知に拠ば近傍有松に講義所を設けて時々出張するに景気随分よく此処は横浜会員坂野氏が郷里にて同氏は万端によく周旋せらる、よし[37]

三　初期名古屋伝道の最前線

1　讃美歌と説教

讃美歌を歌うのに苦慮する

さて、そのように日本人の担い手によって[38]威勢よく始まった名古屋伝道であったが、その実際の様子はどのようなものだったのであろうか。山本は、「市内に説教所を借り受け、鈴木氏の斡旋で、兎も角も、布教を開始」「町々に転々、説教所を設けて布教に努力」した。[39]山本の回顧によれば、「一番困つたことは、説教の前後に讃美歌を歌ふことであつた」という。

一番困つたことは、説教の前後に讃美歌を歌ふことであつた。何しろ植村さんも、私も二人ながら讃美歌を歌ふことは極く不得手であつたからたまらない。横浜に居た頃、毎日曜日の夜、集会の前、数十分間づつ、女教師ピヤソン先生司導の下に、盛んに讃美歌の練習をしたので、聴き覚え、歌ひ習ひで、どうか、かうか、歌ふことは出来たのであるが、それもリーダーがあつたからだ。ところが、名古屋では、自分等がリードしなければならぬのだから大変だ。集会の日には朝から讃美歌を選択して於いて二人で練習し、それから集会に臨んだもので、実に用意周到であった。それでも時々脱線した。のみならず、稍もするとリーダーがリードされて調子はづれとなり、大々的に脱線し、端歌だか、義太夫だか、詩吟だか、何だか正体のわからぬ鵺的唱歌となつてしまつたには驚いた。滑稽じみて思はず吹きださざるを得なかつた。すると司会者は直ちに讃美歌の中止を宣して説教に移り、アポロの雄弁滔々と弁じたてた。[40]

注28で触れた、植村と山本が清水某の女性を訪ねたのも、「殊に讃美歌をリードして戴きたいとたの」みに行った

からに他ならなかった。讃美歌をどう歌うかについて苦労していたのは一致教会だけではなかったとみえ、たとえばメソヂスト系の名古屋美以講義所ではオルガンがなかったため、[41]讃美歌を歌う際に一絃琴を用いていたと言われる。[42]後に讃美歌の存在が多くの人々を魅了し、教会へと誘《いざな》う力となったことは想像に難くないが、その讃美歌が当初は伝道の力になるどころか、伝道者の手に余るものであったとは、今の時点から見ると隔世の感がある。

説教の言葉の模索

困難を伴ったのは讃美歌だけではない。説教においても、語る言葉にかなり苦心したという。特に、「神」と「愛」という言葉をめぐってである。虫や鳥、山や海など何でも神にしてしまう観念を持つ一般の民衆に向かって、「何といふ言葉を以て基督教の神の偉大さと崇高さとを顕はすべきか、そこに一方ならぬ苦心があつた」[43]という。聖書和訳作業においては、すでにキリスト教の神を「神」と訳すことで定着していたが、問題は「実地の伝道の分野」において語る際である。[44]山本は、「天主といふ善い言葉はあるが、それは、何となく、旧教〔ローマ・カトリック教会〕くさくていけない。儒教に天といふ言葉がある。それは崇高偉大にして、無限、絶対、智、仁、勇をあらはすにふさはしい言葉だ。少なくも私はさう思つた。それで天或は天帝といふ言葉を用ゐた。時としては上帝又は真神ともいつた」[45]と回顧している。

また「愛」という言葉についても、「今でこそ愛といふ言葉は崇高な立派な言葉であるが、それも昔はさうでなく、一種の低い賤《いや》しい意味に用ゐられたものである。……低級の意味ではそれは専ら男女間の神聖ならぬ卑しい関係を指示したものだ。さういふ次第から私共は愛といふ言葉を用ゐることに躊躇した。そこで矢張り、儒教の仁といふ字を借用し来つて、仁愛といふ言葉を用ゐることにした」[46]という。当時、いわゆる〈神の愛〉をどのような日本語で伝えるかが、いかに難しい問題を伴ったものであったかは、J・C・ヘボンもまた「love」を「愛」と訳すことに躊躇し、「いつくしみ」と訳したことからもわかるであろう。[47]

ちなみに、植村と山本が名古屋を去った後のことであるが、阪野がどのように説教をしたかの様子を、彼自身が回顧して記した文章がある。

自分は妻を前に坐らせて説教を始める（寧ろ吐鳴り出し）、すると一人二人三人と戸外に立つ人々あり数分時間にて戸外人の黒山と云ふ光景を示す、然れども一人も内に入らず依て説教で其の人々を呼び込み一人入来り又一人又二三人と終いには店土間に可成り多数の人々が入込〔んだ〕……此の戦法にて可成り好成績を挙げたり。（自分は之を称して「臨機応変吐鳴り説教」と言ふ）箇様なる事も、当時は止むを得ざる事にてありし。又説教後戸口を締切り置き、近所の湯屋に行き浴しながら説教の反響を窺ふを常とせり。時々おかしき事どもありし。[48]

2　広義の協力伝道

植村の戦線離脱　以上のように、積極果敢に伝道に挑んだ二人であったが、すぐに困難に直面する。一回目の有松村伝道では聴衆五〇名を数え、以後毎週二人ずつ、あるいは交互に出張して伝道したが、聴衆の数は段々と少なくなり、人々の態度も「冷淡」「険悪」となっていった。そして、「沿道到る処で罵声をあびせかけ、果ては礫を投じて私共を威嚇」し、それどころか、求道者に対しても迫害する者が出てきて、有松村での伝道は三、四ヶ月で中止された。[49]平日、日曜と、各所で伝道の機会を設けるが、『山本日記』には、「聴衆僅ニ二人」「聴衆一人モナシ」といった記述が何度も続く。また、記録には残ってはいない嫌がらせも、幾度となくあったであろう。[50]

そしてついに起こった出来事は、植村が東京へ帰ってしまったことである。一八七九（明治一二）年四月のこと、在名わずか四ヶ月間であった。なぜ植村は山本を残して帰ってしまったのであろうか。山本によれば「下谷の練塀町にあつた植村君自宅の説教所（後の下谷教会）が、だんだん発展したからである」[51]と記し、また植村に山内季野との縁談の話が持ちあがっていたのもちょうどこの頃である。[52]それと共に、（冒頭でも引用したが）一八九三（明治二六）年に名古屋で開かれた日本全国基督教徒福音同盟会の席上で語られた、植村の次の回顧談にも理由の一つが記されているると言えるだろう。

どうも一向伝道の事は出来なかつた。幾ら説いても聞いて呉れる人はない。困りました。そうして此所に殆ど十ヶ月居りました所〔実際は四ヶ月〕、亦故障が起りまして、東京へ帰つた。……如斯名古屋は私の古戦場で有つて、色々の難儀をした所、失敗をした所と云ふても宜しい所であります(53)。

植村はこの古戦場で、負け戦を経験したことを認めているわけであるが、しかし、決して無駄な四ヶ月間ではなかった。なぜならば彼はここで、晩年までキリスト者として自省することになる「必要な試験問題」、つまり宿題を持ち帰ることができたからである。

私が明治十一年名古屋に居つたとき、或る老年の信者が居た。稍《や》や下品な男で「何時も俺は飯よりも耶蘇が好きだ」と言ふ調子であつた。其れが彼に取りては最上の言い分であつた。けれどもこの頃考へて見ると、明治十一年に折々聞かされた此の話が、自分に取つても必要な試験問題でありはしないかと感ぜられる。果して自分は耶蘇が飯より好きであらうかと考へさせられて居るのである。「汝このものどもに勝りて我を愛するか」〔ヨハネ二一・15〕とは、其の話の上では、網だの、魚だの、自分の好きな仕事や物品を指すやうであるが、その根底に突き込んで考へて見ると、結局自分と云ふことになる。吾らは往々自分の身、即ちこゝの話にすると、舟、網、魚、すべて漁の仕事などを庇う様な癖があるのではあるまいか。其れにも種々あらうが、何れにしても然う謂ふものよりも我を愛するかと耶蘇に問はれた場合には、何と答へ得るであらうか。果してペテロのごとく立派に答へ得るであらうか。正直に考へると、屢《しばしば》答が閊《つか》へるやうな気持になるであらう(54)。

伝道者であれば一度はどこかで聞いたことがあるかもしれない、「何時も俺は飯より耶蘇が好きだ」と語った人物の逸話は、この時名古屋で植村が出会った一信徒の話であった。この「或る老年の信者」とは、美以教会（メソヂスト）の信者、山田菊臧（一八二七—九六）であると考えられている[55]。後の「日曜日休業ノ札」事件をはじめ[56]、「名古屋に山田菊臧あり」と彼の名は、当時の日本キリスト教界に知れ渡っていたようである[57]。

いずれにせよ、こうして植村は宿題を携えながら帰京したが、なんとも辛いのは名古屋に一人残された山本の方である。冒頭の、「私は一人になって淋しかつた。……時々、寂寞の感に堪へないこともあつた」とは、まさにそのような辛い状況で吐露された心情であった。また、在名期間中の山本は、一度も一致教会の中会にも、関西で開かれた大親睦会にも出席していない[58]。まさに「孤軍奮闘[59]」であった。その山本が、岡崎の牧龍五郎宅で、二人で二階へ登って屋根瓦の上に布団を敷いて見る、夜空に煌《きら》めく花火大会の灯はどのように映ったか[60]——伝道で孤立・孤独を経験したことのある者であれば、彼の胸中を察せずにはおれないであろう。

山本、孤軍奮闘する

そのような状況下にあっても、山本が、一八七九（明治一二）年一〇月一九日、ついに名古屋伝道・後の名古屋教会の初穂としての受洗者を生み出す（洗礼式）に至るまで、精神的に押し潰されることなく、耐えることができた理由は何であったのか。それは三点、すなわち（一）教派を超えた伝道協力、（二）書簡と来訪の喜び、（三）長期休暇があったこと、が挙げられると思う（特に（一）と（二）は山本自身が述べていることである）。

まず（一）であるが、植村がいなくなった後、山本は一人となって「淋しかつた」ことはすでに何度も記したが、それと同時に彼は、「幸にしてメソヂスト教派の伝道師なる小《〔尾〕》原英吉君や、栗村左衛八君が、相前後して在任して居られたので、互に往来して協力もなし奨励もして、大に力づけられた[61]」と言い、事実、一致教会と美以教会が協力して伝道に取り組んでいたことは、『山本日記』にも度々記されている。特に、一八八〇（明治一三）年一月には新年初週祈祷会が一致・美以教会の合同で行われた記録もあり、日本基督教団中部教区愛知西地区（尾張に該当）で今も「地区新年合同礼拝」が行われている伝統は、（筆者は時間的制約から史料的に跡付けることはできなかったが、眞山光彌によれば）この時にまで遡るであろうとも言われる[62]。確かに、筆者の前任地であった神奈川教区や東湘南地区と比べると、中部教区や愛知西地区における諸教会間の協力的気質はより強いものに感じられる。

（二）は、山本が「又旅行の途次、名古屋に私を音づれて呉れた教友もあつた。瀬川、三浦、南小柿、稲垣の諸君がそれであつた。朋あり遠方より来るまた楽しからずやで、孤独の生活をなして居た私には眞に楽しかつた」[63]と回顧している通りである。『山本日記』には、来訪者のことや、誰から書簡が届き、また誰に書簡を出したかが事細かに記されている（井深、J・L・アメルマンらの名前がよく出て来る）。特に、奥野昌綱が、洗礼を授ける機会を見計らって名古屋に向けて出発、到着した一八七九（明治一二）年一〇月一〇日付の日記には、「午後二時頃奥野氏着　東京ノ近況ヲ聞キ　喜ヒノ至ニタヘズ」とあり、その喜びのほどが伝わってくる。奥野は到着して早速説教を開始、一〇月一七日に林榮助が洗礼を願い出る出来事が起こり、一九日の日曜日、奥野は二人（鈴木雅彦、林榮助）に洗礼を授けたのであった。感動の瞬間である。奥野は翌日に東京へ向けて出発、山本は伝道の努力報われた喜びと自分へのご褒美であろうか、二一日に、六円五〇銭もする「袖時計」（懐中時計）等を購入しているのは微笑ましいことではないか[64]。いずれにせよ、我々も、神学生や補教師の仲間をさまざまなしかたで励ます姿勢を持ち続けるものでありたい。

（三）山本は（二）で記した受洗の出来事の直後、一八七九（明治一二）年一〇月二三日から一二月八日までの間、故郷である丹後の峰山へ行っている[65]。また、山本は一八八一（明治一四）年五月一七日に名古屋を去ったが（来名は一八七八（明治一一）年一二月八日であった）、彼はまだ神学生でもあったから一致神学校へ戻って学びを継続する必要があったものの、やはり故郷の峰山へ行っている。一致神学校の四年次に戻ったのは九月のことであった。故郷での長い休暇期間は、山本に新しい活力を与えたであろう。伝道者には休暇が必要である[66]。

なお、山本は、名古屋滞在期間中、一度も一致教会の中会に出なかったことを前に記したが、試補者たちが年に一度も中会に出席することなく、困難な伝道に専念するということは精神衛生上も良くないからであろう、一八八二（明治一五）年一〇月に開かれた北部中会（後の第二東京中会）は、試補者が年に一度は中会に出席するか、それとも中会に伝道報告書を提出するか、いずれかの責務を果たすよう決議している[67]。

四　愛知における中会形成と宣教師

1　中会形成

一致教会・日本基督教会における中会形成[68]　山本が去った後の名古屋伝道は、一八八二（明治一五）年七月以降阪野嘉一によって引き継がれ、一八八四（明治一七）年五月三日、教会員二八名によって名古屋教会が建設されるに至った。

ところで、これまで見て来たように、名古屋伝道は山本の孤軍奮闘による個人伝道の様相を呈していたが、それはなぜであったか。実は山本が名古屋伝道に従事している時は、まだ一致教会は一中会時代だったのである（＝大会がなかった）。

一致教会が成立し、その第一回中会が開かれたのは一八七七（明治一〇）年一〇月三日である。当初は九教会、すなわち海岸教会、新栄教会、上田教会、長崎教会（以上、日本基督公会より）、住吉町教会、露月町教会、法典教会、品川教会、大森教会（以上、日本長老教会より）から成っていた。長崎教会だけ距離的にかなり遠方であることは明らかで、実際に中会が開催されるにあたって、代員（議員）が出席できないことも度々生じている[69]。そうした中、一八八一（明治一四）年四月第八回中会において、次のような「大会設立の建議」が提案された。

> 我輩伝道ノ場所ト中会開場ノ所ロト其位置遠隔ナルニヨリ定期中会ニ会同セントスルニ其日時ト若干ノ旅費ヲ冗費セサルヲ得ス／方今既ニ長崎下ノ関及ヒ柳川教会モ建設セラル将又鹿児島併佐賀等ニ設立スルモ近キニアラン／然レハ今別ニ中会ヲ設立スルハ充分ノ理由アリト思惟ス加之教会政治ニ適シタル大会ヲ建設スル時機既ニ熟セリト想像ス……[70]

審議の結果、次のように三つの中会に分割され、同年一一月二日に第一回大会を迎えた。

一、北部中会（東京日本橋以北）

日本橋教会、牛込教会、本郷教会、下谷教会、浅草教会、両国教会、上田教会、桐生教会、和戸教会、大森教会、法典教会、佐倉教会

二、東部中会[71]（東京日本橋より横浜以南）

海岸教会、新栄教会、葺手町教会、住吉町教会、品川教会、露月町教会、麹町教会、京橋教会

三、西部中会（中国及び九州）

赤間ヶ関教会、長崎教会、柳川教会、（金沢教会〔一八八一（明治一四）年五月一四日教会設立〕）、（鹿児島教会〔一八八一（明治一四）年七月二三日教会設立〕）

いかに黎明期の一致教会が関東圏に集中していたかがわかるが、ここに名古屋教会が出てこないのは、まだ教会が設立されていないからで、しばらく後の一八八四（明治一七）年五月三日に「教会建設式」を挙行、東部中会に属することになる[72]（もっとも、名古屋教会の教師であった阪野は、一八八三〔明治一六〕年に北部中会で按手礼を受け、「福音者」[73]として名古屋伝道に遣わされ、教師籍は北部中会のままであった[74]）。

その後、一八八五（明治一八）年一〇月には、一致教会の教会数は三中会設立時の約二倍となり、さらに東北の四教会が一致教会に加盟しようとしていた。そこで、同年一一月、第三回大会において、東京第一中会、東京第二中会、浪花中会[75]、鎮西中会及び宮城中会の五中会が設立されることとなる。またこの時、これまで東部中会に属していた名古屋教会は、浪花中会に転籍することになる。どちらかというと、関東圏側に属していたのが、関西圏側に鞍替えしたことになる。その理由が何であったかが、簡潔ながら大会記録に残されている。

（坂〔阪〕野氏）名古屋教会ハ地方及ヒ伝道ノ便宜ニヨリ浪花中会ニ連合センヿヲ乞フ（ミロル氏）可決[76]

一八八五（明治一八）年一二月一七日、第一回浪花中会が「大坂中ノ島仮会堂」にて、金沢教会、名古屋教会、大坂教会[77]、高知教会の四教会によって組織されるに至った。愛知中会なるものを設立できなかったのは、見てわかる通り、愛知県には名古屋教会しかなかったからであるが、それにしても、浪花中会が広大な領域であるのは、かなり早い時期に一致教会系の教会が設立され群れとなっていた関東と九州の両地域を除いた、その狭間にあった諸教会を実質かき集めた結果であったからと言えよう。

愛知に中会が形成されたことはない　中会の数はその後日本基督教会時代（一八九〇―一九四一）を通じて発展していくが[78]、その基本形は、ほぼこの頃に形成されたと見てよいであろう。

愛知県内で、現在もある、長い伝統と歴史を持っている（旧）日本基督教会系の教会として、たとえば教団瀬戸永泉教会や金城教会があるが、これらも、前者は一八八八（明治二一）年一〇月に教会設立（一九〇七〔明治四〇〕年には伝道教会へ降格[79]）、後者は一八九三（明治二六）年一月一日の相生町講義所設立にまで遡るが、自給独立教会として教会建設式を挙行するのはようやく一九〇九（明治四二）年になってからである[80]。つまり、なかなか新しい中会建設の要件を満たすに至らず[81]、愛知における一致教会・日本基督教会系の諸教会が自給独立教会として確立するよりもはるか前に、全国の中会の枠組みはでき上がっていたのである。

本章の記述にあたっては、「日本三大都市の一つとも言える名古屋を含む愛知県に、なぜ地域連合長老会が生まれなかったのか」という問いが出発点の一つにあったが、実は現在（戦後）のみならず過去においても、この地域に長老会としての中会形成はなされなかったのであった。

なお、日本基督教会時代を通じて、愛知においてはついに中会は形成されなかったが、教師たちの会合、すなわち牧師会的なものはしばしば開催されたようである。たとえば、『福音新報』第二九号、一八九一（明治二四）年一〇月二日の記事「名古屋通信」からである。

去廿二月午後二時半より当地及び近傍に在る日本基督教会の伝道に従事せる人々はカムミング氏宅に伝道会を開かれ伝道の報告及び相談会等ありたり出席者は内外人合せて九名なりき同夜は当市内の両講義所にて説教会を開きたり来月は此会を岐阜に開くとに決したり

同じく『福音新報』第九三号、一八九二（明治二五）年一二月二三日の記事「愛岐県下に於ける伝道師会」にも、同様の会が開催されたことがわかる。[82]

去る十三日午後二時、愛岐両県下にある日本基督教会伝道師会は名古屋主税町カミング氏方に開けり、司会者は加藤虎彦氏にして集る者凡て十人、伝道報告懇談等ありて后ち次回は明年三月岐阜日本基督教会に開く事を決議し同四時散会せり。同夜は橘講義所に於て奥平浩古澤久二氏の説教ありたり

2　宣教師との関わりで

南長老教会による日本伝道[83]

最後に、中会形成がこの地でなされなかった理由の背景に、次のもう一つの理由をも挙げられうると思う。それは、ミッションとの関わりである。

全国で諸中会が形成される時点では、未だ一致・日本基督教会の教会がほとんどないこの地域であったが、『昭和七年　日本基督教会年鑑』〔金城教会蔵〕付録の地図を開いてみると、その頃には愛岐地区には、多くの日本基督教会系の礼拝者の群れがあったことがわかる。しかし、（愛岐地区だけではないが）他の地域と異なる特徴があることもま

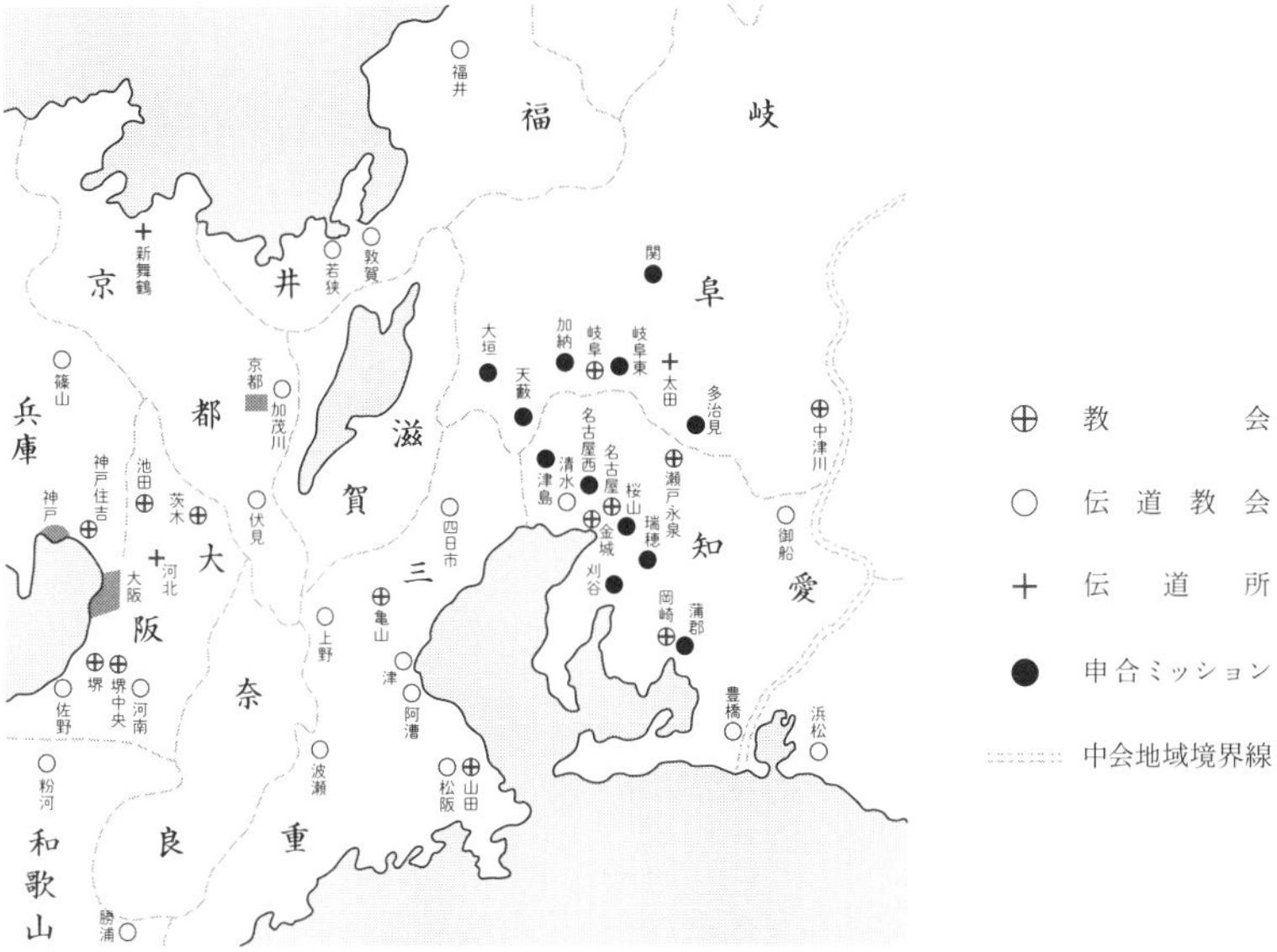

（『昭和七年　日本基督教会年鑑』を参考に作成）

た見て取れる。それは黒丸印「●」である。地図の説明には「●」とは、「中合ミッション」であると書いてある。「中合ミッション」とは何であろうか。それが何であるかを述べる前に、まず、この地域における宣教師たちの働き、より具体的には米国南長老教会[84]ミッションの働きを概観しておきたい。

名古屋伝道は、（費用はアメリカ改革派教会ミッションから出ていたとはいえ）日本人の担い手によって伝道が開始（一八七八（明治一一）年）された場所であった。そして、この地域で長老教会系の外国人すなわち宣教師が伝道を開始するのはワンテンポ後のことで[85]、南長老教会の宣教師が日本に到着したのは一八八五（明治一八）年、そして、名古屋で改革派ミッションからその伝道地を譲り受けるのは一八八七（明治二〇）年のことである。

南長老教会が日本にやってきた契機には複数の要因があるが、一八八四（明治一七）年に植村が、名古屋から尾張、三河、伊勢、美濃伝道の重要性と、当時行われていたアメリカ改革派ミッションの伝道地を整理する旨を主張、この提言を受けたバラが、（自分の属するアメリカ改革派教会にではなく）[86]南長老教会に応援を要請したこともその一つだという。一八八五（明治一八）年、時が満ちて最初に派遣されたのが、R・グリナン（一八六〇—一九四二）とR・E・マカルピン（一八六二—一九五〇）[87]である。

一八八五（明治一八）年一二月三日、二人は一致教会の協力ミッション（米国長老教会ミッション、アメリカ改革派教会ミッション、スコットランド一致長老教会ミッション）の臨時会議に出席する。そこには、同じ船で来日した、ドイツ改革派教会ミッション宣教師のW・E・ホーイ（一八五八—一九二七）も一緒であった。彼らはその席で歓迎を受け、仙台、名古屋、高知の伝道地の中から、いずれかを選択するかについて協議が行われ[88]、ホーイには仙台を、グリナンとマカルピンには名古屋と高知が勧められた。二人は高知に赴任、その後マカルピンは、バラの次女アンナと海岸教会で結婚し、H・プライスと一緒に来名し、名古屋ステーションを設立する。こうして、米国南長老教会ミッションの名古屋伝道が開始される。一八八七（明治二〇）年一〇月のことである。永泉教会の設立（一八八八（明治二一）年一〇月）もマカルピンが伝道に携わったものであり、ランドルフが金城学院の前身となる学校を設立する際にもマカルピンは協力している。

ミッションとの関係の模索

さて、南長老教会ミッションが日本、そして名古屋に来た頃の一致教会は、財政的に各ミッションに多く依存していた。その状態は、日本基督教会となって改正憲法上、宣教師が員外議員扱いになってからも同様であった[89]。それから後は、小野静雄の表現を借りれば、「日本基督教会の中にも、ミッションとの協力関係についでは種々の意見があ」ったこと、しかし、「植村のような強力な指導者の影響によって、日本人の独立自主をつよくうち出すようにな」っていく。すなわち「ミッション協力を全面否定するわけではないが、宣教師による支配を制限する方向」である[90]。このミッション問題に関しては非常に複雑なものがあり、本章の範囲を遥かに越え出るため、以下、幾つかの第二次文献を参考にしつつ[91]、概略と南長老教会との関連部分だけを述べる。

一八九七（明治三〇）年の第一一回大会で「協力ミッション」の定義を行った。それは、各中会において、ミッション側委員と同数の中会選出委員が協議の場を設けて、伝道計画を立案するというものであった。ミッション側の権限を抑制する内容に、各ミッションは、このような条件での協力関係は継続できないと通告、一八九八（明治三一）年には、日本基督教会と関係ミッションの間には、一切の公的関係が失われた。

しかし一九〇五（明治三八）年第一九回大会で再び協力問題が取り上げられ、その模様が各ミッションに伝えられると、各ミッションは日本基督教会の立場を理解し、同情する態度を示した。そして、一九〇六（明治三九）年の第二〇回大会で、「協力定義変更」決議案が出された。それは、「協力「ミツシヨン」とはその「ミツシヨン」として日本基督教会の部内に於て又は之と関連して実施する所の凡ての伝道事業はその大体に於て該教会が之を管轄するの権利あることを承認し而してその伝道事業を上文の原則に基き且大会が伝道局を経由して承認したる方法によつて実施する所のものを云ふ」と再定義したものであった。この原則で協力関係を確立することに同意して、協力ミッションになったのは、米国長老教会西部ミッション、ドイツ改革派教会ミッション、米国長老教会東部ミッションの三つであった（大会伝道局と上記三ミッションが締結した協力規約は関東大震災で焼失したが、浪花中会記録中に掲載されている）[92]。

ところが、南長老教会ミッション（及びアメリカ改革派教会ミッション）は協力ミッションの定義に同意せず、別に「中合ミッション」として日本基督教会との関係を継続することとした[93]。第二三回大会（一九〇九〔明治四二〕年）で決議した「〔非協力ミッション〕中合条件[94]」は、以下の通りである。

第一条、ミツシヨンは日本基督教会の信仰告白憲法規則を誠実に受け容るること且之を以てその関係ある所の教師、伝道者、伝道教会及講義所の為に適当にして充分なるものと認むること。

第二条、ミツシヨンに属して伝道に従事するものは中会に於て伝道者の准允若くは教師の就職式を領したるものたるべし而して其教師たるものは中会大会の員外議員たるの資格を有すること。

第三条、ミツシヨン伝道教会及びミツシヨン講義所は日本基督教会と機関的関係なきこと但日本基督教会の統計表には別蘭に之を掲ぐべし且毎年一回その財政及心霊上の状態を中会に報告し且日本基督教会全体の利達を図らんが為に応分の力を尽すべきこと。

第四条、ミッシヨン教会を建設せざること、ミッシヨン伝道教会又はミッシヨン講義所が教会たらんと欲する時は便宜の中会に申請すべきこと而して教会に建設せらるる時は即ち日本基督教会となること。

〔第五条の修正条項は略〕

この中合条件に基づいたミッションが、「中合ミッション」である。つまり、愛岐地区における多くの南長老教会ミッションが携わっている伝道教会や講義所は「日本基督教会と機関的関係な」いのであるから、そこに日本基督教会としての中会が形成されることはない。たとえば、『日本基督教会一覧』（一九一一〔明治四四〕年一二月発行〔金城学院大学図書館蔵、樋田文庫〕）を開くと、なんと、色付きの広告頁を挟んで、「教会伝道教会一覧」と「中合ミツシヨン」は完全に区別されているのである！[95]

南長老教会ミッションによって生み出された諸教会は、「「頑固」といわれるほどに保守的な教理を保ち、日本基督教会にあって異色の地位[96]」を占めた。中合ミッションは、戦後成立した日本基督改革派教会の群れにその多くが加入し、今に至っている（中部中会）。

五　おわりに

まとめ　以上、我々は、未だ地域長老会が形成されていない地で、地域長老会形成の可能性を模索するべく、特に愛知における長老教会の歴史に焦点を当て、伝道の実際を見てきた。そこから気づかされた点を挙げると、以下の三点にまとめることができるであろう。

（一）まず、愛知における長老教会の伝道は、主として日本人伝道者の担い手によって始められたということである。宣教師によって伝道が始められたのではないところに、現在、宣教師主体ではない伝道を行っている私たちにも共通する状況や浮かび上がってくる諸課題があるように思われる。伝道者派遣を要請する声に迅速に応えること、また、説教の言葉の獲得に努め続けること、伝道者の孤立をできるだけ防ぐこと、休暇を与えること、等である。他にも、各々の関心によって見出されることがあったかもしれない。

（二）私たちは、過去におけるこの地での中会（地域長老会）の形成がどのようなものであったかを一模範として期待したのであるが、（残念ながら）事実としてこの愛岐地区では中会形成がなされなかったことを知った。過去の例に学び、そのあり方（中会形成）をこの地に再現しようと考えた者としては残念なことであり、こうすれば地域長老会の形成ができるという答え・確信は得られなかった。その期待を満たすには、他の地域についての学びを、別の機会に新しくする必要があろう。

（三）しかし逆に、今回の学びを通して、中会（地域長老会）形成がなされにくい理由というのを垣間見ることができたのではないだろうか。すなわち、地理的な問題と、それに由来する協力関係の質の違い、またミッションとの関わりである。ミッションとの関わりとは、すなわち財政の問題でもある。元来の地理的要因についてはいかんともし難い面があるが、財政について言えば、私たちの教会はすでに外国の財政的援助を受けていない。これは決して当たり前のことではない。全体として日本基督教会が悲願としていた自給独立を達しており、今後地域長老会形成にあたって、そのような財政に起因する弊害・足枷はないはずである。

将来の展望　本章において以上の三点について確認することはできたが、なお今後検討すべき課題として、以下のような重要な指摘と問いがある。

たとえば、ナショナリズムに由来する日本基督教会の自給独立志向と、それが及ぼした教会形成の問題点についてである。自給独立推進の主張には、〝日本人の伝道は日本人によって〟という積極的な意識が内包されているが、それがナショナリズムに基礎づけられたものであったがために、ミッションとの関係を断つことをいとわず、ミッションと協力しつつする健全な地域長老会の形成を阻んだのではないか。そしてこのことは地域長老会形成への影響にとどまらず、世界の教会との接点が失われたこと、すなわち教会の公同性を失った状態をつくりだし、ついには国家の枠組みに内包されていく教会へとなってしまったのではないか、という問いである。

また、本章の副題には「浪花中会と宣教師との関わりで」とあるように、本章が中会（地域長老会）形成を視野に入れると掲げながら、中会の権能[97]についてと、それの（今回の場合であれば）浪花中会における実践についてほとんど触れていないのは、「伝道事始め」の部分に焦点を絞ったとは言え、本章において決定的に不足している点である。真実に地域長老会（中会）の形成を模索するには、これらの点についての検討・学びもまた今後不可欠であろう。

注

1　明治期の牧師・神学者。旗本の家に生まれる。宣教師J・H・バラの塾に学び、バラから受洗。S・R・ブラウンの塾や東京一致神学校に学び、日本基督一致教会・日本基督教会の代表的指導者として活躍した。一九〇四（明治三七）年、東京神学社（現、東京神学大学）を創設。また一八九〇（明治二三）年、『日本評論』『福音週報』（後の『福音新報』）を創刊、広く政治・社会、教育・宗教などに発信した（「植村正久」、日本史広辞典編集委員会編『日本史広辞典』山川出版社、一九九七年、二〇〇頁より）。

2　一八九三（明治二六）年に名古屋で開かれた日本全国基督教徒福音同盟会の席上で語られた、植村の回顧談（佐波亘編著『植村正久と其の時代　第三巻』教文館、一九三八（昭和一三）年、八頁）。

3　牧師。横浜でバラより受洗。ヘボン塾、ブラウン塾を経て東京一致神学校で学ぶ。のち明治学院教授。主著に『日本基督教会史』（日本基督教会事務所、一九二九（昭和四）年）がある（フランク・B・ギブニー編集兼発行『ブリタニカ国際大百科事典　6』ティービーエス・ブリタニカ、一九七四年、五一〇頁より）。

4　山本秀煌「伝道の草分」、卜部幾太郎編『日本伝道めぐみのあと』アルパ社書店、一九三〇（昭和五）年、六六頁、金城学院大学図書館蔵。

5　全国連合長老会（教団にある、改革教会の信仰と長老制度を重んずる諸教会によって形成された各地域連合長老会の共同体）を構成する各地域連合長老会としては、東に東海連合長老会、西に西部連合長老会、南に三重連合長老会、北に北陸連合長老会があるが、いずれも愛知県全域を含むものはない（名古屋から距離的に最も近いのは、東は豊橋中部教会、西は京都大宮教会、南は津示路教会、北は小松教会）。改革長老教会協議会に関わる教会の群れとしては愛知東協議会があるが、現在、その規模は必ずしも大きくはない。また、（新）日本基督教会も、愛知県所在の教会は一つ（名東教会）だけで、近畿中会に属している。日本キリスト改革派教会は中部中会（岐阜県、静岡県、愛知県、三重県、石川県）があるが、その歴史的背景については、本章の最後の節「四　愛知における中会形成と宣教師」で触れている。

6　金城学院の歴史は、一八八九（明治二二）年に南長老教会宣教師A・ランドルフ（一八二七―一九〇二）が女学専門冀望《きぼう》館を設立したことに遡る。一八九〇（明治二三）年に私立金城女学校（以降、名称の変遷が煩雑であり、本項目内では「金城」とする）と改称、一九〇三（明治三六）年に正式にミッション経営の学校となる。そして一九三八（昭和一三）年に、金城の最終的な管理権は日本基督教会大会へ委譲されることとなった（初代理事長は多田素、第三代理事長は富田満である。また、手元にあるその頃の年鑑『皇紀二千六百年　昭和十五年日本基督教会年鑑』〔個人蔵〕を開くと、金城は大会関係学校として日本神学校、明治学院に次ぐ位置に記されている）。しかし、その直前に、ミッション年会によって神社参拝を禁じられていたにもかかわらず全校職員生徒が神社参拝を行い、金城とミッションとの関係が悪化する。戦後、一九四七年に、金城と南長老教会との関係は修復、M・スマイスとM・アーチボルドが着任する。また一九四八年には南長老教会ミッションとの協力を確認した。大学の設置は一九四九年である。学校法人金城学院寄附行為が一九五一年に制定された際の第三条には、（旧）日本基督教会の信仰告白が挿入されていた（金城学院百年史編集委員会編『金城学院百年史』金城学院、一九九六年、四七六―四七七頁。ただし現在は、「第三条　この法人は、福音主義のキリスト教に基づき、かつ教育基本法及び学校教育法並びに私立学校法に従い、教育事業を行うことを目的とする」とのみある）。

7　愛知県の地理について事前に知っておくべき最低限のことを記しておく。愛知県の県域はかつての尾張国（西部）と三河国（東部）にあたる。一八七一（明治四）年廃藩置県により、尾張には名古屋県・犬山県、三河には豊橋・半原・重原・西尾・岡崎・刈谷・西端・挙母・田原・西大平の一〇県が置かれた。同年一一月尾張は名古屋県、三河は額田県に統合された。一八七二（明治五）年名古屋県は愛知県と改称し、額田県を合併して現県域となった。県庁所在地は名古屋市である（以上、『山川　日本史小辞典　改訂新版』（山川出版社、二〇一六年）、『日本歴史大事典』（小学館、二〇〇一年）等を参照。なお、一八七八（明治一一）

年一二月二〇日、郡区町村編制法施行により名古屋区が発足、一八八九（明治二二）年一〇月一日、市制施行により名古屋市となった）。よって、現在、愛知県と一括りで言っても、今なお尾張と三河とでアイデンティティーが異なるし（「ルール26　三河、尾張を明確に区別する。三河は名古屋にあらず」、都会生活研究プロジェクト［名古屋チーム］『名古屋ルール』中経出版、二〇〇七年、八六―八七頁）、愛知県の伝道の歴史を触れるに際しても、〈尾張〉伝道と〈三河〉伝道とで分けて見ていくのが通例である。

8　守部喜雅『日本宣教の夜明け　47都道府県それぞれの物語』マナブックス、二〇〇九年、九八頁。この書物は各都道府県の伝道事始めが簡潔に記されており、便利である。なお、愛知県における最初のプロテスタント・キリスト教の伝道が行われた年代については、眞山光彌『愛知のキリスト教』（新教出版社、一九九二年、一一―二九頁）に依った。

9　眞山光彌、前掲書、三一四頁。

10　「横浜や江戸で、もし他の人々が働いてくれるなら、（道が開かれるときに）私は喜んで働くためにこの地に来ましょう」（一八七五年三月二九日付、名古屋発書簡〔岡部一興編・有地美子訳『宣教師ルーミスと明治日本――横浜からの手紙』有隣堂、二〇〇〇年、一一〇頁。以下、『ルーミス書簡』〕）、「ミセス・ルーミスは名古屋に赴任したいと私に述べています。その土地は大阪より好ましいと思います。そこは帝国内で四番目の都市で、重要かつ興味深い宣教の場の中心でもあります。そこに住む許可が得られるのは、まだ先のことでしょうが、できる限り速やかに私たちの働きの中心地を選び、そこに居住することが望まれます。メソジスト派はそのようにして、直ちに四か所を選びました」（一八七五〔明治八〕年四月八日付、横浜発書簡〔『ルーミス書簡』一一五頁〕）、「開市されるときには、名古屋にも地盤を確保しなければなりません」（一八七五〔明治八〕年八月九日付、横浜発書簡〔『ルーミス書簡』一四四頁〕）。

11　たとえば、一八七四（明治七）年九月二九日付、横浜発書簡（『ルーミス書簡』九一頁）、一八七四（明治七）年一一月四日付、横浜発書簡（『ルーミス書簡』九八頁）、一八七四（明治七）年一一月二三日付、横浜発書簡（『ルーミス書簡』一〇一頁）。

12　二人は、後に一八七七（明治一〇）年一〇月、戸田忠厚と共に、日本基督教会系で最初の按手礼を受けることになる人物である。

13　山本秀煌『日本基督教会史』（日本基督教会事務所、一九二九〔昭和四〕年）も、一八七三（明治六）年のものを「是れ邦人伝道旅行の始なりき」と記しているが（三六頁）、植村いわく「それは外国宣教師の計画にて、彼らの手からの出資によれるものであつたのだから、真正に日本人の伝道と銘を打つ出づべきは、翌明治七〔一八七四〕年のが、それである」とのこと（前掲『植村正久と其の時代　第三巻』一頁）。

14　井深梶之助の回顧談等、『植村正久と其の時代　第三巻』の記述を総合すれば、たぶん一八七四（明治七）年のことであろう。
15　植村正久「故本多庸一氏の紀念に供す」、『福音新報』第八七七号、一九一二（明治四五）年五月二日（植村全集刊行会『植村全集　第七巻』同会、一九三二〔昭和七〕年、五五四頁）。『護教』第一〇八一号、一九一二（明治四五）年四月一九日にも同旨。
16　本項は眞山光彌『尾張名古屋のキリスト教』新教出版社、一九八六年、二〇―二三頁を参照。
17　『七一雑報』第三巻第四四号、一八七八（明治一一）年一一月一日。（眞山光彌、前掲書、二一、二一九頁）
18　山本秀煌、前掲「伝道の草分」、五八頁。
19　『七一雑報』第三巻第三一号、一八七八（明治一一）年八月二日。（眞山光彌、前掲書、二一九頁に記された号数は誤植）
20　「近頃東京は津田仙氏の所へ羽前の米沢より伝道者二名を派出せらる、様にとの依頼により多分麹町教会の植村、山本の二氏が行る、ならんとの噂さ該地方は未だ福音の種は一粒も播れざる地なるよし」（『七一雑報』第三巻、第四二号、一八七八（明治一一）年一〇月一八日）。（眞山光彌、前掲書、二一九頁）
21　『七一雑報』第三巻第四三号、一八七八（明治一一）年一〇月二五日。
22　『七一雑報』第三巻第四五号、一八七八（明治一一）年一一月八日。
23　眞山光彌、前掲書、二一頁。
24　眞山光彌、前掲書、二一頁に、（鈴木鉀次郎の依頼によって）「小川はこのことを麹町教会牧師奥野雅綱に伝えたところ、ミッションとの協議の席上で、植村が名古屋伝道の緊急性と重要性を主張し、この植村説をジェイムズ・バラが賛成する」と記されているが、典拠が記されていない。筆者はこの度、邦語文献のみならずアメリカ改革派ミッション側の文献（*The Reformed Church in America Board of Foreign Missions: Japan Mission.* 横浜開港資料館蔵〔マイクロフィルム版宣教師史料（原文書所蔵は Archives of the Reformed Church in America）からの複製本〕）も調査したものの、この一文を直接的に支持するものを見出すことはできなかったことを記しておく。ただ、傍証記事として、「当地（名古屋）に於る日本基督教会の伝道は植村正久の発起にして、ダッチ・リホームド〔アメリカ改革派教会〕・ミッション其説を容れ、明治十一年春植村氏は山本秀煌氏と共に手を下し」（『福音新報』第二〇二号、一八九九〔明治三二〕年五月一二日に掲載された阪野嘉一の歴史談。『植村正久と其の時代　第三巻』、七頁）や、「リフォームド・ミッションからの派遣で……植村先生は約半年、私は約二年間そこで伝道した」（山本秀煌談。『植村正久と其の時代　第三巻』七頁）があることをあわせて記しておく。

25　両者共、一八七八(明治一一)年四月に准允を受けている。植村は同年六月に東京一致神学校を卒業したが、山本は一八八二(明治一五)年六月と遅めの卒業である。一致教会の教職制度における教師試験を簡略化して記すと――甚だ不十分ではあるが――以下のようになるであろう。⑴教会の信者(会友)は〈伝道志願者〉として「中会ノ権下ニ加」る(「中会の権ニ入」るとも)→⑵准允志願者は聖職試補試験(伝道者試験)と准允を受けて〈聖職試補(試補者)〉となる→⑶聖職試補(試補者)は按手礼試験(教師試験)と按手礼を受けて〈役者(宣教長老、教師、監督、牧師、公使、福音者)〉となる(日本基督一致教会の『教会政治』より。『日本基督教会歴史資料集(三)明治初期教会憲法規則』日本基督教会歴史編纂委員会、一九七六年所収。我々の、現在の日本基督教団の教職制度の感覚では、⑴〈伝道志願者〉が神学生、⑵〈試補者〉が補教師、⑶〈役者〉が教師のように見えるが、当時は神学生が⑶となる例もあり(阪野嘉一の場合)、そもそも⑵〈試補者〉はまだ教師ではなかった。いずれにせよ、山本などは、准允こそ受けてはいたものの未だ神学生であり、さらに教師でもなかったわけで、これは現代の我々で言うと(補教師よりも)神学生に近いような立場であろう。しかし、そうであったとしても、必要性に迫られて山本は名古屋伝道(夏期伝道実習程度の期間ではない!)へと赴いたことになる。

26　一八七九(明治一二)年一月一日時点での名古屋区の人口は、一一万一七八三人であった(『日本全国郡区分人口表』内務省戸籍局、一八八〇(明治一三)年三月。「国立国会図書館デジタルコレクション」http://dl.ndl.go.jp/info:ndljp/pid/805935, accessed March 16, 2017. この点については、金城学院大学図書館職員の田中宏樹氏の助けを得た。ここに感謝の意を表したい)。ちなみに、二〇一七年二月一日現在の名古屋市の人口は、約二三〇万人である(名古屋市総務局企画部統計課庶務人口担当「平成29年2月1日現在の名古屋市の世帯数と人口」http://www.city.nagoya.jp/shisei/category/67-5-5-0-0-0-0-0-0-0.html, accessed March 16, 2017)。

27　「金城」とは「①守りのかたい城。②名古屋城の別名」であり、よって「金城湯池」とは「《金城と熱湯をたたえた堀、の意から》①守りのかたい城。……②強固な地盤」という意味がある(梅棹忠夫・金田一春彦・阪倉篤義・日野原重明監修『講談社カラー版 日本語大辞典』講談社、一九八九年、五二六頁)。ちなみに、注6で触れた「金城学院」の「金城」という名称の由来が何であるかについては、拙論「金城学院大学におけるキリスト教教育の歩み――時代背景との関わりで」、『金城学院大学キリスト教文化研究所紀要』第二〇号、二〇一七年三月、注4を参照。

28　すでに何度も引用しているものであるが、この山本の文書は卜部幾太郎編、前掲『日本伝道めぐみのあと』に収められている。『日本伝道めぐみのあと』は、「伝道五十年の奉仕をなせる先輩、十七名が、新に筆を執つて、その恩寵の追憶を物語れるもの」であり、「本書は、宛として日本の使徒行伝である」と編者によって紹介されている。山本のこの文章は、一九二八（昭和三）年から一九三〇（昭和五）年の間に書かれたと考えられるが、比較的リラックスした中、自由な調子で書かれているのが特徴と言えよう。たとえば、米国長老教会宣教師M・トゥルー（一八四〇―九六）が来名、原女学校（女子学院の前身の一つ）出身のキリスト者で、軍人の妻として名古屋に住んでいる清水某の女性を紹介され、植村と二人でその人を訪ねた時、「下女がなかなかの美人であ」り、結局夫婦は離婚してしまった云々、と記して終えている段落さえある（六七―六八頁）。

29　眞山光彌「山本秀煌日記初号」「山本秀煌日記弐号」、『明治学院史資料集　第一四集』一九八九年、明治学院大学図書館蔵（以下、基本的に「山本日記」）。これら文献を利用して書かれた、名古屋伝道を含む山本の伝記として、岡部一興『山本秀煌とその時代』（教文館、二〇一二年）がある。

30　山本秀煌、前掲「伝道の草分」五八頁。

31　「耶蘇公会」（後に「日本基督公会」「横浜公会」「横浜百六十七番教会」「海岸教会」と言われた日本最初のプロテスタント教会）で、植村は一八七三（明治六）年、山本は一八七四（明治七）年、阪野は一八七五（明治八）年に受洗した（眞山光彌、前掲『尾張名古屋のキリスト教』一三―一四頁）。

32　眞山光彌、前掲書、五二頁。

33　阪野嘉一翁「名古屋教会沿革　名古屋に於ける基督教伝道に就て　記憶を辿りて」（昭和一〇年代に執筆されたもの）、『恵みのあしあと　名古屋教会百年の証言』日本基督教団名古屋教会、一九八四年所収、一二八頁。

34　前掲『山本日記』一二二頁。

35　字義通りに受け取れば、下宿所の二階を会場に三人で行われた祈祷会が「最初の礼拝」と言うならば、その日付は有松村伝道よりも前であると当然に推察される（岡部一興の前掲書は、祈祷会が一二月八日に行われたと見る（四一頁））。ただ、（一）有松村伝道初日は「植村氏義立方滅并ニ人ハ信ニヨリテ救ヲ得ルヿヲ説明ス　僕〔山本〕ハ聖経ノ人心ニ必要ナルヿヲ説明ス」と日記に記され、いわゆる〝礼拝〟が行われたかははっきりしないこと、そして、（二）山本の名古屋到着の行程において、阪野の回顧を文字通り受け取ったとして、それらを重ね合わせると、有松村伝道よりも前の時点で、植村・山本が有松村を訪ね、続けて阪野が名古屋を訪ねて種々協議し祈祷会を行ったとは俄かには考えにくく（『山本日記』には「十二月六日横浜港ヨリ乗船　七日午前四時出航　八日午前八時四日市へ上陸　仝午後十二時名古屋へ到着ス」とある）、よってここでは一応「その（＝有松村伝道）前後であろう」と幅を持たせて記した。

36　若き日の植村は、松山高吉（一八四七—一九三五）を通じて二度ほど『七一雑報』に寄稿したが掲載されず、植村は松山のもとへ行き、「自分は口では御用に立てないから、せめて筆でなりとも御用の端に立ちたいものと思ったが、それも出来ぬらしい。神に見捨てられたも同様である」と、目に涙を浮かべながら言ったという。しかし松山は、「君の落胆は、君として尤もだが、一途の余に大局を見るのを忘れぬよう」、すぐに上手くいくと人は傲慢になる、けれどもなかなか上手くいかない時は何が足りなかったかを反省して、より努力するものである、だから「二度が三度、三度が四度、十度でも二十度でもお出しなされ」と言って、植村は喜びの表情が戻って帰って行ったという。その後、松山が、植村は見込みのある人物だと原稿に一言添えたところ、植村の文章が載るようになったという（勝尾金弥『「七一雑報」を創ったひとたち——日本で最初の週刊キリスト教新聞発行の顛末』創元社、二〇一二年、二一八—二二三頁）。

37　『七一雑報』第三巻第五一号、一八七八（明治一一）年一二月二〇日。

38　伝道費用・生活費用については、注64を参照。

39　山本秀煌、前掲書、五八頁。

40　同右、五九—六〇頁。

41　『七一雑報』第四巻第二一号、一八七九（明治一二）年五月二三日（眞山光彌、前掲『愛知のキリスト教』四一、三三三頁）

42　『七一雑報』第四巻第二三号、一八七九（明治一二）年六月六日。（同右、四一、三三三—三三四頁）。時代はもう少し下るが、美以教会の山田寅之助は岐阜伝道に際して、讃美歌を歌うことのできる棚橋孫八を同行させた。説教の告知を東西屋（チンドン屋のこと）に依頼、「東西東西今晩何町栄座に於て、耶蘇教の説教があります。傍聴無料、オルゴール附の説教があります」と宣伝して回ったという。「オルゴール附」とは手風琴（アコーディオン）伴奏のことで、棚橋の歌は比較的うまかったが、念仏調であったという（同右、六一—六二頁）。

43　山本秀煌、前掲書、六一頁。

44　鈴木範久「「カミ」の訳語考」、藤田富雄編『講座宗教学　第4巻　秘められた意味』東京大学出版会、一九七七年所収、特に三〇一頁以下。

45　山本秀煌、前掲書、六一頁。

46　同右、六二頁。

47　鈴木範久『聖書の日本語』岩波書店、二〇〇六年、七五頁以下。なお、翻訳委員社中訳『引照　新約全書』（大英国聖書会社）

が出版されたのは一八八〇（明治一三）年であった。
48　阪野嘉一翁、前掲書、二九―三〇頁。
49　山本秀煌、前掲書、五七頁。沿道で浴びせられた罵声については、前掲『植村正久と其の時代　第三巻』九―一〇頁も参照。
50　阪野の場合であるが、伝道における嫌がらせとして、次のような出来事があったことを回顧している。「迫害と云ふ程にては無之も布教の邪魔せる者等は絶へざりき、投石位は常の事にて最も困りたる一事は、朝起きて戸外に出たるに、入口の雨戸は一面に人糞を塗り付けられたるを見たる時は、何とも言はれぬ臭気で之には実に閉口したり」（阪野嘉一翁、前掲書、三〇頁）。
51　山本秀煌、前掲書、六六頁。
52　岡部一興、前掲書、四三頁。
53　前掲『植村正久と其の時代　第三巻』、八頁。
54　『福音新報』第一四五五号、一九二三（大正一二）年五月一七日に掲載されたもの（前掲『植村正久と其の時代　第三巻』九頁。この説教は、『植村正久――日本の説教2』日本キリスト教団出版局、二〇〇三年にも収められている）。
55　山田菊臧については、眞山光彌「山本秀煌日記初号」「山本秀煌日記弐号」、前掲『明治学院史資料集　第一四集』一九八九年、一三七頁の説明、眞山光彌、前掲『尾張名古屋のキリスト教』三〇、一二三頁参照。
56　「当地ニ金田《カナダ》メソヂスト会員某氏（山田菊臧）ハ静岡ニテ受洗シ爾後名古屋ニ移リ居ラレシガ……安息日ヲ守ラズシテ商法ヲナセリ弟不肖ト雖モ主ノ名ニ依リテ諫ムレドモ受ケズ為メニ怒レル色モ表ハレシヿアリ……或日弟ガ寓ニ来リ言ハル、ニハ何卒日曜日休業ノ札ヲ書キ呉候様トノ依頼ニ因リ愚筆ナガラ書セシニ安息日毎ニ其札ヲ表ニカケ該家三人共ニ朝ヨリ腰弁当ニテ終日清潔ニ守レリ此レハ実ニ聖霊ノ導キナリト大ニ愉快ノ色現レタリ」（栗村左衛八「名古屋伝道ノ景況」、『七一雑報』第五巻第一九号、一八八〇（明治一三）年五月七日）。（眞山光彌、前掲『愛知のキリスト教』四四―四六頁）
57　同右、四四頁。
58　眞山光彌、前掲書、四〇頁。
59　岡部一興、前掲書、四四頁。
60　一八七九（明治一二）年一〇月七日付の『山本日記』（一六一―一六二頁）より。
61　山本秀煌、前掲書、六六―六七頁。
62　眞山光彌、前掲書、三八―四〇頁。

63　山本秀煌、前掲書、六七頁。

64　なお、山本の伝道費用・生活費用は、アメリカ改革派教会ミッションから出ていたであろうことは、『山本日記』からうかがわれる（たとえば、「アメルモン氏より伝道費、并ニ給料を送リ来ル」一八七九（明治一二）年六月二二日付）。それによれば、「一ヶ月の給料は七円五〇銭」（岡部一興、前掲書、四六頁）ほどであった。この額がどのようなものであったかを、今の価値に置き換えることは難しいが、小学校教員の月給よりも高いくらいだったようである（大濱徹也『明治キリスト教会史の研究』吉川弘文館、一九七九年、三〇九、三一〇、三二七頁を参照）。

65　『山本日記』によれば、一八七九（明治一二）年九月二五日に、アメルマンから届いた書簡には、「奥野教師中会〔一〇月一日に横浜で開催〕後直当地へ出張　一ヶ月間滞在スルヲ以テ其度ニ〔故郷へ〕帰国ス可シ　来年ニテヨケレバ又ゝ植村氏ヲ差遣ス可シト」と記されていた（一五七―一五八頁）。休暇を与えるための代替の常駐伝道者を遣わすとの知らせである。ただ、二六日のアメルマンからの書簡には「奥野氏ノ出張ハ唯授洗ノ為ナル由」とあり、一か月間の休暇は得られないことがわかり、さぞ残念がっただろうと思う（一五九頁）。しかし、その後も奥野から六日に東京を出発する旨の書簡を受け取り（一〇月二日。一六〇頁）、奥野到着の時を楽しみに待ち続けたに違いない。そして、史料からは代替の常駐伝道者が結局来名したとは思えないが、それでも山本が休暇をとるために故郷へと出発したのは、すでに見た通りである。

66　あくまで印象論であるが、昔の伝道者は結構まとまった期間の休暇をとっている。よって、いつか私は日本キリスト教史上における伝道者と休暇の関係について論じたいと思っている。

67　眞山光彌、前掲書、四〇頁。時代は下るが、W・M・インブリーが大会について、「それぞれ隔って生活してきた牧師や伝道者が新しく出発しなおすことが出来ます」と述べた文章があることを、付け加えておく（W・M・インブリー、五十嵐喜和訳「日本伝道事始め――日本キリスト教会史話」（原著は一九〇六〔明治三九〕年）、『日本基督教会歴史資料集（六）』日本基督教会歴史編纂委員会、一九八二年、六〇頁）。

68　両教会における中会の機能的側面については、勝田英嗣「旧日本基督教会の長老制度」（季刊『教会』第三〇号、一九九八年三月、二三―三一頁）に論及がある。

69　たとえば、『明治十一年春四月　日本基督一致教会中会記録』（東京神学大学図書館蔵。以下、東神大蔵）、『明治十三年春四月　日本基督一致教会中会記録』（東神大蔵）二頁、『明治十四年春四月　日本基督一致中会記録』（東神大蔵）二頁。

70　『明治十四年春四月　日本基督一致中会記録』（東神大蔵）二〇頁。

71　第八回中会記録（『明治十四年春四月　日本基督一致中会記録』）及び『七一雑報』第六巻四六号、一八八一（明治一四）年一一月一八日では、「東部」ではなく「南部」となっているが、なぜか『明治十四年十一月　日本基督一致教會第一回大會記録全』（東神大蔵）では、「南部」とあったものが「東部」に変わっている。
72　眞山光彌、前掲書、四七頁。
73　「福音者」とは、『教会政治』によれば、「未ダ福音ヲ伝ヘラレザル地方及ビ道ヲ知ラザル国ニ福音ヲ伝ヘ聖礼典ヲ施シ教会ヲ立ル為メ遣ハサルルニ就テハ福音者ト曰フナリ」とある。
74　眞山光彌、前掲書、四三―四四頁。
75　「浪花中会」という名称は、一八八五（明治一八）年から用いられたが、一八八七（明治二〇）年一〇月の第五回中会記録からは、「浪華中会」という名称に変更されている。なお、これ以外に「浪速中会」という用語も用いられるが、明治時代にこの用語は用いられていない（眞山光彌、前掲書、五六頁）。
76　『日本一致基督教会第三回大会記録』（東神大蔵）二六頁。
77　現在の、日本キリスト教会大阪北教会。
78　一八九〇（明治二三）年に日本基督教会が成立した時には、東京第一中会、東京第二中会、浪華中会、鎮西中会、宮城中会の五中会であった。その後、最大時で、東京中会（一八九八〔明治三一〕年に東京第一中会と東京第二中会が合併）、浪速中会、東北中会（一九一九〔大正八〕年に宮城中会から改称）、鎮西中会、山陽中会（一八九一〔明治二四〕年）、北海道中会（一九〇三〔明治三六〕年）、台湾中会（一九〇六〔明治三九〕年）、満州中会（一九一二〔大正一〕年）、朝鮮中会（一九一五〔大正四〕年）、奥羽中会（一九三八〔昭和一三〕年。ミッションとの関係をめぐる東北中会の分裂で、同じ地方に二つの中会所属教会が混在することとなった）の一〇中会であった（以上、日本キリスト教会歴史編纂委員会編著（五十嵐喜和執筆）『日本キリスト教会50年史』日本キリスト教会歴史編纂委員会、二〇一一年を参照）。
79　眞山光彌「瀬戸永泉教会草創期」、『愛知のキリスト教』一七八―二二七頁参照。
80　眞山光彌「金城教会草創期――自給独立を目指して」、『金城学院大学論集人文科学編』第二七号、一九九四年所収、一二六頁以下を参照。
81　中会の建設の定義。一致教会時代の『教会政治』には、大会が「新ニ中会ヲ建テ、其已ニ建タル中会ヲ分合スルコトヲ為シ」とある程度だが（第一〇章「大会ノ事」）、日本基督教会時代では、一九二〇（大正九）年に憲法・規則を改正し、中会の建設条件が、従来三個の独立教会から五個へと増えた（前掲『日本キリスト教会50年史』六八頁）。

82　一八八八（明治二一）年一〇月（永泉教会設立）から一八九三（明治二六）年一月一日（相生町講義所〔金城教会の前身〕設立）の期間中、『福音週報』『福音新報』で、同様の会が行われたことの報告記事があるかを探したが、見出すことはできなかった。

83　以下、本項「南長老教会による日本伝道」の記述は、眞山光彌、前掲書、一〇九―一七七、三一七―三二九頁に依る。

84　PCUS: Presbyterian Church in the United States. 一八六一年に米国長老教会（分裂後これを北長老教会と通称）が奴隷制と南北戦争に関連して国家主権を合衆国全体にあると決議した時、州分権を主張、離脱して設立した教会。信条制度は北派と同じくウェストミンスター信仰告白を襲用したが、自由な解釈を排し、教会会議の政治的判断を否定した（大野昭「アメリカ南長老教会」、『日本キリスト教歴史大事典』教文館、一九八八年、六二頁）。なお、一九八三年に米国南長老教会は米国合同長老教会（UPCUSA: United Presbyterian Church in the United States of America）と合同して、米国長老教会（PC(USA): Presbyterian Church (U.S.A.)）と改称された。

85　本章が依拠した史料がここまでほとんど邦語文献であったのは、そういう事情による。

86　アメリカ改革派教会は、信者数で米国長老教会の一〇分の一以下でもあり（Edwin Scott Gaustad, *Historical Atlas of Religion in America*, Harper & Row, 1962, p.43）、これ以上宣教師の応援を自派に求めることが難しかったのかもしれない。

87　「米国南長老教会ジャパン・ミッション　宣教師人名事典１８８５―１８９３（中間報告）」金城学院大学キリスト教文化研究所プロジェクトチーム編集・発行、二〇〇〇年、一―三頁。

88　インブリーは、改革長老系教会の合同教会である一致教会の成立と、同じく改革長老系教会ミッションの協力があるからこそ、「新しい伝道地の選定には著しい効力を奏しています。南長老教会の人々の場合を取り上げてみましょう。もし合同しなかったならば、彼らは新来者に必ずつきまとうあらゆる不利益をともなった働きに取り組まねばならなかったことでしょう」と、この時のことを回顧している（インブリー、前掲書、三七頁）。

89　山本秀煌、前掲『日本基督教会史』一三八頁。

90　小野静雄『日本プロテスタント伝道史』日本基督改革派教会西部中会文書委員会、一九八九年、四八頁。

91　山本秀煌、前掲書、特に三四五―三六二頁。小野静雄、前掲書、特に四三―五二頁。佐藤敏夫『植村正久とその弟子たち１　植村正久』新教出版社、一九九九年、特に一一五―一二六頁、等。

92　「一、中会はミッションと協力伝道を為さん為に大会伝道局が指定したる所の代表者一名を加へて外国宣教師と同数の評議員を選挙する事／二、本評議員は中会の区域内に於て伝道する所の当ミツシヨンに属する按手礼を受領したる総ての宣教師と共に協力伝道実施の為に連合委員を組織すべき事／三、本連合委員は中会部内に於けるミツシヨンと関係ある一切の伝道事業即ち伝道地の開始及び廃止、伝道者の任免并にその報酬額、伝道教会に補給すべき金額等に就て決定するものとす。又此連合委員は外国宣教師の供給及び配置に対してその意見をミツシヨンに提出することを得べし。〔以下略〕」（山本秀煌、前掲書、三六〇—三六一頁より引用）。

93　日本基督教会が大会伝道局に権限を集中して日本人側の主体性を確保する方向をとったのに対し、あくまでミッションの自主性を重んじる伝道を貫いた結果であり、このことに関する南長老教会ミッション側の議論は *Minutes of the Annual Meeting of the Japan Mission of the Presbyterian Church in the United States 1909*〔金城学院蔵〕に見られる。議論の経過についてであるが、細かい検討を要するため、考察は別の機会に譲りたい。

94　〔　〕内の表現は、『大正八年　日本基督教会年鑑』（日本基督教会総務局出版、一九一九〔大正八〕年九月発行〔金城学院大学図書館蔵〕）一五六頁より。

95　愛岐地区における多くの南長老教会ミッションが携わっている伝道教会や講義所が、「〔非協力ミッション〕申合条件」（一九〇九〔明治四二〕年決議）に基づいて以降、日本基督教会としての中会形成はなされなかったとしても、実際にどのような教会形成を進め、あるいは進めなかったかについては興味深いことである。この点については、本章執筆に間に合わせて調べることが時間の制約上かなわなかったため、今後の課題としたい。

96　『日本基督改革派教会史——途上にある教会』日本キリスト改革派教会歴史資料編纂委員会、一九九六年、一二六頁。

97　「①教会の設立、加入等を決定すること。②教師（牧師）の任職、退職、戒規を決定すること。③各個教会（小会）の記録を審査すること。④各個教会からの照会、問い合わせに応えること」（藤掛順一『教会の制度——なぜ牧師、長老、執事か』全国連合長老会出版委員会、二〇〇三年、一一九頁）。

第二部

第四章

熊本バンドに移植されたL・L・ジェーンズの神学・思想とその影響
――「新神学問題」以前の、高等批評的聖書解釈の流入

一　はじめに――なぜ今、ジェーンズか

1　日本プロテスタント・キリスト教史上における神学論争

昨今の日本のプロテスタント・キリスト教界中、特に日本基督教団においては、その福音理解の相違から深刻な対立が生まれている状態であると言い得る。憂慮すべき事態であるが、福音理解の相違による論争は、必ずしも今になって初めて起きたことではなかった。

たとえば、一九〇一（明治三四）年の秋から翌年の春にかけては「植村・海老名キリスト論論争」があり、それは「贖罪理解が隠然たる仕方で終始関心の根底に置かれていた」[1]論争であった。更にそれ以前の明治二〇年代には、「新神学問題」と呼ばれる出来事がある。新神学とは、ある体系を表した特定の神学を指すものではないが、聖書解釈の問題をめぐって日本のキリスト教界に混乱をもたらしたのである。あるいは「新神学問題」の前段階として、一八八九（明治二二）年に行われた小崎弘道の講演「聖書のインスピレーション」も関連する出来事として捉えられよう[2]。

2　論争の渦中にある人物の狭義の共通点は「熊本バンド」

従来、「新神学問題」の起きた理由として、ドイツの普及福音新教伝道会とアメリカ・ユニテリアン協会等の自由

主義的キリスト教の到来と、[3]その影響が主たる原因であると説明されてきた。[4]しかし、なぜ組合教会系の人々に特に大きな影響を及ぼし、混乱を来したのだろうか。植村正久と論争した海老名弾正、組合教会を脱会して『日本現今之基督教並ニ将来之基督教』（一八九一〈明治二四〉年）を著した金森通倫、講演「聖書のインスピレーション」で物議を醸した小崎弘道の三者とも、組合教会の主要な人物である。

ここで一つの疑問が浮かび上がってくる。そもそも、当初、組合教会系の人物は、いかなる聖書理解、すなわち聖書解釈を有していたのであろうか。組合教会の教職者及び指導者は、主として同志社の出身であるけれども、同志社を創設した新島襄の神学・思想にのみその聖書理解の源流・根拠を早急に求めるわけにはいかない。なぜならば、最初期の同志社に、いわゆる熊本洋学校出身者である「熊本バンド」[5]が外から大挙して入学してきた事実があり、先ほどの三者とも「熊本バンド」だからである。それはすなわち、熊本洋学校教師のリロイ・ランシング・ジェーンズ(Leroy Lansing Janes, 1837-1909. 以下、ジェーンズ）から教えを受けたという点で共通している。

この熊本バンドのいわゆる信仰告白的文書である「奉教趣意書」（一八七六〈明治九〉年一月）において、贖罪信仰がない点について等は、従来、儒教の影響という理由が強調されてきたきらいがあるが、[6]はたしてそれだけなのであろうか。そもそも、三人が教えを受けたジェーンズ（一信徒であって、正規の聖職者、宣教師ではない）とは、いかなる神学・思想を持っていた人物なのであろうか。三者の共通点を探る際には、狭義の共通点であるジェーンズに教えを受けたという点にこそ注目すべきである。

二　本研究の進め方について

1　研究史について

日本キリスト教史の標準的な概説書において、ジェーンズについては基本的に、青年たちへの良き感化の面と、ナショナリズムの点のみでしか触れられていない。[7] 熊本バンド周辺における体系的な研究としては、同志社大学人文科学研究所編『熊本バンド研究——日本プロテスタンティズムの一源流と展開』（みすず書房、一九六五年〔初版〕）があるが、ジェーンズに関しては、外国側の史料がほとんど使われていないため、その神学・思想を含めた全貌が明らかになったものとは言い難かった。[8]

そのような中、辻橋三郎はジェーンズの神学・思想について比較的詳細に触れている。ただ辻橋三郎は、長老教会の長老である父を持ち、牧師の娘と結婚していたというジェーンズの家族構成とそこからの影響を考えて、「形式的なものを忌避していた彼〔ジェーンズ〕のこと故、教会論のないことは、納得されるが、贖罪論のないことが、合点がいかない。……贖罪論にも言及していたと思われ[9]」るとして、ジェーンズに贖罪論はあったはずだと主張した。

一方、高道基は辻橋三郎の見解を用いつつ、修正して、ジェーンズの神学・思想を簡潔に以下の四点にまとめた。[10]

（一）　個性的、内発的なものを尊重するいわゆるリベラルな聖書主義
（二）　形式的、儀式的なものへの嫌悪
（三）　贖罪論のないこと[11]
（四）　キリスト教の各宗派が分立していることへの非難

要点をよく捉えた上で、高道基は、ジェーンズの信仰における新神学の傾向の有無については、「一種の疑いが残る[12]」と述べるにとどまっている。以上、ジェーンズの神学・思想の詳細については必ずしも十分に解明されてこなかったこと、そして、それの日本のプロテスタント・キリスト教界へ与えた神学的影響に関心を絞った研究となると、ほとんどなかったと言えよう。[13]

2　史料について

『熊本バンド研究』以降、一九七八年に、抜粋ではあるが、ジェーンズの第一次史料も日本語で一応読むことができるようになった（ジェーンス、田中啓介訳『熊本回想』熊本日日新聞社、一九七八年〔初版〕。なお、本章では改訂版であるジェーンズ、田中啓介訳『熊本回想』熊本日日新聞社、一九九一年を使用。これらは、大部分の要約と一部分だけの翻訳からなっており、本章においては、抜粋ではない英文の原典である、Janes, Capt. L. L., *Kumamoto: An Episode in Japan's Break from Feudalism.* 同志社々史史料編集所、一九七〇年も併せて利用する）。

さらに、ノートヘルファーによる研究の積み重ねを経て、[14] ジェーンズの生涯と全体像が明らかにされたほぼ決定的な伝記も刊行された（Notehelfer, F.G., *American Samurai : Captain L. L. Janes and Japan*, Princeton University Press, 1985. 邦訳は、フレッド・G・ノートヘルファー、飛鳥井雅道訳『アメリカのサムライ――L・L・ジェーンズ大尉と日本』法政大学出版局、一九九一年）。この業績によって新しく見出されたことは、ジェーンズその人自身が想像以上に複雑であった、ということである。

また、組合教会の人物についても、たとえば金森通倫の『回顧録』が熊本バンド一三〇周年を迎えた二〇〇六年に刊行され、一般の読者・研究者が容易に利用できる状況になり、熊本バンドについての新しい側面を見せてくれている（金森通倫著、金森太郎編『回顧録――金森通倫自伝』アイディア出版部、二〇〇六年）。

3　本章の目的

本章では、これら新しく利用できるようになった第一次・第二次史料を用いて、まずジェーンズへの彼の父親と母親からの影響を踏まえつつ、次に熊本時代にジェーンズによってなされた聖書講義の内容を通して、ジェーンズの聖書理解とその神学・思想を探っていく。そして最後に、熊本バンド出身者の回顧録等を参照しつつ、彼らが実際に受け継いだ神学・思想を確認し、新神学的なるものが「新神学問題」を待たずに、すでに移入されていたことを論証する。

昨今、一九世紀後半という日本のプロテスタント教会の誕生の時代に、キリスト教を伝えた人物（宣教師ないし信徒）が、どのような意味での「福音」と、それにより生かされる教会を形成（または非形成）しようとしたのか、巨視的かつ微視的、歴史神学的に再検討する時期が来ていると言われているが[15]、本章はその一端を解明することに寄与することをも目的とする。

三　アメリカにおけるジェーンズ――来日以前の環境

1　父親からの影響

まず、ジェーンズの父親（Elisha Janes, イライシャ・ジェーンズ）の背景を見ていきたい。父親は、ニュー・フィラデルフィアにおいて一八四二年に第一長老教会（First Presbyterian Church）の創設を援助、長老をつとめるなどしていた。「人生にたいして厳格なカルヴァン派的（a strict Calvinist）な見方に忠実」であり、「合理的な、しかしピューリタン的な、アメリカ長老派の伝統の産物[16]」だったという。また、ジェーンズの自伝的小説の中で（ジェーンズは多数の自伝的小説を書き残しており、これが伝記再構成を助ける材料となっている）、自らが厳格なカルヴァン派に育ったことの影響を示唆している[17]。

父親の場合はさらに特殊なケースであった。当時は、いわゆる奴隷制度について、教会のとった態度が同一教派内でも異なっていて、分離することがしばしばあった時代で、長老派もその一つであった。なお、長老派と一括りに言っても、第一次信仰復興運動の際に一時分裂したことがあって以来、すでに新派と旧派に分かれていたことは周知の通りであるが[18]、奴隷制度については、新派・旧派共にそれぞれの対応をとり、大変興味深いのは、父親は「自由長老教会（Free Presbyterian Church）」へ移ったということである。この教会は、一八四七年から一八六七年にかけての短期間、新派・旧派双方から離れて組織された、奴隷制度廃止を支持する教会（教職者六四名）で[19]、この派を代表するジョウゼフ・ゴードン（Joseph Gordon）は、ラディカルな改革を実践することを標榜していた[20]。つまり、当時は奴隷制度廃止に全力を注ぎこんだ長老派教会（新・旧派混合の）があり、父親はそこに在籍したのである。

神学・思想の面もさることながら、これが後に、〝アメリカの奴隷制度〟と戦う父親の姿と〝日本の封建制度〟に対抗するジェーンズの姿が重なるところである[21]。これらの、厳格な信仰姿勢と、社会に対する姿勢とが、ジェーンズの有する一側面である。

2　母親からの影響

それでは次に、ジェーンズの母親（Elizabeth Cryder, エリザベス・クライダー）を見ていく。母親については、従来ほとんど触れられたことがないが、ジェーンズの性格形成上、重要な位置を占めている。メソジストとして育てられた母親は、ある大きな出来事をきっかけに、カルヴァン主義を公然と否定、それはすなわち正統的教理への反逆であった[22]。夫が長老派教会の厳格な長老でありながら、母親はそれを拒否しているという、家庭内で複雑な宗教的事情が生まれたのである。

そうして彼女は、夫とは違うキリスト教である信仰復興運動のキャンプ・ミーティングでの感情の爆発に慰めを見出していく[23]。その様子については、ジェーンズ自身のうちにも、「部屋にあふれるヒステリックな人びとの叫び、金切り声、信心深げにわめきたてる人の〈アーメン〉という割れんばかりの声……」といった鮮明な記憶として残されている[24]。

こうして、信仰復興運動的メソジズムの反知性的な傾向が、彼が育った環境に入りこんできた一方で、父親の強い合理主義の影響もあり、それはちょうど「対抗バランス[25]」として作用し続けることになる。

3　来日以前のジェーンズ

ジェーンズ自身が幼少期から青年期にかけて、具体的にどのような聖書思想・信仰を形成したかは、確実なことはよくはわからない。ジェーンズはウェストポイント陸軍士官学校に入学（一八五六年）、最終学年の時が、「彼が日本にもちこむある種のキリスト教への回心のはじまり(26)」となった。

一八六二年に最初の妻ネリー（Nellie）と結婚したが、彼女は一八六四年に結核のために死亡している。この最初の妻ネリーについてはほとんど記録が残っておらず、謎は多いが、ネリーがジェーンズのキリスト教への回心に重要な役割を果たし、彼女の深い信仰と悲劇的な若死が、彼の後半生に強い影響を及ぼしたことは確かなようである(27)。

これが内面の変化を引き出した触媒とすれば、もう一つの変化の触媒は南北戦争である。南北戦争時、出兵中のジェーンズにはさまざまな症状が記録されていて、それゆえ「一種の戦争ノイローゼにジェーンズがかかっていた(28)」と想像されている。また戦争中のある出来事の時に、父親のカルヴァン派的価値観を実践できなかったという罪悪感が回心の中心的役割を果たし、そうして立ち戻っていったのは、自伝的小説によれば、メソジスト教会であった。回心はしていたが、カルヴァン派的宿命論とは馴染めず、「ジェーンズの神秘的宗教体験には反組織的、反神学的な傾向がかなり」あり、そして、「彼のキリスト教の原理は、教会の組織とのちのちまで折り合いをつけにくくする要素を含んでいた(29)」のである。

しかし、一八六七年以降、ジェーンズはスカッダー牧師の牧するハワード長老派教会に連なることとなり、新たな心の拠り所はメソジスト教会ではなく、再び長老派となった。それについてノートヘルファーは、「ネリーの死後ジェーンズが落ちこんでいた極端な情緒主義からたちなおってきたしるし(30)」と見る。そして、スカッダーの娘ハリエットと結婚し、その後、フルベッキを介して熊本に来ることになる。いずれにせよ、以上の経過から、決してどれか特定の教派の教理、神学・思想、信仰が、ジェーンズの基底になってはいないこと、むしろ想像以上に複雑な宗教的事情に置かれていたことがわかる。

四　日本におけるジェーンズ

1　熊本時代

ジェーンズは一八七一（明治四）年に来日、熊本洋学校での教授を開始した。ジェーンズは当初、キリスト教に関する話題は一切口にせず、一教育者として、ウェストポイント流の徹頭徹尾、理性的な教育をなした。この姿は厳格なカルヴァン主義に重なるとも言われる。それでも授業は、理性的な、自然の秩序を述べるにつれて、意図的ではないにせよ、しかし必然的に、そこに神の働きがあるのではないか、と思わせせられるような方向へと導いていったようである。(31)

そしてある授業で、ジェーンズは宇宙の秩序を話し、その根本にあるのは何かを問い、最後に「それは神である」と述べるに至った。それに対して小崎弘道は「それは嘘です、先生。私たちはそんなものは信じません」と発言したことは有名なエピソードである。(32)

そうしたある時に、市原盛宏から、最良のキリスト教とは何かとの質問が出された。(33)ジェーンズはすぐに答えることができなかったが、この出来事を契機に、ジェーンズは自らの、幼年の時から抱いてきたさまざまなキリスト教にまつわる思い出をめぐり返すことになる。(34)そして翌日に、市原盛宏はじめ八人は再び前日と同様の質問をし、それに対してジェーンズが答えた以下の言葉は、彼のキリスト教理解を端的に記している。

ほんとうは、キリスト教には二種類しかないと思います。（もしそれに名前をつけなければならないとしたら、今名付けたとおりの）〝キリストのキリスト教〔Christianity of Christ〕〟を選びなさい。ほかにはただ偽物の、見せかけだけの似たような代用品があるだけです(35)

ここでジェーンズは、偽物ではない、本当のキリスト教とは〝キリストのキリスト教（Christianity of Christ）〟であると答えたのである。これは、ジェーンズの、あるいは熊本バンドのキリスト教理解を端的に表しているのではないであろうか。なぜならば、横浜バンドの、たとえばS・R・ブラウンが日本の宣教のために打ち立てようとしたものは「キリストの教会（Church of Christ）」[36]であり、そこにはキリストの何を打ちたてようとしたかの違い、すなわち教会的であるか、そうでないかの違いが明らかだからである。

2　聖書講義の内容、聖書理解

このような出来事があった後、ジェーンズは希望する生徒たちに聖書講義を開始した[37]。ジェーンズの回想録には、その講義の内容が載っており、よく特徴を表している一部分を以下に掲げてみる。

> 主イエスの教えについて、まったく正確な直接の記録は残されていません。それは当時の伝承やうわさによって、また聖書編纂が行われた時期の二、三世代にわたる語り手や聞き手の先入観や偏見によって、変わってしまったところもあります。こういう前提に立って初めて、イエスのものだとされる説教を真に読み、また彼の言葉や事跡とされるものも真に理解することができると思います。新約聖書全体は、過去に人々の間で言い伝えられたりした、命とモラルに関する規則や新しい原理の高尚な言い伝えに始まり、ギリシャのデルフィの神託やローマの女予言者よりももっと知性のない、非現実的な熱狂主義である黙示の噴出で終わってしまっています。新約聖書は、虚偽と嘘の独断・作り話によって塗り固められていて、それらはいい目的としては働いていないのです。しかしそれでも新約聖書は、明確な光の中で、純粋な主の真実を引きたてています。聖書にはいたるところに、その読者ならばだれしも気づいたに違いない黄金が隠されています。しかし、それを手に入れるためには、人は鉱夫のように、ふるいにかけ、水で洗って迷信やナンセンスという砂利や沈泥の中から黄金を選び出し、独断や教

義的神秘という花崗岩をたたきこわして、隠された真実を取り出さねばなりません。イエスによって述べられた真実は、人間性本来のものです。[38]（傍点筆者）

一通り見てわかることは、近代啓蒙主義的な聖書の批評的解釈を、非常に強く推し進めた内容だということである。また、「イエスによって述べられた真実は、人間性本来のものです。（The truth, as announced by Jesus, is inherent in humanity's self.）」とあるところや、「すべての宗教、すべての教義、すべての信仰の形式は、人間自身からはじまる……[39]」といった表現の中には、ロマン主義的ユニテリアニズムであるR・W・エマソン以来の超越主義（transcendentalism）の傾向も見出されるであろう。それは次の文章でより明確なものとされる。

……さて、人間性のこの真理について、私たちがその真実と純粋さを追求するのに二つの方法があります。一つは、私たちが、今日の私たち人類が置かれている状況……について私たちがよく学び、ヒューマニズムの精神を胸の奥深く保ち、人類の最大限の福祉のために献身すること。もう一つは、人間性それ自身の真実について、すぐれた師にたずね、ゴミの山の中から隠れた英知の金塊を探り出すことです……。そして若い紳士諸君、これら二つの方法を結合させなさい。そうすれば、人は可能な限りの最善のものを手に入れることができます。……[40]

人間性のうちに至高性を認める点などは、ロマン主義の特徴に合致する。内面性重視の姿勢が、外面的なものを軽視することへ繋がるのは当然の流れであり、その帰結については後述するところで明らかにされるであろう。

これらの教えを受けつつ生まれたのが「奉教趣意書」であり、それを見てジェーンズは、「真の〝キリストのキリスト教〟を正確に把握し、その真実が鼓舞する不屈の精神をまざまざと示す証拠を見て、私は喜びもした[41]」と記している。また、キリスト論については、キリストは過去の科学者や思想家と同じように受難したと述べているから、そこには贖罪としての受難ではなく、英雄キリストの受難が表現されていると言ってよいであろう。[42]こうして見ると、贖罪についてジェーンズは述べていたが生徒は理解できなかった、と従来考えられてきたが、[43]そうではないことがわかる。

いずれにせよ、上記の講義内容から、ジェーンズのキリスト教理解、それが十字架と復活、贖罪のキリストではないことは確かである。要するに、後の「新神学問題」を待たずに、熊本バンドのその最初の時から、自由神学的な思想がすでに流入していたのである。熊本バンド、確かに各人のキリスト教受容の素地に儒教の影響があったにせよ、その移植された神学・思想そのものは大変リベラル、ラディカルな内容だったのである。

3　宣教師理解及び聖礼典理解

宣教師理解　ジェーンズが以上のような福音理解である時、宣教師理解や聖礼典理解についても、否定的なものとなるのは必然であった。

宣教師理解についてジェーンズはその回想録において、宣教師に教えられることが絶対化されて他と比較対照できなくなることについて否定的発言を残しているほか、[44]熊本洋学校時代においても彼は「僧侶嫌ひ」であったことを述べている。[45]また、同志社にいる宣教師について、「こっそり近づいてきたつまらぬ神学者気取りの連中」と言うなど、[46]このような宣教師批判は後の二度の京都講演（一八九二〔明治二六〕年）において頂点に達する。[47]

洗礼理解　そして、およそ形式的にしか見えない聖礼典の理解がラディカルなものとなるのも当然であった。たとえば、熊本洋学校の生徒たちがキリスト教に回心した際、それを聞いた宣教師たちが洗礼を授けるためにやってくるわけだが、一度目に英国教会伝道協会（CMS: The Church Missionary Society）宣教師のモーンドレル（Herbert Maundrell, 1840-96）らが来た時に、[48]生徒たちはジェーンズの意見を反映して受洗を拒否している。[49]二度目にも、アメリカ・オランダ改革派教会宣教師のスタウト（Henry Stout, 1832-1912）らが洗礼を授けたいと願ってやって来たが、[50]ジェーンズは、

「洗礼などはどうでもよろしい。熊本には白川がある。水には不足はないから授けたければ、いつでも己が授けてやる」と、激しい議論をして追い返してしまった[51]。その後、生徒たちは洗礼を志願し、一八七六(明治九)年七月三〇日[52]、デイヴィスの忠告を無視した中、一信徒であるジェーンズが洗礼を授けた[53]。

こうした点が、ジェーンズが教会的キリスト教に批判的であり、無教会的と言われる理由でもある[54](当然、教会的キリスト教に批判的であるということは、教派というものに対してはそれ以上に批判的であることは論を待たない)。

聖餐理解　聖餐についてもジェーンズは「非常に罵言」していた[55]。また洋学校の生徒たちが「奉教趣意書」を著すべく花岡山に登った時に、饅頭と蜜柑を以て聖餐のようなものが行われており[56]、ジェーンズが生徒たちに授洗した際には、彼の司式のもとで聖餐も同時に行われたことも記録されている[57]。

後に、熊本バンドのメンバーが同志社にいる時には、彼らは京都の吉田山に登って、金森通倫の司式で、パンと蜜柑での聖餐が行われたことが記録されているほか[58]、「南禅寺の背《うしろ》の山」に登って、森田久万人の司式によってパンと蜜柑で聖餐が行われたことも記録されている[59]。こういうことがあったからであろう、『七一雑報』には、そのような聖餐のあり方を注意する投書が見られる[60]。

その他にも、一八七八(明治一一)年二月二二日に、吉田山で新島襄司式のもとで聖餐を行ったことが『七一雑報』に掲載されたが、それが主を記念するのではなく、花岡山結盟の奉教を記念して行われたものと受け止める者があり、聖餐理解について紙上討論も起きている[61](結論としては、そう見られたことは誤解である旨が述べられたことにより[62]、討論は早い段階で終了しているが、そう疑われる素地があったということであろう)。

いずれにせよ、聖餐を否定的に捉え、あるいはこうした聖餐まがいの行為、聖餐理解の危うさを通してわかるのは、現代のみならず、日本のプロテスタント・キリスト教の歴史の早い段階から、異なる聖餐理解があったということである。

五　同志社における熊本バンド――特に金森通倫の場合

ジェーンズは洋学校の生徒たちを新島襄とデイヴィスのもとに送ることとし、一八七六（明治九）年に熊本バンドが大挙して、前年に設立されたばかりの同志社に移って来た。授業の様子については多くの者が回顧しているが、散々たるものだったようで、特に贖罪理解についての、熊本バンドと同志社の教師たちとの衝突は深刻なものだった。新島の神学は新派神学であったが[63]、それでも彼の授業を聞く者は誰もおらず、贖罪についても衝突、ついに新島は涙したという[64]。

贖罪理解についての衝突はデイヴィスにおいても同様に起こった。デイヴィスと生徒たちは論争を繰り返し[65]、デイヴィスがひどい頭痛で寝込んでしまった時に、生徒たちはそれを「贖罪病（Atonement Sickness）」と呼んだ[66]。デイヴィスは当初は進歩的であったというが、一気に保守的になったという。生徒たちはその保守的な内容に耐えることができず、デイヴィスの「講義のノートなどをとった者はなかった[67]」と言い、バンドは自分たちで勉強した[68]。よって、少なくとも、熊本バンドと、新島襄（つまり、アンドーヴァーのニュー・イングランド神学の伝統）との連続性はないと見ることができるであろう。

そうして、同志社における熊本バンドの位置がどうであったかを、金森通倫は以下のように説明するのである。

ここが新旧両派の分かるるところ、旧派神学では基督の死は殉教の死ではない。……あれは贖罪の死で万民の罪を購うための身代わりの死である。と言うのに私等新派の神学はこれを否定する。基督の死を普通一般の殉教の死と少しも違わぬ。基督の説かれたところは当時の宗教家の説くところとは全く異なって居たから彼等は彼を背教者として終に十字架にかけたので、一般の殉教者の死と種類に於いて異なるところなしと主張するのである。[69]

そして結論する。

熊本バンドは同志社時代からそう言う信仰を持って居た。否それ以前熊本洋学校に居た頃からゼンスの教とビーチャーなどの所説を読んで既に新神学者になって居たのであった。[70]

つまり、熊本バンドは同志社入学以前から、すなわち自由主義的キリスト教の各教派が来る前から、「新神学者」だったというのである。

金森通倫は、同志社卒業後は岡山へ伝道に赴き、その後、同志社へと戻り、授業を受け持っている。[71] そして金森が同志社での教授を辞した後に、本格的に外国の神学を研究し始めた時、次のような経験をしたことが述べられている。

そして再び入社当時の決心に立ち返り、一切の俗事を捨て、専ら神学研究をやることにした。此の時始めて高等批評の書物を読んだ。そして感じたのは神学界にもこう言う広き天地があるかなーと言う事だった。その時私が主に読んだのはカイムのナザレのイエスとフライデレルの宗教哲学だった。……そして丁度私共が熊本洋学校でゼンスに就いて学んだ新神学、自由信仰に裏書きした様な気がした。[72]（傍点筆者）

イエスを徹底的に歴史的、人間的に解釈したカイムの書物を読むことを通して、それ以前にジェーンズから学んでいたことが裏書きされたという経験である。つまり、金森通倫はすでに新神学の思考を有していて、この時に初めて学問的に裏書きされたと言う。

後日私が東京に於いて新神学を主張して時の基督教界に一大動揺を引き起こしたその時の爆裂弾は京都で既にその装置が出来て東京ではそれを投げ込んだに過ぎなかった。[73]

なるほど、確かに、金森通倫は『日本現今之基督教並ニ将来之基督教』（一八九一〔明治二四〕年）の出版と、プライデレル（金森通倫訳）『自由神学』（一八九二〔明治二五〕年）の翻訳出版の時点をもって、学問的意味における「ドイツ神学紹介者の先達の一人」[74]として見ることができると同時に、その装置はすでに京都でできていて、素地はというと、より以前にジェーンズから受け取っていたのである。

六　おわりに

以上、本章で試みたことは、日本プロテスタント・キリスト教のいわゆる三大源流の一つである熊本バンドにおいて、その当初から、「新神学問題」が起こる以前から、全く自由主義的な神学が流れ込んできていた、ということの解明である。よって、「新神学問題」はもちろん、「植村・海老名キリスト論論争」も、その時に突然に降って湧いた話ではなく、それはどこまでも日本において、「正統主義と新神学が「論争」という形で対立した」[75]（傍点筆者）までであったと言えよう。

いずれにせよ、こういった神学・思想から日本のプロテスタント・キリスト教界の一源流は出発したということ、ラディカルな聖書理解と聖礼典理解が熊本バンドにあったということを、我々は歴史の事実として受け止めねばならない。この事実を前にして、教会形成を担う者としては大変重い課題を担っていることを認識するわけであるが、しかしまた、後の「新神学問題」が、「外国に頼ることのみの神学から、日本人の手で聖書の真理を捜し出す努力が始められる。これがやがて、植村正久、海老名弾正等の「キリスト論」論争となり、やがて植村の福音的理解の正当性が認められていく」[76]過程となっていったことも見落とされてはならない。このたゆまぬ努力を経て日本のプロテスタント・キリスト教会は、教会として存続し続けることができたし、またできるであろう。

注

1　近藤勝彦「植村正久の贖罪理解とその今日的意義」、東京神学大学神学会『神学』第七〇号、教文館、二〇〇八年。

2　「聖書のインスピレーション」については、大内三郎『近代日本の聖書思想』日本基督教団出版部、一九六〇年、二六―三五頁を参照。また、「聖書のインスピレーション」と「新神学」とが同一のものではない点については、土肥昭夫「小崎弘道」(『基督教文化学会年報』第二八号、一九八二年一一月)を参照。

3　当時、日本に到来した自由主義的キリスト教全般については、増野肇「新神学の消長」(『早稲田商学』第二三七号、早稲田商学同攻会、一九七三年七月)を参照。

4　海老沢有道・大内三郎『日本キリスト教史』日本基督教団出版局、一九七〇年、三三二頁。

5　「熊本バンド」と呼ばれる際の構成員の範囲については種々の考え方があるが、この論稿では広く、奉教趣意書に署名した三五名のほか、小崎弘道その他の五名を加えた四〇名を指すこととする。これら分類については、篠田一人「日本近代思想史における熊本バンドの意義」、(同志社大学人文科学研究所編『熊本バンド研究』みすず書房、一九九七年〔新装版〕所収)四頁を参照。また、「熊本バンド」という呼称については、本井康博「「熊本バンド」は総勢三七名――日本組合基督教会物語23」(『基督教世界』第三五五九号、一九九六年一二月一〇日所収)を参照。

6　篠田一人、前掲論文、一一頁。

7　たとえば、海老沢有道・大内三郎、前掲書や、土肥昭夫『日本プロテスタント・キリスト教史』新教出版社、一九八〇年、等があるが、ジェーンズについての記載は少ない。

8　杉井六郎「エル・エル・ゼーンスについて」、『小葉田淳教授退官記念 国史論集』小葉田淳教授退官記念事業会、一九七〇年所収、九六一頁。

9　辻橋三郎、「「奉教趣意書」の成立とその後――熊本バンドの精神」、前掲『熊本バンド研究』所収、一七三―一七四頁。

10　高道基「熊本バンドと新神学問題（覚え書）」、『キリスト教社会問題研究』第七号、同志社大学人文科学研究所、一九六三年四月所収、九七―九九頁。

11　高道基はジェーンズに贖罪論はなかったとしているが、高道がここで参考にした論文辻橋三郎「「奉教趣意書」について――その成立と精神」（『キリスト教社会問題研究』第四号、同志社大学人文科学研究所、一九六一年三月所収）において、辻橋三郎は「贖罪論のないことが、合点がいかない」と述べ、ジェーンズは贖罪論について触れていたが、「青年たちは、それを、理解、信仰することが出来なかった」と判断している。なお、この論文を後に大幅に書き改めて『熊本バンド研究』に所収された、辻橋三郎の前掲「「奉教趣意書」の成立とその後――熊本バンドの精神」においても、辻橋は前説を変えることなく一貫して、ジェーンズは「贖罪論にも言及していたと思われ」ると想定した。よって、高道基が、ジェーンズに贖罪論はなかったのではないかと想定したことは、高道自身の洞察による。

12　高道基、前掲論文、九一頁。

13　加藤常昭『日本の説教者たち』（新教出版社、一九七二年）に、熊本バンド出身の一人である宮川経輝を説教者として論じる枠内において、ジェーンズからの影響についての言及がなされたことはある（特に一〇五―一一三、一一六―一二二、一五七―一六三頁）。

14　たとえば、Notehelfer, F. G., "Leroy Lansing Janes and the American Board,"（同志社人文科学研究所キリスト教社会問題研究会編『日本の近代化とキリスト教』新教出版社、一九七三年）、Notehelfer, F. G., "Leroy Lansing Janes : Out-of-Class Teacher and Agricultural Adviser in Kumamoto Japan, 1871-1876,"（坂田吉雄・吉田光邦編『世界史のなかの明治維新――外国人の観点から』京都大学人文科学研究所、一九七三年）。

15　棚村重行「幻の公会信条の意義――日本基督公会運動再考（一）」、東京神学大学神学会『神学』第六三号、教文館、二〇〇一年。

16　フレッド・G・ノートヘルファー、飛鳥井雅道訳『アメリカのサムライ――L・L・ジェーンズ大尉と日本』法政大学出版局、一九九一年、二四頁。

17　同右、二六頁。

18　曽根暁彦『アメリカ教会史』日本基督教団出版局、一九七四年、一〇〇頁。

19　Sydney E. Ahlstrom, *A Religious History of the American People*, New Haven and London: Yale University Press, 1972; 2004, 3rd ed., p. 661.

20 ノートヘルファー、前掲書、四二―四三、四五頁。

21 Janes, Capt. L. L., *Kumamoto: An Episode in Japan's Break from Feudalism*. 同志社々史史料編集所、一九七〇年、第一部一五―一八頁。なによりも、ジェーンズの回想録の副題（〝封建制度からの日本の変化〟）がそのことを如実に表している。

22 ノートヘルファー、前掲書、二四―二五頁。

23 同右、二八頁。

24 同右、二八頁。

25 同右、二九頁。

26 同右、七一頁。

27 同右、九七頁。

28 同右、一〇二頁。

29 同右、一〇五頁。

30 同右、一二〇頁。

31 ある時に山崎為徳が、「神はいるかもしれない」と口走るようにまでなる。小崎弘道に「何を言ふか」と叱責されるが、この時はまだ、ジェーンズが神・キリスト教の話をする前である（同右、二四八―二五二頁）。

32 ジェーンズ『熊本回想』熊本日日新聞社、一九九一年〔第三版〕、一〇二頁。

33 「先生、私たちはたくさんのキリスト教があることを知っています。私たちはこの事実を、たくさんの情報から習っています。……しかし先生は、特定のキリスト教について何も触れられません。私たちはどれが最良のキリスト教か判断がつきません。私たちは、その他のキリスト教のことについては関心はありません、私たちは最良のキリスト教についてもっと知りたいのです。どうか先生、いつか、どれを最良のキリスト教とお考えになるか、ぜひ教えてください」（ジェーンズ、前掲書、一〇五頁。Janes, op. cit., Ⅲ, p.55 を参考に一部加筆・私訳）。

34 Janes, op. cit., Ⅲ, p.56-59.

35 ジェーンズ、前掲書、一〇七頁。

36 高谷道男編訳『S・R・ブラウン書簡集――幕末明治初期宣教記録』日本基督教団出版部、一九六五年、二三一頁。

37 海老名弾正の言及から、開始時期については一般的に一八七三（明治六）年秋頃と言われるが（渡瀬常吉『海老名弾正先生』

龍吟社、一九三八（昭和一三）年、八六頁）、その他諸説がある（辻橋三郎「「奉教趣意書」の成立とその後――熊本バンドの精神」、前掲『熊本バンド研究』所収、一七七―一七九頁）。
38　ジェーンズ、前掲書、一〇九頁。Janes, op. cit., Ⅲ, p.66-67 を参考に一部加筆・私訳。
39　同右、一〇八頁。
40　同右、一〇九―一一〇頁。
41　同右、一一四頁。
42　「私はローマ帝国の崩壊からメイフラワー号にいたる世界の歴史を、人間性に対する弾圧の歴史と考えていた。歴史の時間のガリレオやコペルニクス、さらにはブルーノやジェンナーといった科学者や思想家の受難の物語は、特別に生徒たちに大きな衝撃を与えていたように思う。キリストもまさに、これらの人々に先だって、これらの人々と同じように受難したのであった。それも彼の深い人間愛のゆえに……」（同右、一〇九頁）。
43　辻橋三郎、前掲論文、一七四頁。
44　ジェーンズ、前掲書、三三頁。
45　福永文之助編『日本ニ於ケル大尉ヂエンス氏』警醒社書店、一八九三（明治二六）年、九五―九六頁。
46　ジェーンズ、前掲書、一二三頁。
47　既存のキリスト教、キリスト教会を徹底的に批判したジェーンズによる京都講演の事実経過については、ノートヘルファー、前掲書、三一八頁以下を参照。
48　小崎弘道『七十年の回顧』警醒社、一九二七（昭和二）年、二三頁。
49　ノートヘルファー、前掲書、二八二―二八三頁。
50　小崎弘道、前掲書、二三頁。
51　金森通倫著、金森太郎編『回顧録――金森通倫自伝』アイディア出版部、二〇〇六年、五六―五七頁。
52　これの日付については微妙な問題が残されていて、小崎、海老名、宮川それぞれ記憶がまちまちであるが、一八七六（明治九）年七月三〇日が正確な日付だと思われる（ノートヘルファー、前掲書、四三三頁）。
53　小崎弘道は「〔ジェーンズは〕デビスに相談し其賛成を得て自ら平信徒にてありながらバプテスマと聖餐を施した」（小崎弘道、前掲書、二三頁）と述べているが、二人のやりとりの書簡などから、実際はデイヴィスの忠告を無視して、ついに洗礼を授ける決心をしたようである（ノートヘルファー、前掲書、二八三頁）。
54 高橋虔「宮川経輝と金森通倫――信仰と人間」、前掲『熊本バンド研究』所収、三二〇頁。
55 福永文之助編、前掲書、九五―九六頁。
56 「熊本バンド座談会」、『ともしび』（組合教会九州部会報）第六三号、一九三五（昭和一〇）年六月一〇日（辻橋三郎、前掲論文、一八九頁より）。
57 小崎弘道、前掲書、二三頁。
58 金森通倫、前掲書、六七頁。もちろん、金森通倫の按手前のことで、彼が按手を受けるのは、岡山教会で新島襄からである（七八頁）。洗礼については、ジェーンズ授洗の一八人の中に金森通倫は含まれておらず、一八七六（明治九）年一二月三日に、京都第二公会で新島より受洗との記録が残されている（杉井六郎「明治の基督者群像――金森通倫を中心として」、『人文学報』第二四号、京都大学人文科学研究所、一九六七年三月所収、一五一頁）。
59 宮川経輝「熊本バンドに対する迫害」、『大阪講壇』第一六七号、一九一四（大正三）年一一月一日、五二頁。
60 『七一雑報』第二巻第五二号、一八七七（明治一〇）年一二月二八日。
61 『七一雑報』第三巻第一二号、一八七八（明治一一）年三月二二日。
62 「余カ文面ニ依リ熊本ノ事ヲ記念センカ為メ新島先生ニ依リ聖餐ノ礼ヲ致シタ様ニ御読ミナサレバマツピラ御免」（『七一雑報』第三巻第一三号、一八七八（明治一一）年三月二九日）。
63 棚村重行「恩寵と自由意志の逆説性喪失（パラドックス・ロスト）――E・A・パークと新島襄の一九世紀新派神学思想（一）」、東京神学大学神学会『神学』第七〇号、教文館、二〇〇八年を参照。
64 宮川経輝が説教中に触れた、この頃の回想は以下のごとくである。「教室では幾度か先生と議論を戦はしたか知れない。キリストの贖罪と云ふ問題に就ては三十日間私の級と先生と議論を戦はしたのである。何遍先生が言はれても先生の説には服さずして頑固にも級は級としての説を以て立つたのである。三十日目に先生が教室に出て来られた。……実にキリストは罪のない御方であるが、罪ある人間が罰せられるのを見るに忍びずして自らその罰をお受けになつたと云ふやうな訳だと云つて泣かれたのである。もう先生の涙で議論も何も捨て、しまった」、「自分〔新島襄〕は彼等を三年の間教育したのであるが、幾度か自分は寝床に入つて涙を以て枕を濡らしたことがあるか知れない……」（宮川経輝『信仰の悦び』旭屋書店、一九二〇〔大正九〕年、二二〇―二二一頁）。

65　「贖罪論の時なぞは論駁がいよいよ高じて来た。デビスは基督の死を以て贖罪の死即ち罪贖いの死だと主張する、我々はそうではない。あれは殉教の死即ち献身犠牲の模範的死だと言って争った。そうして議論はとうとう纏らず一ヶ月に亘りウヤムヤの中に神学教育はすんで了った」（金森通倫、前掲書、六六頁）。
66　ノートヘルファー、前掲書、四一一頁。
67　金森通倫、前掲書、六六頁。
68　「私は京都に来ても別にその同志社で学んでいたのではない。独り自分で先生達の書斎から借り出して来た書物を読んで居た位」（同右、五八頁）。
69　同右、六六―六七頁。なお、ここで言う「新派」「旧派」は、自由主義的であるか保守的であるかの意味であって、いわゆるアメリカ・キリスト教史上において見られた、新派（New School）主義と旧派（Old School）主義のことを言っているのではないことに注意。
70　同右、六七頁。
71　同右、八八頁。
72　同右、一〇九頁。
73　同右、一一〇頁。
74　高橋虔「金森通倫論」、『キリスト教社会問題研究』第七号、同志社大学人文科学研究所、一九六三年四月所収、五一頁。
75　高道基、同右論文、一〇八頁。
76　大井人「金森通倫――人とその思想遍歴」、『六浦論叢』第二五号、関東学院六浦会、一九八八年所収、六頁。

第五章　組合教会「信仰ノ告白」の制定経緯
——「信仰箇条」から「信仰ノ告白」への移行における諸問題と、その影響

一　はじめに

本章の目的は、一八九二（明治二五）年に成立した、日本組合教会の「信仰ノ告白」について、その制定経緯を詳細に検討することである。「信仰ノ告白」については、これまでも教派史としての組合教会史の総論における位置づけからの論述をはじめ、(1)職制という観点からの論述、(2)また歴史信条学的視点からの論述(3)等によって度々言及されてきたが、「信仰ノ告白」の制定経緯そのものについて詳細を明らかにしたものはなかった。よって、以下からはその詳細を、第一次史料を通して明らかにし、更には、そこから浮かび上がってきた諸問題が、後の組合教会にいかなる影響を与えていったかについても明らかにする。あわせて、同時期に勃興していた、新神学問題との関連についても若干触れたいと思う。

二　「信仰ノ告白」の前身としての「信仰箇条」

1　「信仰箇条」の制定経緯

まず、組合教会には、「信仰ノ告白」成立以前の一八八六（明治一九）年の時点ですでに、「信仰箇条」というもの

が存在した[4]。これは、一八八六（明治一九）年四月に開催された日本基督伝道会社第九年会が、総会の「規約[5]」を制定して「日本組合教会[6]」を組織した際、「規約」の第二条として、万国福音同盟会の教理的基礎九箇条 "The Doctrinal Basis of the Evangelical Alliance, A. D. 1846." [7]（以下、「教理的基礎」）を和訳して採択したものであった。

『日本基督伝道会社第九年会記事』（一八八六（明治一九）年[8]）によれば、四月二一日一四時から総会が開かれ、その中で「信仰箇条」が採択されたことがわかる。そこでは、宮川経輝議長が「信仰ノ箇条ハ如何」と問い、金森通倫が「既ニ成レリ」と述べた後、小崎弘道が「其報告ヲ聞テ成ベク之ニ従ハン森田君ハ委員長ナレバ其報告ヲ請フ」と言って、森田久万人が説明を開始する。森田久万人は、「五名ノ委員ハ福音同盟会ノ翻訳ヲ命セラレタレバ原語ノ儘ニテ之ヲ訳セリ或ハ恐ル神学ノ語ニ当ラザルモノアルヲ[9]」と述べる。そうして書記によって朗読されたのが「信仰箇条」であった[10]。その後、質疑応答が交わされ、真鍋定造が第八箇条について、「東京ノ翻訳ニハ第八条ニ肉体ノ復活トアリ身体ト何程ノ差アリヤ[11]」と、「東京第一基督教会規則」の「信仰の条目」における用語との差異を問うたところ[12]、森田久万人は、「英語ボデーノ適訳ト思ヘバ身体トセリ[13]」と答えている。質疑応答はわずかこの一つにとどまり、原田助が「昨年ノ会議ニ主意同一ナレバ添削ヲ許スト決セリ、異説アラバ出シテ可也余ハ其儘ニテ可ナリト信ス」と述べ、「信仰箇条」は「満場一致[14]」のうちに採択されている。

第九年会の記事からうかがえる、「信仰箇条」の制定経緯は以上である。「信仰箇条」の制定経緯に言及した他の史料としては、第八年会（一八八五（明治一八）年五月一一―二日）について報じた、『福音新報』第三巻第一九号（一八八五（明治一八）年五月一三日）の記事「日本伝道会社年会（前号続き）」が、「信仰の箇条につきては尚名辭文章等を修正せんため投票を以て森田、宮川、伊勢、金森、小崎の五氏選ばれ」と言及している程度で、一見しただけでは採択に至った理由・事情そのものについてはあまり判然としない（第九年会より古い年会記事が未だ所在不明であるほか、『基督教新聞』や小崎弘道の文章にも「信仰箇条」の制定経緯についての言及が見られない）。

なお、「信仰箇条」が採択されたのは、二一日一四時開始の総会においてであった、ということは一つ注目に値する。なぜならば、すでに二一日の午前九時三〇分より「議会」が、一四時三〇分から新島襄宅で「懇談会」が、二二日午前九時から「議事会」が開かれ、そこにおいて、直接的には一八八六（明治一九）年三月から始まっていた、いわゆる〝一致・組合両教会の合同運動〟への対応も話し合われていたからである。[15] よって、不思議であるのは、その話し合いを経た上での「信仰箇条」の採択であったにもかかわらず、「信仰箇条」採択の場面にあたっては、この合同運動との関連を特に見いだすことができなかった、ということである。

2 「信仰箇条」の訳文について

さて、採択された「信仰箇条」は「教理的基礎」を和訳したものであるが、その訳文については興味深いものがある。棚村重行によって示された研究手法を援用すると、[16] 以下のような指摘が可能である。

たとえば、「第四　始祖ノ堕落ニ因テ人皆罪ヲ犯ス者トナリタルᒣ」という表現には、「教理的基礎」の第四箇条に表明された“utter depravity”つまり「全的堕落説」ではなく、能動的意志的な堕落説に立つ「新派カルヴァン主義」のいわゆる「道徳的堕落説」の立場が表明されている、と言える。しかしまた、「第五　神ノ子肉体ヲ取テ人ト成リ人類ノ罪ヲ贖ヒ其中保トナリテ祷告シ且統治シ給フᒣ」などは、従来の「信仰諸則」や、神戸女学院大学図書館蔵の「公会の主意」に収められている「信仰の箇条[17]」に見られたような、翻訳に際しての、原文に存在しない神学的な説明の付加は見当たらない。よって、より原文に忠実になったものとして評価することもできる。

「教理的基礎」から「信仰箇条」へと翻訳した「五名ノ委員」とは、第八年会を報じた前述の記事から、森田久万人、宮川経輝、伊勢時雄、金森通倫、小崎弘道の五氏と考えるのが適当であろう。「信仰箇条」は全体的に、「信仰諸則」や「信仰の箇条」よりも、「東京第一基督教会規則」の「信仰の条目」に近いゆえに、それを参照にしつつ、原文から翻訳されたのではないであろうか。

3　「信仰箇条」のその後

第九年会で採択されたこの「信仰箇条」はその後、「組合教会にても殆ど全体の教会が之を用ひて居つた」[18]とのことである。ただ、各個教会がそれをそのまま採用していたわけではなく、各個教会が自由なしかたで用いていたと思われる。それは、東京第一基督教会の「信仰の条目」にも、全く同じ形ではないものが見られる通りである[19]。また、総会直後の一八八六（明治一九）年六月に設立された浦河公会であるが[20]、その「浦河公会規約」[21]（一八八六〔明治一九〕年）に収められた「信仰の箇条」もまた、第九年会で採択された「信仰箇条」よりも、東京第一基督教会の改正前の「信仰の条目」の内容に近いものとなっている。これら実際例を通して、この頃から組合教会においては、既成の信仰告白的文書（ここでは「信仰箇条」）の表現に、一字一句拘束されるのではなく、自由な形で表現をしていく慣習があったことを知ることができる。

さて、そのようにして各教会において順次普及していったであろう「信仰箇条」であるが、一点、その後の隠れた争点となる部分を確認しておきたい。それは、第二箇条の、「第二　聖書ノ意義ヲ解スルニハ各自ニ判定ノ権利并ニ義務アルヿ」である。これは、組合教会の「信仰箇条」に限らず、「教理的基礎」の和訳された全てについて言えることであるが、本来は、ローマ・カトリック教会の解釈に対する、プロテスタント的立場である信条における聖書の教会的解釈権を承認する意図を持った条項であったが、その文脈のない日本においては、翻訳がなされた途端に、単なる聖書の個人主義的解釈の無前提の承認へと道を開くことになってしまった[22]。以後、新神学問題との関連で、この、聖書の個人主義的解釈から、教会的解釈への移行が、一つの課題として浮かびあがってくる。

三　組合教会「信仰ノ告白」の制定

1　「信仰ノ告白」制定の契機

ここから「信仰ノ告白」の制定について触れる。「信仰ノ告白」が制定されたのは、一八九二（明治二五）年に開催された組合教会第七回総会においてであるが、「信仰ノ告白」を制定する理由については、それぞれの教会史によって、それぞれの表現のしかたがされている。湯浅与三によれば、「〔日本基督一致教会との〕合同が不調に終った必然の結果として我が日本組合基督教会の組織を整備せねばなら(23)」なくなったからとある。

その他に考えられる理由は何であろうか。小崎弘道はその理由を総会席上において、山本景武から「此告白ヲ制定シタルハ従来ノ信仰箇条中ニ過失アルノ故カ」と問われた際、一言「然リ」と答えている(24)。また、同じ総会席上、別のところで小崎弘道は、「彼ノ福音同盟会ノ九ヶ条ノ如キハ不満足ナルモノ多シ(25)」と述べたとも記録されている。

小崎弘道による、後日の著作においては次のように記されている。信仰箇条が「極めて不完全なる上に、当時信仰動揺の甚しい時なる為此際新しく「信仰の告白」を制定する必要が起り(26)」、あるいはまた、「新神学や自由神学の思想が闖入し来り、信仰の動揺を見るに至り、殊に金森牧師の如き有力なる人が其信仰動き、組合教会を脱出する様な場合、茲に信仰告白を制定する必要が起り(27)」と述べる。また、別のところでは「此の頃に至つて信仰の動揺甚だしく、中には教会を脱するものもあり、教会としても個人としても區々の信仰を主張し、信仰の傾向散漫に流れ適歸する處なき形成であったので(28)」とも述べている。同じ小崎弘道の記述であるから表現はどれも大同小異であるが、とにかく共通していることは、「新神学」による「信仰の動揺」である(29)。

『基督教新聞』紙上では、「信仰の表白としては同盟会の九ヶ條を用ひ来りしなり、然りと而も近年に至り教会の盛栄と共に多少の不都合を感じ且つ信仰上に於ては旧来のものを以て大に不満足となすに至りしを以て茲に改正の事を企でし所以なりとす」[30]と記されている。

いずれにせよ、信仰告白制定の契機に、一致・組合両教会の合同運動の挫折と共に、新神学問題が背景にあったであろうことは間違いない。

2　制定の開始は一八九〇（明治二三）年から

それでは、信仰告白を制定することについて、具体的に検討を開始したのはいつであろうか。一八九一（明治二四）年四月に開催された第六回総会に関する新聞記事によると、その時期については、実際に制定された一八九二（明治二五）年よりも二年も以前のこと、一八九〇（明治二三）年に開催された第五回総会にまで遡ると述べている[31]。この第五回総会は、一致・組合両教会の合同中止を決定した総会であるが、そこで、「組合教会規則改正の件」[32]として、小崎弘道が「予ハ之ガ為ニ五名ノ委員ヲ撰ミ之ヲ研究セシメ次ノ総会ニ提出スルヲ可トス如何」と述べたことに端を発する。安部磯雄が「何ヲ以テ其必要アルカ」と問うたのに対し、小崎は「総会ニツキ多ク改正スベキ点ナケレ𪜈部会ニ就テハ尚少シク堅固ニナシタル所アレバナリ」と述べた後、多数にて可決されている。

一年後の一八九一（明治二四）年に開催された第六回総会については、総会記録が未だ発見されていないため細いことはわからないが、規約は改正され、総会について記した新聞記事には、改正された規約も載っている[33]。そこには、「第二条　信仰　組合諸教会は別冊にある如き信仰の表白を為すものなり」とあり、「信仰の表白」も同時に、相当簡易なものと思われる案が提案されていたようである[34]。

ところが、規約自体は改正されたものの、「信仰の表白」部分については、「頗る重要のものにして熟考を要する」[35]と言って、「更に完全なる表白文を作らんとする」[36]ために、「五名の委員をして更に修正の上来年の総会に提出せしむるとに決す其委員は横井、小崎、村上、三宅、安部の五君」[37]を挙げて、信仰告白制定の決議を一年間繰り下げた。そして、一八九二（明治二五）年四月に開催された第七回総会において、いくつかの重要な質問がなされた後（質問の内容についての検討は後述する)、「次会の総会迄延ばすべしとの議もありたれとも……二に対する四十六の多数を以て之を採用することに可決[38]」という多数の賛成を得て採決されたのである。つまり、一八九〇(明治二三)年に新規約草案のための委員を挙げ、一八九一(明治二四)年に信仰告白にあたるものとして「簡単なるもの」が議されたが一年間延期され、一八九二(明治二五)年四月に「信仰ノ告白」採択の決議がなされたということである。

よって、新神学問題との関連で言うならば、金森通倫が自身の意見を公に陳述し始めたのが一八九一(明治二四)年四月頃[39]、そして『日本現今之基督教並ニ将来之基督教』の出版がその年の六月であるから、この金森通倫の出来事そのものが直接に信仰告白制定開始(一八九〇(明治二三)年)の契機になったのではない。信仰告白がより迅速に制定されるよう促したかもしれないが、制定開始時点は、それ以前の、もっと新神学問題の前期を視野に入れていたことになる。

3 「信仰ノ告白」の確定

こうして一八九二(明治二五)年四月に制定されたのが、「信仰ノ告白」である[40]。いわゆる〝組合教会の信仰告白〟と呼ばれるものは、一般的にこのことを指す。これは「小崎弘道氏の起草にかゝるもの[41]」として有名で、より細かくは、「委員の一人なる小崎弘道の発案起草したのに、少々修正を加へたものである[42]」と言われている。この「信仰ノ告白」について、「これは借り物の信条ではなく、日本の教会の自生の信条であり、欧米の信条を踏襲したものではな[43]」いという評価もあるが、その出所については次のようにも言われている。

当時の要求は出来る丈け簡単にして明白に然も信仰の要領を含蓄するものなる事であつた。私は之を起草するに当り、使徒信経を始めとし各教派近来の信条を検討し、殊に会衆教会の信仰告白なるものを取調べたるに、何れも複雑なるものであつたが、唯米国加州にある会衆教会の信仰告白なるものが稍々理想に近いので、之を参酌し

現在の信仰告白を作ったのである。(44)

この記述は、「信仰ノ告白」のオリジナルが何であるかを記したたぶん唯一のもので、重要である。(45)小崎弘道は「会衆教会の信仰告白なるものを取調べた」ということだが、(46)著者の調べ得る範囲では、「米国加州にある会衆教会の信仰告白なるもの」が、一体いかなるものであるかはわからなかった。しかし、それを参考にしてできたのであった。

採択にあたっては多少の議論があり、議事録から知られることの一つは、田村秀光が「告白ノ第一ノ如キ解釈ノ仕様ニテハ頗ル曖昧ニ感ズ」という意見であった。そして興味深いことに、議事録には残されていないが、小崎弘道だけが記録している議論が二つあった。その議論において、第一に面倒であったのは、第二項の部分であったという。この、「神にして人となり云々」があまりにも露骨ではないかとの異論があったという。海老名弾正がこれに当初は賛成をしなかったらしく、議論の末に賛成したとのことである。第二に問題となったのは、第四項の聖書の信仰と、第五項の死者の復活についての二つであったようだが、聖書的であるとの理由から一同の賛成を得るに至ったという。(47)

それまでの「信仰箇条」と比較して、研究者の誰もが指摘している相違点として注目されるのが、「信仰箇条」の第二箇条、「第二　聖書ノ意義ヲ解スルニハ各自ニ判定ノ権利并ニ義務アルヿ」という一文が「信仰ノ告白」において削除されていることである。これをもって、聖書の個人主義的私的解釈を抑制しようとする意図があったことは明確である。(48)

こうして、「信仰箇条」に比して、新神学問題にも対応しようとした「信仰ノ告白」については、「個人の恣意をゆるさずに最小限度に信仰の基準を示し、それより脱落したときにキリスト教の信仰が信仰でなくなるおそれがあることを明らかにしたことは注目すべきである(49)」と高い評価がなされる。

しかし、はたして実際のところはどうであったのであろうか。「信仰箇条」に比して「信仰ノ告白」は、本当に、第二、第三の新神学問題を防ぎうる力を有していると言えたのであろうか。そのことは以下から三つの側面を、すなわち、制定過程、奈良大会宣言との関係、そしてその後の各個教会の制定した信仰告白を見ることによって、いよいよ明らかとなる。

四　「信仰ノ告白」の問題点

1　制定過程に見られる問題点

ここでいう制定過程に見られる問題点とは、一八九二（明治二五）年の第七回総会で、「信仰ノ告白」を採択するにあたり、提案者がどのような姿勢・態度で臨んでいたかである。「信仰箇条」から「信仰ノ告白」が制定されたことは、何か信条としての規範性が発展したかのように見えることがあるかもしれないが、内実はそうではなかった。まず、委員の一人である小崎弘道は次のように述べている。

委員小崎氏曰く此告白を出す前に一言すべきとあり信仰上に就ては各異なりたる意見を存するものなるか故に到底一定不変なる信仰告白を作る能はず故に今日の要は即ち多数の賛成を請ふに在り予の希ふ所は茲に討議することを止めて此告白を採用すべきや否やを後日に譲り今日はこれを受くるとしたしと[50]

そもそも、完全なる、議論を尽くした信仰告白の制定は考えていない、とにかくこの場では議論をすることなく賛成を得たいと言う。ここには、とにかく採択したいと願う小崎弘道の焦りのようなものを垣間見ることができるかもしれない。もしかすると、金森通倫問題の大きな混乱が、小崎弘道をして制定を急がせたのかもしれない。

次に、綱嶋佳吉から、「告白トハ如何ナル意ゾ箇条ト異ナル所アルカ[51]」という、「信仰箇条」と信仰告白はどう異なるかについての問いが出された。当然出るべくして出た質問であろう。問題なのは、むしろそれへの解答の仕方である。この問いに対して小崎弘道は、「異ナル所アリ箇条トハ法律ノ如ク第一条、第二条ト云フ様ニ述ベタルモノニテ告白トハ我教会ガ他ニ対シテ信仰ノ要点ヲ表白スルノ意ナリ故ニ箇条ヨリ軽キヤニ思ハル[52]」と述べている。つまりここで示唆されていることは、「信仰箇条」は法律のようなものであったが、告白はそうではない、「我教会ガ他ニ対シテ信仰ノ要点ヲ表白スル」趣旨だと言うのである。このことで我々の思い込みを是正されることは、「信仰箇条」から「信仰ノ告白」への移行は、必ずしも拘束力・規範性が増したということではない、ということである[53]。

そのことは事実、組合教会規約の「第二条」において、「信仰　組合諸教会ハ別冊ニアル如キ信仰ノ表白ヲ為スモノナリ」と記されているのも[54]、以前に、「信仰箇条」の前文に掲げられていた、「第二条　信仰ヶ条　組合教会は左の条目を以て信仰の箇条とす故に此組合に加入せんと欲する教会は必らず左の条目を承認するを要す」という表現に比べ、相当、拘束性が緩やかになっていることからもうかがえる。

さて、その次に出された質問も興味深い。草部一男が「之ヲ以テ従来ノ信仰箇条ニ代用スルノ意カ[55]」という、信仰告白が制定されたことによって従来の「信仰箇条」はどうなるかについての質問である。それについて、小崎弘道は「各教会ニ於テハ従来ノ如く其信仰ノ個條ヲ定ムルモ可ナリ総会ハ只其要領ニ付テ云フノミ[56]」と述べる。要するに、各教会は従来の「信仰箇条」を使っても構わないという、「信仰箇条」が存続する可能性を明らかにした。実際にその後の各個教会において「信仰箇条」が一体どのような扱いをされていったかはわからないが、理論上は、聖書の私的解釈権を含んだ「信仰箇条」は有効であり続けたということにもなる。

また原田助は「此信仰告白ヲ以テ各教会所用ノモノニ代ヘントスルニアラズシテ各教会中ニテハ此告白ト意味ニ於テ同シキ以上ハ別ニ箇条ヲ制定スルモ可ナリ又此告白ヲ一々同様ニ解釈スルノ必要ナシト信ズ若シ然カセバ中ニハ教会ヨリ去ルモノモ出ルナラン是ハ福音同盟会箇条或ハ使徒信経箇条ヨリ勝リタルヿナシサレバ今日ハ先ヅ之ヲ仮リニ受ケ而シテ若シ強テ不充分ナレバ十数年後ノ後之ヲ改正スルモ可ナラン思フニ是レ只信仰ノ要領タルニ過ギズ[57]」と説明している。ここには、明確に、「信仰ノ告白」が「信仰箇条」に勝るものではないことが言われ、実際使用上においては、相当の解釈の幅を持たせていることが特徴である。そして、この言い回しはと言うと、一致・組合両教会の合同運動の過程で生み出された合同（憲法）草案の四つ目である『日本連合基督教会憲法並規則』（一八八九〔明治二二〕年三月）に出てくる表現にほかならない[58]。

以上から、個人の聖書の私的解釈権を削除した「信仰ノ告白」を採用したとは言いつつも、実際には、「信仰箇条」に勝る何かを生み出したわけではないのである。「信仰ノ告白」制定は、聖書の私的解釈権を完全に廃止し、拘束力を強めることを達成したのではなく、聖書の私的解釈権の根拠を少しでも緩めること（「信仰箇条」を失効させることはできていない）を目指すにとどまるものであった、と言えよう。また、一致・組合両教会の合同運動で生み出された組合教会側の理念が、よく反映されたとも言えよう。

2　奈良大会宣言との連続性

組合教会の歴史にとって重要な出来事の一つに、あるいは「信仰ノ告白」以上に重要な出来事として、一八九五（明治二八）年一〇月二四日の「日本組合教会教役者大会宣言書」（いわゆる「奈良大会宣言」）がある[59]。これは、小崎弘道の起草した「信仰ノ告白」が制定されて三年後、奈良で開催された「教役者大会」において採択された大会宣言である。その宣言をなした理由は、「米国伝道会社の委員が来朝した際、信仰の上に教会との了解を得る必要起り、又信仰の方針を発表する必要[60]」があったからと言われる。

前述した通り、小崎弘道の努力によって、実効性において疑問がないではなかったが、新神学の影響をなんとか抑止しようとした、それなりの「信仰ノ告白」が制定された。それにもかかわらず、ここで採択された宣言書はというと、「精神主義的リベラル神学の影響が強い[61]」、「新神学によって自由主義的立場に赴いた人たちをも包括する内容[62]」を持った、従前の「信仰ノ告白」と内容を異にするものとなった。

この宣言書の起草委員は海老名弾正、宮川経輝、松山高吉、小崎弘道の四名だが、「事実筆を執ったのは海老名である」[63]とのことで、それには事情があった。この神学思想の逆行について小崎弘道自身が肯定するものとは言い難く、事実、「現に奈良大会の宣言文は海老名氏の起草に掛り小崎氏は同志社の校用の為め急拠京都に帰り全然宣言文に関わらなかつた[64]」とのことであった。重要な会議への関係者の出席の有無によって全体の方針が変わることは、今も昔も変わらない。

この「奈良大会宣言」は、組合教会の歴史を「此の宣言書に由つて、数年間に亘れる葛藤茲に解け、一致協同新に進路を開拓することゝなつた[65]」役割を持ったのであり、内容上のゆえにというよりも、その歴史的位置ゆえに、それ自身が組合教会の今後の歩みに大きな影響力を持つことになったと言える[66]。つまり、「奈良大会宣言書」によって、三年前に制定された「信仰ノ告白」は影の薄い存在となってしまったわけである。特に、一九〇四（明治三七）年一〇月に開催された第二〇回総会において、新しい規約を制定した時、「信仰ノ告白」に関する叙述は省略された。小崎弘道は、これによって「信仰ノ告白」は消滅したのではないことを確認したが、その後、人々の眼に触れる機会がなくなっていったのは想像に難くない。

3　各個教会はどう受け止めたか

さて、以上のような背景を通して各個教会は、この「信仰ノ告白」をもとにして、それぞれの信仰告白を制定することになる。ここでは、各個教会における信仰告白の制定の実際を見ていきたい。まずは有名な「霊南坂教会　教会の趣意及び信仰の表白」（一九〇一（明治三四）年一〇月）を見たい[67]。これは小崎弘道が第八代牧師として就任していた時のもので、小崎弘道の神学思想は、一八九二（明治二五）年の「信仰ノ告白」以上に、ここにあらわれていると見てよい。「神の感化」とあったものが「聖霊の示導」と変更されている点だけが大きな違いである。ここから、「信仰ノ告白」がほぼ小崎弘道の起草した通りであったことがわかる。組合教会にあって各個教会が定めた信仰告白としては、この霊南坂教会の「信仰の表白」が有名である。

ところが、「信仰の表白」のような、「信仰ノ告白」に即した内容のものが組合教会全体の主流となったのではなかった。時期の問題ではないであろう、神戸教会は、ほぼ同時期の一九〇一（明治三四）年九月二一日に「神戸基督教会条規」を採択、その中の「信仰の告白」はというと[68]、組合教会の総会が採択した「信仰ノ告白」と随所に相違点が見られることが注目される。形式としては、全体が五項目から六項目へと変化し、内容についても大きな変化が生じている。たとえば、第一項では、明確な三位一体の記述がなくなり、第二項では、人間の罪性の一切と、キリストの復活が語られなくなった。また同じく第五項にあった死者の復活に関する明確な記述も消えてしまっている。

この神戸教会「信仰の告白」の系統に属する形の信仰告白は広く採用されたようであり、たとえば、これとほぼ同様のものが、今泉眞幸が牧している神戸多聞教会でも一九〇四（明治三七）年に制定され、用いられている[69]。また、安中教会でも、一九二一（大正一〇）年に、少し変形した形ではあるが、やはり同じ系統に属する形のものが採用されている[70]。

上述したように、組合教会が総会で「信仰ノ告白」を採択したとはいえ、各個教会主義ゆえに、実際に各個教会で制定された信仰告白は、より内容が簡素なものとなっている。簡素になったのみならず、三位一体や復活信仰が曖昧にされていったことは注目される。

五　おわりに

1　組合教会の信仰告白に対する理解の形成

こうして、組合教会内で形作られた信仰告白についての理解は、後の今泉眞幸の、『日本組合基督教会とは何か』（日本組合基督教会総務部、一九二一〔大正一〇〕年）に記された「五　組合教会の特色」として、信条について次のように述べる文章によく言い表されている。

信条　組合教会全体を統一する信条なるものはない。信条は個々の教会が各自に制定するものである。然しその教会の信条も大同小異であり、且つ他の教派の信条に比すると、概して簡単であり自由である。教理に由りて他を排斥し、信条を以て他を束縛しないのが、そして神学の新旧を問はず思想や保守自由に拘らず之を包容するが、組合教会の特色である。[71]

また、郷司慥爾『基督教諸分派の起原とその特質』（日獨書院株式会社、一九三四〔昭和九〕年）においても、「五ヶ条の信仰告白」について、「各教会及個人の信仰を何ら拘束するものではなく、信仰に関する申合せの如きものである」（八〇頁）と言われている通りである。

2　まとめ

以上、組合教会の「信仰箇条」から「信仰ノ告白」へと至る経緯から浮かび上がってきたことは、次のようにまとめることができるであろう。

「信仰ノ告白」が制定されたことによって、確かに、個人主義的聖書解釈は退けられたが（とはいえ「信仰箇条」そのものは理論上には失効していないため、個人主義的聖書解釈は弱められた、という表現がより正確なのかもしれない）、「信仰箇条」がかつて「組合に加入せんと欲する教会は必らず左の条目（「信仰箇条」）を承認するを要す」とされていたのに対し、むしろ「信仰ノ告白」は「信仰ノ表白ヲ為スモノ」であり、「信仰箇条」に勝るものではなく、各個教会において自由に表現を修正することができるなど、いわゆる信条としての規範性・拘束性はより緩やかになったことがわかる。これは、個人における聖書解釈の自由は抑止されようとも、各個教会における聖書解釈の自由はむしろ拡大されたことを意味する。

そうすると、「信仰ノ告白」が制定されたことについて、「個人の恣意をゆるさずに最小限度に信仰の基準を示し、それより脱落したときにキリスト教の信仰が信仰でなくなるおそれがあることを明らかにしたことは注目すべき[72]」と言われるが、実際にその信仰理解は自由であり続けることに変わりはなかった。各個教会の恣意的解釈が可能となる道が開かれているのであるから、その教会の中の個人は自由に歩むことができる。そうであるからまた、この論理のゆえに、海老名弾正をはじめとした個性豊かな伝道者が組合教会の中から生み出され、また教会の枠内に留まって活躍し続けることができたのであろう。

さらに付言すると、かつての「信仰箇条」以上に各個教会で信仰箇条を定めうることを承認した「信仰ノ告白」は、一致・組合両教会の合同運動を通して、より会衆主義教会としてのアイデンティティーを増し加えた内容を持つものであり、(信仰箇条が成立した一八八六〈明治一九〉年ではなく) 一八九二〈明治二五〉年の、この「信仰ノ告白」の成立をもって、「組合教会」の教派的特質の一つが確立した時とも言えるのではあるまいか。なお、残る課題としては、これら「信仰ノ告白」と基本信条との兼ね合いがどうであり、また基本信条が実際にどのように扱われてきたかという点がある。別稿に期したい。

注

1 土肥昭夫『日本プロテスタント教会の成立と展開』日本基督教団出版局、一九七五年、一一五頁以下。
2 土肥昭夫「日本組合教会の信仰職制について――日本基督教団との関連において」、『日本プロテスタント・キリスト教史論』教文館、一九八七年。
3 棚村重行「会衆派〈旧組合教会〉の伝統と日本基督教団形成の問題点」、『紀要』第三号、東京神学大学総合研究所、二〇〇〇年。
4 『日本組合基督教会第二回総会議事録』一八八七〈明治二〇〉年五月〈日本基督教団霊南坂教会蔵。以下、霊南坂教会蔵〉、一―二頁。

5　小崎弘道が規約制定に際して、「当時私は起草委員の一人として之を起草するに当り、先づ規則といふ語を避けて規約と為し、且各条共各教会の独立を毀さぬ様注意し、単に協力連合の伝道其他の事業を為すに必要なる条項丈を掲ぐることに努めた」として、「規則」ではなく「規約」と称したことに、細心の注意を払ったことがうかがわれる（小崎弘道「七十年の回顧」、『小崎全集　第三巻　日本基督教史』警醒社内小崎全集刊行会、一九三八〔昭和一三〕年所収、五五頁。小崎弘道「日本組合教会の過去現在及将来」、『昭和十年 組合教会講演集』日本組合基督教会本部、一九三六〔昭和一一〕年所収、四五頁にも同旨のことが言われている）。

6　なお、正式に「日本組合基督教会」となったのは、一八九七（明治三〇）年四月の第一二回総会からである。

7　Philip Schaff, ed., *The Creeds of Christendom*, vol.3. Grand Rapids, Michigan: Baker Book House, Reprinted 2007 from the 1931 edition, pp. 827-828.

8　『日本基督伝道会社第九年会記事』（同志社大学図書館蔵。以下、『第九年会記事』）は、『同志社談叢』第三号（同志社社史史料編集所、一九八三年）にも収められている。なお、本章で用いている『第九年会記事』からの引用頁数は原本による。

9　『第九年会記事』四五頁。

10　同右、四五―六頁。

11　同右、四六頁。

12　ここで、「東京ノ翻訳」とあるのは、一見、同じ「教理的基礎」を和訳した「日本基督公会条例」の「第一条例」である「信仰諸則」（日本基督教会歴史編纂委員会編『日本基督教会歴史資料集（三）』一九七六年、一一頁）のことを指しているように見えるが、「信仰諸則」において当該部分は「身体」とあり、「東京ノ翻訳」とは「信仰諸則」のことを指しているわけではない。そこで考えられるのは、霊南坂教会の前身である東京第一基督教会の、一八八五（明治一八）年九月四日に採択された「東京第一基督教会規則」（「此の年〔明治一八年〕九月東京第一教会では「教会の趣意」と「規約」を編成したが同月四日〔金〕附小崎先生の日記には「午後二時ヨリ教会ノ総会アリ、数条ノ規則ヲ議定ス」とある」、湯浅与三『伸び行く教会』教文館、一九四一〔昭和一六〕年、七六頁）を参照にしたのではないかと考えられる（この規則が採択される経緯については、飯清・府上征三編著『霊南坂教会一〇〇年史』霊南坂教会創立一〇〇周年記念事業実行委員会、一九七九年、一三六―一四三頁。制定された当時の牧師は長田時行であった）。この度、日本基督教団霊南坂教会のご好意により、霊南坂教会蔵の「東京第一基督教会規則」（この史料は『霊南坂教会文書目録』（同志社大学人文科学研究所編、一九九八年）には収められておらず、保管場所についても目録にある史料群とは異なる）の原本を直接拝見させていただいたところ（裏表紙に「明治十九年六月三日写□□（判読不能）」とある）、それは元から記されていた黒文字の上に、朱文字で加筆・修正されたものであり、修正された後のテキストは、一八八六（明治一九）年九月に改正され、『霊南坂教会一〇〇年史』の「附録」に収められている「東京第一教会規則」と同一である。いずれにせよ、当該部分は修正前・修正後共に「肉体」とあり、よって、「東京ノ翻訳」とは「東京第一基督教会規則」のことを指していると思われる。資料の閲覧をお許しいただいた、霊南坂教会に感謝申し上げる。

13 『第九年会記事』四六頁。

14 同右、四七頁。

15 「信仰箇条」から「信仰ノ告白」に至る間には、一致・組合両教会の合同運動が展開されている。ここでその詳細を触れることはできないが、今、話題としてここに関連して言えば、合同協議の過程で生み出された合同（憲法）草案は合計四つがあり、その信仰箇条については、必ず「信仰箇条」を含んだ形が想定されているということである。「信仰箇条」は、一致教会と組合教会の共通の土台となるものであった。一致・組合両教会の合同運動については、土肥昭夫、前掲『日本プロテスタント教会の成立と展開』（五六―九六頁）が詳しいが、木下裕也『旧日本基督教会試論――教会・文化・国家』（新教出版社、二〇〇七年）では、合同問題を特に信条と政治という二つのファクターから整理されており、有益である（特に一六三―一九〇頁）。

16 棚村重行『二つの福音は波濤を越えて――十九世紀英米文明世界と「日本基督公会」運動および対抗運動』教文館、二〇〇九年を参照。

17 「公会の主意」は、関西に教会が数ヵ所成立した際、どこの教会にも適用するものとして印刷されたもの。これの成立年代については、一八七五（明治八）年から一八七九（明治一二）年の間が考えられている（茂義樹『明治初期神戸伝道とD・C・グリーン』新教出版社、一九八六年、一六四―一六五頁）。

18 小崎弘道「我が国の宗教思想」、『小崎全集　第二巻　日本基督教史』警醒社内小崎全集刊行会、一九三八（昭和一三）年所収、三五六頁。

19 一八八六（明治一九）年九月に改正された「信仰の条目」は、改正前のものと比べて、一八八六（明治一九）年四月の第九年会で採択された「信仰箇条」に影響を受けたと思われる部分が見られる。

20 一八八六（明治一九）年六月に、神戸からO・H・ギューリック、原田助が来て、初代牧師に田中助を迎え、一三名の設立員と一八名の受洗者、二二名で浦河公会を設立した（福島恒雄「元浦河教会」、日本キリスト教歴史大事典編集委員会編『日本キリスト教歴史大事典』教文館、一九八八年、一四〇二―一四〇三頁）。たぶん、設立の六月とは、四月の総会の直後のことであり、「信仰箇条」等は、神戸から来た二人によってもたらされたものであろう。

21　関東同信会編『日本組合教会の特長と今日的課題及び日本組合教会規約等』新島学園女子短期大学新島文化研究所、一九八四年所収、一〇九頁以下。

22　本書第一章「初期日本プロテスタント教会における〈聖書解釈の伝統〉理解――「日本基督公会条例」を手掛かりに」を参照。

23　湯浅与三、前掲書、二二五頁。

24　『第七回　組合教会総会並伝道会社年会』一八九二（明治二五）年五月（同志社大学図書館蔵。以下、『第七回総会』）、二五頁。

25　前掲『第七回総会』二七頁。

26　小崎弘道「日本基督教史」、『小崎全集　第二巻　日本基督教史』警醒社内小崎全集刊行会、一九三八（昭和一三）年所収、一五六頁。

27　小崎弘道、前掲「我が国の宗教思想」三五六頁。

28　小崎弘道「日本組合基督教会史（未定稿）」一九二四（大正一三）年九月、前掲『小崎全集　第三巻　日本基督教史』一一六頁。

29　なお、小崎弘道の新神学に対する見解についての考察は、鵜沼裕子「普及福音新教伝道会と日本のキリスト教」（日本におけるドイツ宣教史研究会編『日本におけるドイツ――ドイツ宣教史百二十五年』新教出版社、二〇一〇年所収、特に四四―五一頁）を参照。

30　「再ひ本年の組合教会総会に付て」、『基督教新聞』第四〇二号、一八九一（明治二四）年四月一〇日。

31　「本年（一八九一〔明治二四〕年）の議事中重要の問題は組合教会規約改正の件なりし也、これ即ち昨年（一八九〇〔明治二三〕年）京都に於て開会せし総会に於て決議し草案委員を選挙せし結果にして該委員より提出せられし新規約草案に関する事なり」（同右）。

32　『第五回　組合教会総会（廿二年度）』一八九〇（明治二三）年四月（同志社大学図書館蔵）、七七―七八頁。

33　前掲『基督教新聞』第四〇二号。

34　「信仰の表白に至つては委員より提出せられし簡単なるものを一応議せしとは雖も、……唯これに付き一言し置き度きことは僅かに簡明なる三四言に過ぎずして、神の事、キリストの事〔、〕聖霊の事、救の事、聖書の事、来世の賞罰の事、等に過ぎざるなり」とあり、その具体的文面はわからないが、この表現から想像するに、「信仰箇条」から「信仰ノ告白」への過渡的なもの、それもより「信仰ノ告白」に近い形態のものがすでに考えられていたことが予想される（前掲「再ひ本年の組合教会総会に付て」、『基督教新聞』第四〇二号）。

35 同右。

36 同右。

37 「組合教会総会の景況」、前掲『基督教新聞』第四〇二号。

38 「附録　日本組合教会の総会及び日本伝道会社の会議」『基督教新聞』第四五四号、一八九二（明治二五）年四月八日。

39 「……去る〔四月〕十二日午後に於て金森氏は三時間半余の長演説をなし以て宗教上神学上の意見を吐露せしよし、而し其説の頗る過激に亘るよりして同教会中にも物議騒然たる有様にして金森氏の知己朋友中にも其噂を聞ひて甚た心配する向きもあるよし」（「金森通倫氏」、『基督教新聞』第四〇四号、一八九一〔明治二四〕年四月二四日）。なお、新神学問題以前に、すでに金森通倫が聖書の高等批評を含めた新神学的素養を備えていたことについては、第四章「熊本バンドに移植されたL・L・ジェーンズの神学・思想とその影響――『新神学問題』以前の、高等批評的聖書解釈の流入」を参照。

40 前掲「附録　日本組合教会の総会及び日本伝道会社の会議」、『基督教新聞』第四五四号。

41 湯浅与三、前掲書、二二九頁。

42 小崎弘道、前掲「日本組合基督教会史（未定稿）」一一七頁。

43 土肥昭夫、前掲『日本プロテスタント教会の成立と展開』一一八頁。

44 小崎弘道、前掲「我が国の宗教思想」三五六頁。

45 同旨が、湯浅与三『小崎弘道先生の生涯』（創文社、一九六七年）二四頁にもあるが、たぶん、小崎の記述に依っているのであろう。

46 たとえば、デッキストル著、小崎弘道校閲、池本吉治抄訳『会衆派教会政治摘要』（警醒社、一八八九〔明治二二〕年一月三一日）に収められている「信仰の言あらはし」（一三三頁）などは、「取調べた」文献の一つであろう。

47 小崎弘道、前掲書、三五六―三五七頁。

48 小崎弘道が「不満足ナルモノ多シ」（『第七回総会』、二七頁）と言った中の一つかもしれない。

49 大内三郎「後編　日本プロテスタント史」、海老沢有道・大内三郎『日本キリスト教史』日本基督教団出版局、一九七〇年所収、三三八頁。

50　前掲「附録　日本組合教会の総会及び日本伝道会社の会議」、『基督教新聞』第四五四号。

51　前掲『第七回総会』二五頁。なお、前掲「附録　日本組合教会の総会及び日本伝道会社の会議」（前掲『基督教新聞』第四五四号）によれば、「青木要吉氏」が発言したことになっている。

52　同右、二五頁。

53　この総会について記した、オーティス・ケーリの書簡（一八九二〔明治二五〕年四月四日。大阪発、総幹事N・G・クラーク宛）には、採択された「信仰ノ告白」は、各個教会が諸信条を採択する自由を取り去るものではなく、組合教会が協力して行く上での共通の基礎を示すものである、と報告されている（*American Board of Commissioners for Foreign Missions archives, Mission to Japan 1890-1899 Letters CA-CO, Otis Cary, No.79*〔同志社大学図書館蔵〕）。書簡には、採択された「信仰ノ告白」の英訳も載っており、そこには"DECLARATION OF FAITH"とあり、「信仰ノ告白」はどこまでも、宣言としての意味合いを持つものであったことがわかる。なお、この英文テキストは、Otis Cary, *A History of Christianity in Japan: Roman Catholic, Greek Orthodox, and Protestant Missions*. 2 vols. 1909. Reprint (2 vol. in 1). Tokyo: Charles E. Tuttle Co., 1976, p. 236 に収められているものと若干内容が異なっている。

54　たとえば、『第八回　日本組合教会総会記録　附日本基督伝道会社年会記事』（同志社大学図書館蔵。一八九三〔明治二六〕年四月）の附録に収められている。

55　前掲『第七回総会』二五頁。

56　同右、二五頁。

57　同右、二七頁。

58　「この章は合同の教理上の基礎として採用したる者なれば日本連合基督教会は更に完全なる信仰箇条を作らんことを期す、又各教会は日本連合基督教会の信仰箇条の主旨に抵触せざる限は各自に信仰箇条を作ることを得」（『日本連合基督教会憲法並規則』一八八九〔明治二二〕年三月、二頁）。各個教会が独自に信条を持つことを許すこの表現は、これまでの三つの草案にはなかったのであり、それゆえ、「かなりの部分で組合教会側、すなわち会衆主義政治の側に譲歩したかたちの憲法案となった」ことがわかる（木下裕也、前掲書、一八六頁）。

59　湯浅与三、前掲『基督にある自由を求めて――日本組合基督教会史』二四二頁。

60　小崎弘道、前掲「日本基督教史」一五六頁。

61　棚村重行、前掲論文、五四頁。

62　土肥昭夫、前掲『日本プロテスタント・キリスト教史』一四七頁。
63　小崎弘道、前掲書、一五七頁。
64　湯浅与三、前掲書、二四四頁。
65　今泉眞幸『日本組合基督教会とは何か』一九二一（大正一〇）年八月一五日、八頁。
66　たとえば、今泉眞幸は、組合教会の歴史を叙述するにあたって「信仰ノ告白」について述べることはしない。その時期のことは、「〔明治〕二十二三年頃より、外には国粋保存の保守的反動が勃興し、内には新旧神学思想の論争、内外人間感情の衝突などがあつて、非常な困難を来した」と記述するに止めて、その次には「天下に宣伝すべき綱領五箇条を議決した。これが所謂奈良宣言書である」と述べて（前掲書、八頁）、「奈良大会宣言」の全文を載せるのである。
67　飯清・府上征三編著、前掲書、六九八頁。
68　『神戸教会90年小史』（日本基督教団神戸教会、一九六四年四月一九日）及び、「信仰の告白」、『日本組合神戸基督教会条規』（関東同信会編、前掲書、一二四頁）。
69　今泉眞幸『日本組合基督教会』東方書院、一九三四（昭和九）年、二六頁。
70　新島学園女子短期大学新島文化研究所編著『安中教会史――創立から100年まで』日本キリスト教団安中教会、一九八八年、二一三―二一四頁。
71　今泉眞幸、前掲『日本組合基督教会とは何か』一五頁。
72　大内三郎、前掲書、三三八頁。

第三部

第六章

日本基督教連盟における教会合同運動の契機
――宣教師団体との関わりを手掛かりに

一　はじめに

1　研究の視角

本章執筆の根本動機は、一九四一（昭和一六）年に、日本におけるプロテスタント諸教派合同によって成立した「日本基督教団」の本質が何であるかを理解しようとすることである。そのためには、まず、日本プロテスタント・キリスト教史上重要な出来事として記憶される日本基督教団成立の、その経緯を正確に跡付ける作業が必要であり、その一環として、成立契機の一端を解明することもまた必然的に求められるのでは言うまでもない。

よって、本章はそのような問題意識をもって展開されることになるが、合同教会としての日本基督教団が成立していく過程の全体像を把握する上で、特に、「日本基督教連盟」[1]との関わりを精密に把握する必要があると考える。なぜならば、日本基督教団の成立の要因は、笠原芳光の分析によれば、宗教団体法[2]による「外圧的要因」と、それ以外の「内発的要因」とがあり、その内発的要因もさらに分析するならば、「日本の教会の内部から発する合同への志向と、外国の教会の合同、たとえばカナダ合同教会の実現などが刺戟となった、いわば外発的な要素にわかれる」[3]からである。この「外発的要素による内発的要因」とは以下の一連の流れのことを指す。すなわち、当時の世界教会的出来事としてのエキュメニカル運動[4]を背景にしつつ、「日本基督教ミッション同盟」（Federation of Christian Missions in Japan）が、一九二五（大正一四）年八月二一—六日に軽井沢で行われた第二四回日本基督教ミッション同盟年会（The Twenty-fourth Annual Meeting of the Federation of Christian Missions in Japan, 以下、一九二五年夏の年会に）おける決議に基づいて、日本基督教連盟へ教会合同促進に関する二つの申し入れを行った。そして、それを受けた日本基督教連盟が、同年一〇月に行われた第三回日本基督教連盟総会の決議に基づいて「教会合同機運促進に関する調査委員会」を設置。そして一九二九（昭和四）年九月一日には「日本基督教諸派合同案」[5]を発表するなど、その後の日本基督教団成立の時期に至るまでの一連の流れを作った。その間、日本基督教連盟は、日本における実質的な教会合同運動の担い手となっていたのである。

2　先行研究と課題

日本基督教連盟が教会合同運動の促進を開始する契機となるのは一九二五（大正一四）年である。一八八九（明治二二）年の日本基督一致教会と日本組合基督教会の合同不成立以降、一九〇七（明治四〇）年のメソヂスト三派四年会の「近親教派間の合同」[6]による「日本メソヂスト教会」の成立と、一九一五（大正四）年の「門司合同基督教会」の設立という出来事もあったが[7]、教会合同の熱意のうちに「福音同盟」から改組された「日本基督教会同盟」が一九二三（大正一二）年には、それまでとは性格の幾分異なる、すなわち必ずしも教会合同運動を担うことを期待されたのではない「日本基督教連盟」へと改組されるなど、この時期は日本プロテスタント・キリスト教界においては教会合同運動が滞っていた時期といえる。

そうした経緯を踏まえつつ、一九二五（大正一四）年が、日本基督教連盟が教会合同運動を促進する契機になった年であることに触れた先達による日本キリスト教史叙述がいくつか存在する。また、それら叙述の中には、一九二五（大正一四）年以降の日本基督教連盟の教会合同促進の運動に対する、カナダ合同教会[8]からの影響について触れたものも見られる。しかし、そもそも日本基督教連盟を教会合同運動へと促した決議がなされた一九二五年夏の年会において、具体的にどのような出来事があったかを詳細に述べたものは皆無であった。また、一九二五年夏の年会において、カナダ合同教会の成立の影響を直接的に語っているものであっても、その根拠については必ずしも明確に記されているものではなかった[9]。

よって、本章の目的は、従来ほとんど顧みられてこなかった一九二五年夏の年会において、カナダ合同教会からの影響の有無の実際を含め、一体何が起こったのかを、当時の状況を記した史料に即して明らかにすることにある。この基礎的作業を通じて、日本における教会合同運動史中、日本基督教団成立の三要因のうちの一つの契機の実際が何であったかを明確にすることができ、それはまた、その次の段階である日本基督教連盟の教会合同運動に対する、より正確な検討を可能とし、ひいては日本基督教団の教会的本質を理解する一手掛りを提供することにも貢献できるであろう。

二　一九二五年日本基督教ミッション同盟年会

1　日本基督教ミッション同盟とは

さて、日本基督教連盟に教会合同運動促進の契機を与えることになる、「日本基督教ミッション同盟」とはどのような組織なのであろうか。これは一九〇〇（明治三三）年、東京宣教師会議において諸ミッション協力の必要性から常任委員会設立が決議され、駐日宣教師の三分の二以上を含むミッションの賛同を得た時点で活動を開始することとなり、D・C・グリーンら一〇名が設立準備委員に選出され憲法草案を作成、一九〇二（明治三五）年一月にStanding Committee of Co-operating Christian Missions として組織されたものに遡る[10]。その後、一九一〇（明治四三）年一月に Conference of Federated Missions in Japan（「在日本ミッション同盟」）と改称、さらに一九二〇（大正九）年八月、Federation of Christian Missions in Japan（「日本基督教ミッション同盟」）と改称された[11]。

その目的はミッション間の相互理解、宣教協力、文書の出版・普及等であり、種々の小委員会が各ミッション代表により運営され、一九一九（大正八）年の時点では三〇のミッション及びキリスト教団体から成っており、毎年主題を掲げて年会を開いていた[12]。一九二五（大正一四）年に七つの小委員会が廃止されて以降の、「日本基督教ミッション同盟憲法」（一九二五年改正。Constitution of the Federation of Christian Missions in Japan[13]）の第二項「目的」（PURPOSE）には、本同盟の目的は、宣教師団体間における一致の精神（the spirit of unity）と相互理解、親睦を提供することにある、と記されていた。また、日本基督教連盟とは一九二三（大正一二）年の連盟成立以来、緊密な関係を保っていた[14]。

2　一九二五年夏の年会

一九二五年夏の年会の出来事は、以後、日本基督教連盟が教会合同運動を促進する担い手となるという点で、日本における教会合同運動史上、重要な転換点に位置するものでありながら、日本側資料でその内容を知ることができるのは、わずかに『基督教連盟』第一九号（一九二五〔大正一四〕年九月一〇日）に載せられた記事だけである[15]。しかし、あまり記録の残っていない日本側資料に対し、外国人宣教師側の資料と言える *The Japan Evangelist*[16] には、毎年の、夏の年会に関連する事柄が多く記されており、その内容の再構成が可能である。

一九二五年夏の年会については、すでに同年六月号において、その主題が、“Union and Federation Enterprises in Mission Work.”であると予告されている（二二六頁）。この予告通り、一九二五年夏の年会は八月二一―六日に軽井沢の Auditorium（現在の軽井沢ユニオンチャーチ）で開催され、その内容については、議事録と講演内容が、*The Japan Evangelist* の九―一〇月合併号に詳細に記されている[17]。

それによると、年会では多くの講演がなされたことがわかる[18]。たとえば、一番目に行われたウェンライトの講演の主題は“Cooperation in the Production of Christian Literature”であり、他国の文書事業の状況に触れつつ、日本における文書事業の重要性を訴えている。また、この年会において、関東大震災の発生を契機として、ミッション同盟がその維持上の責任を負っていた日本基督教興文協会（CLS: Christian Literature Society of Japan）と、日本メソヂスト教会の出版社である教文館（Methodist Publishing House）の合併の承認が行われる（合併後は日本語表記で「教文館」、英語表記ではChristian Literature Society of Japan）[19]。いずれにせよ、ウェンライトの講演は教会合同のことに触れたものではない。その後、ウォルトンらの講演へと続いていく。

3　教会合同促進決議の内容

そして、議事録の最後の部分、"MISCELLANEOUS BUSINESS"（三三六頁）に二つの決議文が掲載されていて、これが、日本基督教連盟へ教会合同を促進する内容を含んだ決議である。一九二五年夏の年会について、数少ない日本側資料である『基督教連盟』第一九号（一九二五〔大正一四〕年九月一〇日）に記録として幸いにも残っていたのは、この決議の和訳であった（たぶん、英文議事録中、決議の部分だけをそのまま翻訳したものと思われる）。この決議は、本章が論を進めていく上で重要な内容であり、なおかつ直接目にする機会も少ないと思われるため、やや長文であるが以下に引用して記す（亀甲括弧は、英文議事録から筆者が補足したもの）。

教会合同に関する決議

本年八月二日より同六日まで五日間信州軽井沢に開催された基督教宣教師同盟年会は可決した幾多の決議中に於て我等日本人基督教徒に取つて最も関係深き且つ大切なる決議を通過した。一は教会合同に就て基督教連盟が適当なる処置を執るに至らん事、二は宣教師同盟に加入のミツシヨンに於て合同促進のため委員を選出するやう希望する決議である。

「今日の日本に於て教会が多数に別れ居る実際に対し宣教師として我等の責任大なるものあるを深く意識し且つ合同の為に祈り給ふた我等の主の祈が完全に成就するに至らんことを誠実に冀ふ所より基督教宣教師同盟は現

存する我等の分派の影響を調査し、教会合同の可能を研究するため教派代表の委員を設け、もつて合同促進のため日本人教会の接触する事を現在日本に於ける代表的基督教団体たる日本基督教連盟に謹んで要求する。」

そは日本聖公会宣教師ウォルトン氏〔W. H. Murray Walton〕の提案でカナダ合同教会宣教師ウッドウォス氏〔H. F. Woodsworth〕、米国会衆派宣教師オールヅ氏〔C. Burnell Olds〕、メソヂスト宣教師スペンサー氏〔D. S. Spencer〕及び米国会衆派のペドレー氏〔Hilton Pedley〕が賛成〔seconded by〕して居る。

教会の合同は決して容易の事ではないが、又必ずしも不可能の事ではない。既にカナダに於てはメソヂスト、長老、組合の三派が立派に合同して本年六月にはその第一回総会を開催した。その結果世界の基督者に対し教会合同に関し極めて強き印象を与へた。我が国に於ても今や教会合同に関する意見を雑誌その他の誌上に散見すること屢である。

我が基督教連盟常議員会長たる鵜崎氏は前記の宣教師同盟年会に臨み一場の挨拶を述べ各教派の機関雑誌合同に論及して全国の基督教を代表する一機関誌を作つてはどうか？その方法として現存する各教派の機関雑誌は教派版として之を全国的の機関誌中に適宜編集発行する方法を講じたら実行上甚たしき困難なくして出来はしないかとの意見を吐かれた。教会合同、機関誌合同、神学校合同、その他一般事業の合同を希望し之が実現を祈りつゝあるものを必ずしも宣教師同盟年会のみではあるまい同宣教師同盟年会の決議のも一つは加盟ミツシヨンに対する希望である

「基督教宣教師同盟に加入して居るミツシヨンは日本に於ける伝道上の働きに就て一層密接なる協力及び合同の問題を考慮するため代表者を選出せんことを望む。」

此は組合のオールヅ氏〔C. Burnell Olds〕提案者となりカナダ合同教会のマックウヰリアムス氏〔W. R. McWilliams〕、聖公会のウォルトン氏〔W. H. M. Walton〕、メソヂストのスペンサー氏〔D. S. Spencer〕が賛成者として署名して居る〔signed also by〕。右は一の希望決議ではあるが宣教師団としては教会合同の事を日本基督教連盟

に一任して責任を免る、如き事をなさず、反つて自ら率先して合同に関する機運を促進せんが為に大に尽くす所あらんとするのを見て誠に愉快に感ずる。

以上から、一九二五年夏の年会において、二つの決議、すなわち志ある宣教師たちの提案と賛同によって、「一は教会合同に就て基督教連盟が適当なる処置を執るに至らん事」、「二は宣教師同盟に加入のミッションに於て合同促進のため委員を選出するやう希望する決議」が通過したことになる。これら二つの決議は、第二五回（第二年第九回）日本基督教連盟常議委員会（一九二五〔大正一四〕年九月二四日）での「〔議案〕3宣教師大会の決議に関する件」中で、「a教会合同に関する委員を挙ぐる件」を第三回総会日本基督教連盟に「報告して適当に処置せしむる事に可決」したことを経て[20]、第三回日本基督教連盟総会（一九二五〔大正一四〕年一〇月八―九日）に諮られた。そして「（九）宣教師同盟年会より提議せる教会合同に関する委員選定の件　田川氏動議新常議員会に附託して研究考慮せしむる事　可決[21]」となった。そして、第二七回（第三年第二回）常議委員会で委員選定の後[22]、「教会合同機運促進委員会」が開催されていくことになる[23]。

いずれにせよ、一九二五年夏の年会で採択された決議の内容とその提案・賛同者については、次のようにまとめることができるであろう。

・決議一、教会合同に就て基督教連盟が適当なる処置を執るに至らん事
［提案者］
英国教会　ウオルトン、
［賛成者］
カナダ合同教会　ウツドウォス、

米国会衆派教会　オールヅ、
アメリカ・メソヂスト監督教会　スペンサー、
米国会衆派教会　ペドレー

・決議二、宣教師同盟に加入のミッションに於て合同促進のため委員を選出するやう希望する決議

［提案者］
米国会衆派教会　オールヅ、

［賛成者］
カナダ合同教会　マックウヰリアムス、
英国教会　ウオルトン、
アメリカ・メソヂスト監督教会　スペンサー

このように、二つの決議における提案者と賛同者の名前を見ていくとき、「ウオルトン」の存在が大きいことがわかる。「ウオルトン」は日本キリスト教史上において、ほとんど知られてこなかった人物であるが、[24]一体、どのような人物なのであろうか。

三　教会合同機運促進の決議を促した講演

1　講演者ウォルトンとは

「ウオルトン」（以下、ウォルトン）は英国教会伝道協会（CMS: The Church Missionary Society）[25]の宣教師で、[26]その活躍については、たとえば日本聖公会の公式機関誌である『基督教週報』第一一六一号（一九二五〔大正一四〕年一月二三

日）の巻頭に、「新生会の事業を紹介す」と題して、新聞伝道事業をウォルトンが東京で始めたことが記されている。その次の号では、新聞伝道事業の紹介を感謝する書簡をウォルトンが『基督教週報』編集部に書き送り、その文章の一部も紹介されるなどしている。[27] このように、ウォルトンは当時、新聞伝道事業で活躍をしていた。[28]

一九二五年夏の年会において決議一を提案したウォルトンであるが、それは前触れもなく提案したのではなく、実はその前に、同年会の参加者一同に向けて講演を行っていた。それが、“Examples of Cooperation and Unity in the Church of Christ Today”[29] である。この講演者ウォルトンが、直後に、教会合同促進の提案を行い、そして、講演を聴いていた聴衆一同が、その提案に賛同するに至るのであり、このウォルトンによってなされた講演の内容を検討することは極めて重要である。

2　ウォルトン講演の内容

The Japan Evangelist に収められているウォルトンの講演、“Examples of Cooperation and Unity in the Church of Christ Today”は、一〇頁分におよぶ分量と濃密な内容を伴ったものであるが、その概要を記すと以下のようになる（なお、ゴシック体で記された亀甲括弧内の標題は、筆者が便宜上記したもの）。

〔導入〕　ウォルトンはまず、教会一致運動が、現時点において、キリストの教会が直面している最も緊急な課題の一つであると確信しているとの認識を述べ、J・R・モットの、「不信仰の世界の代価は分裂されたキリスト教界である。一致は、それ自身、終わりとして見なされるのではなく、偉大な転換という目的の実現への手段として見なされるものである」という言葉を引用する。

〔用語の定義〕　次に、ウォルトンはこの講演の構成を三つに区分することを述べる。具体的には、（一）使用する用語の定義、（二）世界の現況の確認、（三）最後に自身の言葉を述べる、である。（一）では、しばしば混同されがちな、「教会合同（Church Union）」や「一致（Unity）」、「連盟（Federation）」や「協同（Cooperation）」、「同盟（Alliance）」、

「協議会（Council）」等の用語の定義を行う。ケリィ神父（Father Kelly）(30)の言葉を引用しつつ、「連盟」とは「異なった組織体が各々それ自身独立を保持して、相互関係が確立されている」ことを言い、「我々が定義する一致または教会合同とは、「異なった組織を持っているが、それでも一つの命によって満たされ、統制された、単一の組織体」である」と述べる。「連盟」はたくさんの価値ある結果を得たが、霊と形態において分裂している状態があるのであり、本質的に不完全であると述べる。

〈世界の現況の確認：連盟について〉 以上、用語の定義を明確にした上で、（二）当時、世界で見られる連盟及び教会合同の現況を概観していく。具体的にはキリスト教国ではない、インド、中国と日本における「キリスト教連盟（National Christian Council）(31)」の状況を、各国の一般的社会背景を随時日本の状況と照らし合わせつつ述べる。たとえば、インドではカースト制度の存在があり、異なる複数の言語が使用され、人口中におけるキリスト者の割合が地域によって異なり、教育の程度の差も大きいこと、そのような実際的状況が、さまざまな事柄を一つにまとめることのできるキリスト教連盟のような組織を要求する背景となった、と述べる。

次に、インド、中国と日本の各キリスト教連盟の憲法中、連盟の機能について三つの共通点があることを述べる。第一は、諸教会と宣教師団体がなしていく業において、必要のある調査・研究に取り組むこと、第二は、その国のキリスト者の意見全体を代表すること（例として、日本の場合、アメリカ合衆国のいわゆる排日移民法〔一九二四年施行〕に対する日本基督教連盟の声明を挙げる）(32)、第三は、その国の代表者を国際宣教協議会（International Missionary Council）へ派遣することである。そして、三つのキリスト教連盟に、否定的な性格としての、共通する重要な特徴が一つある。それは、教理と教会政治に関しての全ての議論の除外である。

なお、インドには、地方ミッション協議会という組織があり、インド・キリスト教連盟の構成員は、各地方ミッション協議会から四人の代表者が送られるようになっている。日本の教会はインドよりも一致しているが、しかし、諸会議が東京に集中して、それが一国全体の典型を表していないということが起こるならば、インドのあり方は教訓となるかもしれない、とウォルトンは付け加える。また、日本のキリスト教連盟の特徴の一つとして、それを組織する構成員の資格について、インドや中国では「クリスチャン」であるのに対し、「本会〔日本基督教連盟〕は福音主義と認められたる基督教諸団体を以て組織す」[33]と、踏み込んで述べられていることにある、と述べる。

〈世界の現況の確認：同盟について〉

さらにウォルトンは、キクユという名称と関連付けられる[34]、東アフリカ宣教師同盟（The Missionary Alliance of East Africa）のことも触れていく。すなわち、「同盟」の意義についてであるが、ウォルトンは、まだ現地教会が非常に初歩的な段階にあるという若い教会にあって、「同盟」を設けることの意図は、教育、礼拝と組織において、西洋各教派の違いを現地教会に負わすことを最小限にするためにあると要約することができる、と述べる。それは、講壇交換や相互陪餐を可能とする内容である。そのようなさまざまな利点を持っている「同盟」という方式ではあるが、各教会が未だ独立していることには違いないのであって、ウォルトンは、我々にとってそれは最終目標ではないと認めざるを得ない、と言う。

〈教会合同の現状：カナダ合同教会〉

そこで、より高い段階である「教会合同」へとウォルトンは話題を展開するのである。はじめに、一つの大きな例外としてのカナダ合同教会の実際を取り上げる。それは、異なった歴史と伝統を有していた三つの教派教会が、キリストの教会のより大きな展望を捉えた初の出来事であり、確かに、全ての困難が克服されたとは言えないが、進むことができるだけの段階は得られたであろう、と述べる。

続けて、カナダ合同教会の特徴を四点、（一）教理（Doctrine）、（二）政治形態（Polity）、（三）職制（Ministry）、（四）運営（Administration）について極めて簡潔に述べる。たとえば、（一）教理については二〇の項目があり、カナダ合同教会の「合同基礎案（Basis of Union）」の冒頭には、一致の精神をこれからも促進し続けることがこの教会の方針であるという記述もあることから、パウロの言葉（フィリピの信徒への手紙第三章一三―一四節）を思い起こすと述べる。（二）組織については、各教派の組織が、新しい合同教会の組織においては調和して作用することが可能であることが判明した、と述べ、（三）職制については、これまで暫定的な方策として、お互いの働きを率直に、無条件で認めてきたが、今後は、御言葉と聖礼典に仕えようとする者は全て、教会全体の権威と委任により正式に按手を受ける必要がある、と述べる。(四)運営については、事務的方法で解決されたことも紹介している。また、困難な教会財産の配分については、三教派の、各宣教師協会が将来的には合同されることを述べている。

このように、カナダ合同教会の特徴をウォルトンは駆け足で概観した上で、教会合同の取り組みというものが困難を伴うものであっても、カナダ合同教会の例は、それが不可能なものではないことを示した。よって、教会合同の取り組みは時間の無駄であるという口実で手を組んでいるだけで満足するようなことは、もはや我々にはできないであろう、と述べる。そして、「私は本当に、日本における、それほど強くない教会的伝統のことを思う時、教会の一致は緊急かつ、決して難しくないことであると思いたい」と述べる。

〔教会合同の現状：南インド合同教会〕　ウォルトンは、世界の教会合同の動きを述べるにあたり、カナダ合同教会の例だけではなく、次に、南インドにおける教会合同の別の動きに注目していく。それはまだカナダ合同教会の場合のように終着点に到達したものではないが、宣教地における、一致の問題に取り組む教会の試みとして大変興味深いものであること、そして、この南インドにおける教会合同の動きには、英国教会が関係していることを述べるのである。

南インド合同教会[35]は一九〇八年に設立され、長老派と組合派、そしてオランダ改革派が合同して設立された合同教会であるが、その際、英国教会、シリア教会とウェスレー派教会はそれに加わらなかった。しかし一九一九年に、英国教会と南インド合同教会の協議会が開かれ、両教会の教会合同を提唱し始めたのである。後に、ウェスレー派教会も加わり、すでに五回の話し合いを経ている。それは遅々とした歩みであるが、確実に目標に向かって進んでいる。ウォルトンは、この議論を導いている原則が要約された言葉として、マドラスの主教が述べた言葉を引用する。「それは、教会間の交渉の過程ではなく、一つなるキリストの教会へ戻る共同の試みである」。

ウォルトンは、これらの動きは、日本の教会においても、非常に価値ある教訓があり、注視する必要がある、と述べる。そして、教会合同へ向けての交渉は遅々とした歩みであり、ある者はいらだちを覚えるかもしれないが、これまでの分裂と不和の長い世紀を我々が思い起こす時、大きな前進がすでに成し遂げられているということは驚きである、と述べる。

〔聴衆に向けての呼びかけ・提案〕　ウォルトンに割り当てられた講演時間が残り少なくなった時、ウォルトンは年会に出席している目の前の聴衆に向けて呼びかけ始める。「最後に、私はこの講演を閉じる前にあなた方に問いたい。キリスト・イエスにある兄弟姉妹の皆さん、協同と一致という主題の今週の学びは一体どんな成果をもたらすでしょうか。私たちはきっと、キリストの業において、共に働くという価値がより深められた感覚を携えて、この場を立ち去るでしょう。けれども、それがすべてでしょうか。私たちは、〝一致〟というさらに壮大な峰々を見ようではありませんか」。

ウォルトンは、これからますます日本の教会を導く主導権が日本人の同胞に移っていくのであり、神の炎によって燃え立たせられた我々ができることは、彼らに、分裂された弱い教会を建てるのではなく、日本の教会を「建物全体は組み合わされて成長し、主における聖なる神殿」（エフェソの信徒への手紙第二章二一節）となることができるよう、一致の松明を渡すことであろう、と述べる。最後にウォルトンは、一つの詩を引用しつつ次のように呼びかけて講演を閉じる。

それは夢だろうか？　行動によってそれを描いてみよう。
真実の抑えられない力には力強く、
誹《そし》りを全く恐れずに行く勇気をもって勇ましく。
では我々は、どのような長さであってもヴィジョンに登ることができようか。
夢の光はもっとはっきりと立派に彼方の方へ成長し、

星々は愚か者たちから我々を永遠に救い、
栄光の崇高なる者の光へと引き上げ、
神の永遠の栄光に更に近づく。

3　ウォルトンの講演の意図と影響

以上、ウォルトンの講演を概観したが、気がついたことをいくつか記す。まず、ウォルトンには、特に伝道地における、西欧からそのまま移植せられた教派分裂に対する憂いがあったことは確かであり、それを克服する道として、連盟や同盟というあり方の意義を認めつつも、そこにとどまらない、合同の意義を強調する。そこで、カナダ合同教会と南インド合同教会の例を紹介するのである。

カナダ合同教会及び南インド合同教会の紹介において、必ずしも信条や職制に関しては多くを触れていない点について、疑問に思うことがあるかもしれない。しかし、それは、ウォルトンがその重要性に気がつかなかったとか、無視したというものではなく、この時には、教会合同というビジョンは決して不可能なことではない、という一事だけを伝えたかったからであろう[36]。

そしてさらに興味深いことは、このウォルトンの講演の後、同じウォルトンの提案によって、「教会合同に就て基督教連盟が適当なる処置を執るに至らん事」の決議がなされ、日本基督教連盟の教会合同運動の展開へと波及していくわけであるが、少なくともその出発点であるウォルトン自身においては、その大きな原動力となったのは、カナダ合同教会の実例と共に、いや、それ以上に、南インドにおける聖公会を含んだ教会合同運動の方にこそあった、という点である。ウォルトン自身は、聖公会すなわち英国教会の宣教師であり、歴史的主教制を保持する聖公会であっても教会合同運動に関わりを持つことができている南インドにおける教会合同運動の実際に、深い関心を寄せていたことは確かであろう。ウォルトン自身が、教会合同のビジョンを掲げた時、それは聖公会を含む教会合同であったと言える[37]。

なお、ウォルトン自身は、そのような内なる原動力を抱いていたが、同年会に出席していた周囲の宣教師たちはまた、それぞれの背景からそれぞれの思いを突き動かされたのであろう。ウォルトンの提案に賛同したウッズワース(『基督教連盟』紙上では「ウツドウォス[38]」)の所属教会はカナダ合同教会であり、まさに、この一九二五年夏の年会の直前に、カナダ合同教会の成立(一九二五年六月)という世界教会的出来事があり、彼はその当事者としてのインパクトを抱えながらこの夏の年会に臨んでいたのではないかと想像できる。さらに、後に、一九二五年夏の年会の印象を述べた文章の中で、日本基督教興文協会と教文館という両文書事業合併の出来事を目の前にして、「文書事業に合同が来たのだから、教育と社会福祉、そして伝道にもまた合同が来る[39]」と記した、その志を以てウォルトンの提案に賛同したのであろう。同じく、ペドレー(Hilton Pedley)[40]も、兄の「ヒウ・ペッドレー」がかつてアメリカにおいて教会合同に携わっていたと伝えられているように[41]、兄の姿から突き動かされる何かがあったと思われる。

他にも、この年会の出来事が起こってからまもなく、カナダ合同教会の一宣教師は本国に向けて、「議論の間、自由に引合いに出されたカナダにおける合同が決議の発起人を奮起させたのだと、私は疑う余地なく思っています。私は、そう遠くない日に、有機的合同(organic union)が日本の大きな諸教会の間で起こるのを見てもまったく驚きません[42]」とタイプライターで書き送っている。

この年会に出席した他の宣教師たちの感想・印象をまとめるならば、それまで宣教師たちは、日本基督教ミッション同盟の年会について、ここ数年、つまらないもののように思っていたようだが、ウォルトンの講演と、その結果としての大きな決議が行われたからであろう、この年会については「今年の会議は素晴らしい成功を収めた[43]」ものであった、と述べている。

四　おわりに

以上、我々は一九二五年夏の年会において何が起こったかを、残された日本人側・宣教師側双方の史料に基づいて詳細にたどってきたが、次のようにまとめることができる。一九二五年夏の年会における日本基督教連盟への教会合同促進の決議は、聖公会を含んだ南インドにおける教会合同運動に大きな刺激を受けた、日本キリスト教史上、従来知られていなかった聖公会宣教師ウォルトンが提案者であり[44]、この点、カナダ合同教会成立の直後ということで、幾人かの駐日宣教師たちがそのインパクトを受け、ウォルトンの提案に賛同したことは確かではあるものの、従来の、一九二五年夏の年会の決議がカナダ合同教会成立の影響によるという単純な記述・歴史認識は一面的なものであったということがわかった。

さて、日本基督教連盟の教会合同運動促進開始の契機に、極めて個人的な熱意と提案があったことを我々は見たわけであるが、その後、個人的な業ではなく、果たしてどこまで教会的（教会の業）であり得たかという側面からも検討を進めていく必要があると思われる。なぜならば、日本のプロテスタント・キリスト教界に見られる旧来からの体質の一つに、各個教会主義という名に潜む、いわゆる牧師（教職者）中心の個人主義と呼ばれるものが根を張っているからである。そこで今後の課題としては、具体的に、各教派のミッションが一九二五年夏の年会の決議をどのように受け止めたのか（決議の拘束力の有無や、本国の宣教本部との関わり）、また国内においては、特に日本基督教連盟の業へと、どのように継承されていったかを見極めていきたい。

注

1　日本基督教連盟については、土肥昭夫「一九三〇年代のプロテスタント・キリスト教界(1)」（同志社大学人文科学研究所キリスト教社会問題研究会『キリスト教社会問題研究』第二五号、一九七六年所収）、東海林勤「日本基督教連盟」（日本キリスト教歴史大事典編集委員会編『日本キリスト教歴史大事典』教文館、一九八八年所収、一〇四八頁）、寺崎暹「『基督教連盟』『連盟時報』」（同志社大学人文科学研究所編『近代天皇制とキリスト教』人文書院、一九九六年所収）、同「日本基督教連盟」（同志社大学人文科学研究所編『日本プロテスタント諸教派史の研究』教文館、一九九七年所収）、土肥昭夫「天皇制狂奔期を生きたキリスト教――日本基督教連盟を中心として」（富坂キリスト教センター編『十五年戦争期の天皇制とキリスト教』新教出版社、二〇〇七年所収）等を参照。なお、日本基督教連盟の全体像を詳説した体系的研究はまだなされていない。

2　一九三九（昭和一四）年三月二三日に衆議院で可決成立、一九四〇（昭和一五）年四月一日から施行。

3　笠原芳光「日本基督教団成立の問題（I）――宗教統制に対する抵抗の問題として」、同志社大学人文科学研究所キリスト教社会問題研究会『キリスト教社会問題研究』第一〇号、一九六六年四月所収、八三頁。

4　エキュメニズム及びエキュメニカル運動に関する概念と評価、歴史については、W. G. Rush, "Ecumenism, Ecumenical Movement," in *The Encyclopedia of Christianity*, vol. 2, E-I, eds. by E. Fahlbusch etc., Grand Rapids, Michigan: W. B. Eerdmans and Leiden, Netherlands: Brill, 2001, pp. 46-60.

5　日本基督教連盟内合同調査委員『日本基督教諸派合同基礎案』一九二九（昭和四）年九月、六頁（東京神学大学図書館蔵）。

6　日本基督教団史編纂委員会編（山谷省吾執筆）『日本基督教団史』日本基督教団出版部、一九六七年、六八頁。

7　一九一五（大正四）年九月二六日に、長尾半平、平井四季次らによって、門司の日本基督教会、浸礼教会、日本組合基督教会の三教会が合同して設立された教会で、当時、日本プロテスタント史上、他に例を見ない超教派的な特殊な教会として注目された（「門司教会」、前掲『日本キリスト教歴史大事典』、一四〇一頁）。合同教会設立過程における門司YMCAとの関わり、及び各教派の動向については、安東邦昭「長尾半平と門司合同基督教会――門司における「合同」問題を巡って」（『キリスト教史学』第六七集、二〇一三年七月）を参照（本資料の収集にあたっては、本城仰太氏〔日本基督教団松本東教会牧師〕に大変お世話になった。ここに感謝の意を表したい）。

8　カナダ合同教会（The United Church of Canada）は、一九二五年六月にカナダのオンタリオ州トロント市で、主としてカナダのメソジスト教会と会衆派教会、そして長老教会が合同して成立した合同教会である。合同へと向かった動機であるが、簡潔に言えば、「信仰と職制の一致を求める神学的要請がまずあったのではなく、むしろ広大な国土の中で、とくに新しく開拓された西部における具体的な宣教活動の中から強く促されてきた実践的要請」によるものであった。もっとも、「信仰と職制の事柄をめぐる神学的協議が疎かにされたわけではなく、一九〇四（明治三七）年の第一回連合合同委員会で合同基礎案（Basis of Union）〔著者注：これまでBasis of Unionのテキスト全文が訳されたものはないが、『基督教連盟』第四一号（一九二七〔昭和二〕年八月一〇日）に、宮崎小八郎の訳によって「合同基礎案」中、「教理」の章の二〇ヶ条の項目題が和訳の上で記されている〕の作成に着手されて以降、約二十年間にわたって議論」され、合同が成立した（神田健次「解題――カナダ合同教会信仰告白」、『改革派教会信仰告白集 Ⅵ』一麦出版社、二〇一二年所収、四九三頁）。合同後一〇年間を経て、一九三六（昭和一一）年に「信仰の声明（The Statement of Faith）」が作成され、信仰告白は一九六八年に成立した（一九八〇年改訂）。世界中で、一九二五年以降一九四五年までの間に一九の合同教会が成立するが（Ans Joachim van der Bent,"UNITED AND UNITING CHURCHES," in *Historical Dictionary of Ecumenical Christianity*, Metuchen, N.J., & London: Scarecrow Press, Inc., 1994, p. 450）、カナダ合同教会はその先駆的存在の一つとして数えられよう。なお、カナダにおける教会合同運動の動向については、早い段階から日本で報じられてきた（たとえば、「カナダに於ける三教派の合同」、『福音新報』第五五三号、一九〇六〔明治三九〕年二月一日）。カナダ合同教会についての詳細は、邦語文献としては、加藤邦雄「カナダ合同教会」（『一つと成らんため　教会の完成へ　日本基督教団成立十年記念論集』日本基督教団出版部、一九五一年）、内田政秀「カナダ合同教会の成立」（関西学院大学神学研究会『神学研究』第一三号、一九六四年）、同「合同教会と信仰告白――カナダ合同教会と日本基督教団」（『福音と世界』新教出版社、一九七六年四月）、リア・ホワイトヘッド（ロバート・ウィットマー訳）「合同教会の豊かさ～カナダ合同教会の歩みに学ぶ」（『福音と世界』二〇〇七年四月号）等を参照。

9　たとえば、比屋根安定（『日本基督教史　全』教文館、一九四九年、四〇八頁）は、日本基督教連盟及び教会合同運動との関わりで、カナダ合同教会のことは触れていない。平賀徳造（「日本基督教団成立の事情」、前掲『一つと成らんため　教会の完成へ　日本基督教団成立十年記念論集』、一九五一年所収、二一七―二一八頁）はカナダ合同教会のことを触れてはいるが、一九二五年夏の年会との関わりでは触れていない。よって、以上の二つは、カナダ合同教会の成立がどう日本の教会へ影響したかについては述べていないということになる。次いで、海老沢亮は、「カナダ教会の合同は日本におけるミッション同盟の深い関心をそそり、同年夏の大会において、教会合同に関する希望を表明して、日本基督教連盟に対し、次のような申入れを行った」と述べ、ここに至って初めてカナダ合同教会の成立と日本の教会への影響の接点について触れられ、かつそれが一九二五年夏の年会にあることが触れられることになる（海老沢亮『日本キリスト教百年史』日本基督教団出版部、一九五九年、二二二頁）。同様に、石原謙は『日本キリスト教史論』（新教出版社、一九六七年）で、「一九二一《ママ》年カナダ合衆国において長老派、メソジスト派および組合派の合同教会の成立した報道が大正一四年夏の宣教師連合の大会にもたらされたとき、日本でも同様の教派合同が望ましいという決議がなされた」（二一五頁）と述べる。しかし、山谷省吾は「カナダにおける教会合同の強い刺激があったものであろう」（日本基督教団史編纂委員会編〔山谷省吾執筆〕『日本基督教団史』、一九六七年、七六頁。傍点筆者）と、海老沢・石原両氏に比して慎重に述べるにとどめる。都田恒太郎は『日本キリスト教合同史稿』（教文館、一九六七年）で、日本基督教連盟によって教会合同運動が研究された当時の、カナダ合同教会の様子を比較的詳細に記しているが（九〇―九三頁）、一九二五年夏の年会とカナダ合同教会との直接的関わりについては触れない。Richard H. Drummond. *A History of Christianity in Japan*, Grand Rapids: William B. Eerdmans Publishing Company, 1971, p. 251 は、一九二五（大正一四）年の日本基督教連盟総会において教会合同の提案がなされたことを触れているが、その後の効果の点から否定的に評価しているのが特徴である。土肥昭夫は『日本プロテスタント教会の成立と展開』（日本基督教団出版局、一九七五年）で、「合同運動のはじまりはこうである。一九二五年夏の宣教師同盟年会は近世世界の諸教派で合同運動がおこり、特にカナダ合同教会が出現したことに刺激をうけ、教会合同促進を決議し、これを連盟に提案した」（二〇六頁）と、夏の年会におけるカナダ合同教会の影響との直接的因果関係を記したが、後年の、同「日本基督教連盟の教派合同運動〔解説〕」（日本基督教団宣教研究所教団史料編纂室『日本基督教団史資料集　第1巻』日本基督教団出版局、一九九七年）では、夏の年会におけるカナダ合同教会との関わりについては触れない。むしろ、カナダ合同教会については、海老沢亮が一九二九（昭和四）年にカナダ合同教会の現状を調査・報告した点について触れる（二四六頁）。なお、日本における教会合同運動については、土肥昭夫「日本教会史の合同運動をどうみるか」（日本基督教学会『日本の神学』第八号、一九六八年）も参照せよ。

10　渡辺久美子「駐日外国宣教師団」、前掲『日本キリスト教歴史大事典』八七三頁。

11　『大正拾年日本基督教年鑑』日本基督教会同盟、一九二二（大正一一）年三月七日発行、一三頁。

12　年会の代員は団体の大きさに比例し、経費及び事業については、邦文で確認できる文献としては、『大正八年日本基督教年鑑』（日本基督教会同盟、一九二〇〔大正九〕年五月一八日発行）一四頁を参照。

13　A.Oltmans, ed., *The Christian Movement in Japan, Korea & Formosa: A Yearbook of Christian Work*, Tokyo: The Federation of Christian

Missions in Japan, 1926, p. 403. なお、改正前の一九二〇（大正九）年制定の日本基督教ミッション同盟憲法の本文は、Edwin T. Iglehart ed., *The Japan Evangelist: A Journal of Christian Work in Japan*, Tokyo: Kyo Bun Kwan, Vol. XXVII, August-September 1920, pp. 230-232 を参照。

14　「〔日本基督教〕連盟は、世界宣教大会継続委員会の刺激と忠言とによって成立したが、同時に The Federation of Christian Missions in Japan と緊密な関係を保ち、日本に宣教師を派遣する宣教団体と連繫する」（石原謙、前掲書、二一五頁）。

15　都田恒太郎、前掲書、八〇—八一頁もまたこの間の様子を記しているが、『基督教連盟』の記事を抜粋した程度の内容であり、そこからは多くの情報を得ることはできない。

16　本章が随所で引用している各種英文年鑑・雑誌の基本的な事柄・性格については、渡辺久美子「『ジャパン・クリスチャン・イヤーブック』」、同「『ジャパン・クリスチャン・クォータリー』」（前掲『日本キリスト教歴史大事典』六四三頁）を参照。

17　W. H. Murray Walton, ed., *The Japan Evangelist*, Tokyo: Kyo Bun Kwan, Vol. XXXIII, September-October 1925.

18　1.“Cooperation in the Production of Christian Literature,” by S. H. Wainright, 2.“Examples of Cooperation and Unity in the Church of Christ Today,” by W. H. Murray Walton, 3.“Union and Federation,” by C. W. Hepner, 4. “Cooperation in Evangelists Work,” by D. Norman, 5. “Cooperation in Social Work,” by Mrs. H. E. Coleman, 6. “Going Forward Together in Evangelistic and Social Work to Japan,” by J. Edgar Knipp, 7. “The Actual Working of the National Christian Council,” by T. A. Young, 8.“Cooperation in Normal and Theological Education,” by B. F. Shively, 9. “A Forecast of Normal Teacher Training in Japan,” by Mrs. Gurney Binford, 10. “A Forecast of Theological Education in Japan,” by A. D. Berry.

19　ウェンライト博士伝編纂委員会編『ウェンライト博士伝』教文館、一九四〇（昭和一五）年、二〇二頁。日本基督教興文協会の場合、関東大震災によって「一切の記録、〔ウェンライト〕博士が故国より得た書簡、蔵書、昔を偲ぶ記念品、凡ては悉く滅び去った」（同書一六四頁と一六五頁の間の写真説明文）ため、この書物は文書伝道にも従事していたウェンライトの事績を述べたものであるが、日本基督教興文協会と教文館の合併の経緯について比較的詳細に記された貴重な記録とも言うことができる。

20　『大正十五年日本基督教年鑑』日本基督教連盟、一九二五（大正一四）年一一月二七日発行、四八、五六頁。

21　『基督教連盟』第二〇号、一九二五（大正一四）年一一月一日。なお、“Third Annual Meeting of the National Christian Council of Japan,” in *The Japan Evangelist*, Vol. XXXIII, November 1925, p. 355 によれば、この問題を研究するための委員を選出することをオ

ルトマンス（Oltmans, Albert）が提案、長尾半平の支持・賛成があり、さらに、その研究が次年度総会において報告されるべく委員選出を常議員会に附託するよう田川大吉郎の動議と井深梶之助の支持・賛成を経て、賛成多数で可決されたと記録されている。

22 『基督教連盟』第二一号、一九二五（大正一四）年一二月一〇日。第二七回（第三年第二回）常議委員会の内容については、『基督教連盟』紙上への報告はない。第二八回（第三年第三回）常議員会においては、主として鎌倉協議会について多くの時間が割かれ、教会合同については取り上げられていない（『基督教連盟』第二二号、一九二五〔大正一四〕年一二月二五日）。

23 『基督教連盟』第二三号、一九二六（大正一五）年一月二七日。

24 たとえば、ある程度著名な宣教師であれば、項目として収められている『日本キリスト教歴史大事典』等にも見られない名前である。そのように、邦語文献ではほとんど触れられないが、A. Hamish Ion, *The Cross and the Rising Sun: Volume 2: The British Protestant Missionary Movement in Japan, Korea, and Taiwan, 1865-1945*, Ontario: Wilfrid Laurier University Press, 1993, pp. 96, 106, 132, 219には、ウォルトンが、ウォルター・ウェストン（英国教会伝道協会宣教師、日本アルプスの命名者として有名）に続いて登山に親しみ、また新聞伝道事業に従事したことが記されている。

25 英国教会伝道協会に関する邦語文献については、西口忠「英国聖公会宣教協会（CMS）の日本伝道とCMS関係史料」（二〇〇三年。http://www.andrew.ac.jp/library/cms.htm, accessed March 16, 2017）。

26 「フース、フー」（前掲『大正十五年日本基督教年鑑』一〇一頁）及び"Who's Who in This Issue," in *The Japan Evangelist*, Vol. XXXIII, September-October 1925によると、ウォルトン（Rev. W. H. Murray Walton, M. A.）は一八九〇年生まれ、出生地は南アフリカのケープタウンで、出身校はケンブリッジ大学。受洗は一八九〇年、受按は一九一三年九月。所属教派は聖公会で、現職名が「文書伝道師」（同『大正十五年日本基督教年鑑』一〇一頁）あるいは「長老」（『昭和六年日本基督教年鑑』日本基督教連盟、一九三〇〔昭和五〕年、五〇七頁。「長老」とは「〔執事按手を受けし者、〕其後長老按手を受けし者」〔ヘレン・ボイル著、前川眞二郎訳『日本聖公会小史』聖公会出版社、一九四〇（昭和一五）年、一一九頁〕のことであり、現在で言うところの「司祭」である）とあり、この時点で来日から一〇年間が過ぎており、『基督教通信講座』、『新生の飛躍』等の著作がある他、The Japan Evangelist の編集者も務めている。なお、バーミンガム大学 Cadbury Research Library にはCMS関連のコレクションがあり、ウォルトンの資料も複数含まれている（Finding Number CMS/ACC180 及び同459等）。それら第一次史料にも基づいた、ウォルトンの人物像についてのより詳細な再構成は後日に期したい。

27 『基督教週報』第一一六二号、一九二五(大正一四)年二月六日。なお、同紙上では、カナダ合同教会の成立については触れられているが(第一一八八号、一九二五(大正一四)年八月二八日)、一九二五年夏の年会については一切触れられていない。

28 「聖公会新生館は帝都に於てマレー・ウォルトン長老の指導の許に大活躍をなされたるが、此の事業は今は長老村尾昇一氏に継承せらる」(ヘレン・ボイル、前掲書、八六頁)。

29 *The Japan Evangelist*, Vol. XXXIII, September-October 1925, pp. 275-284.

30 ここで言及される Father Kelly が具体的に誰を指しているのか、確かなことはわからないが、「エキュメニカル運動の発展に多大な貢献」(デイヴィッド・M・ペイトン「序」、ヒィバート・ハミルトン・ケリィ著、ジョージ・エヴェリィ編、信岡彰人訳『不信心な人――ケリィ神父とその生涯』聖公会出版、二〇一三年、二頁)をし、一九一三年から一九一九年まで一時帰国を挟んで日本に滞在して聖公会神学院で組織神学と教会史を講じたヒィバート・ハミルトン・ケリィのことかもしれない(松平惟太郎「ケリ、ハーバート・ハミルトン」、『キリスト教人名辞典』日本基督教団出版局、一九八六年、五五二頁)。

31 National Christian Council の訳語としては、現在の NCC: National Christian Council in Japan(日本キリスト教協議会)のように、「キリスト教協議会」とするのが適切かもしれないが、当時、National Christian Council of Japan の訳語には「日本基督教連盟」があてられており、本章では「キリスト教連盟」を使用することとした。

32 『基督教連盟』第五号(一九二四(大正一三)年七月一〇日)の巻頭に、「宣言書」が掲載されている。

33 「日本基督教連盟憲法」第二条(日本基督教連盟編『日本基督教連盟創立大会記録』一九二三(大正一二)年、一一頁)。

34 キクユ(Kikuyu)は、現在の東アフリカ、ケニアの中央州にある町の名称。一九一三年にキクユでプロテスタント諸教派宣教師(聖公会含む)による協議会が行われ、「(一)各派の伝道区域を定め、又東阿一般の事を議せんがために定期の会議を開く事、(二)聖書使徒信経ニカヤ信條を信仰の標準とする事、(三)改宗者の洗礼準備期間を一定する事、(四)洗礼は其浸礼たると滴礼たるとに拘はらず三位一体の名に於てする事、(五)二百五十年以前に英国に於て定めたる堅信礼の如き者を今日東阿に於て其儘実施するは無理なりと思はる、事、及び実際英領到る所に於て英国教会以外の者が英国教会に往きて陪餐するは珍しからざる事実なること(六)英国教会の祈祷書に基きたる一新祈祷書を作り、同盟諸教会に於て成るべく之を使用し、人民をして漸次之に慣れしむる事」の六か条を基礎にして、教会同盟が組織されようとした時、キクユ会議に出席していなかったザンジバルのウェストン主教が、これを英国教会の精神に反するものとして、カンタベリー大主教に公式調査を求める抗議の手紙を書き、その後、いわゆる「キクユー問題」を引き起こした。以上、「監督教会と教会同盟」(『護教』第一一八四号、一九一四

〔大正三〕年四月一〇日）及び Christopher Byaruhanga, “Weston, Frank,” in *The Dictionary of African Christian Biography* (DACB is a digital resource hosted by the Center for Global Christianity and Mission at Boston University School of Theology), http://www.dacb.org/stories/kenya/weston_frank.html, accessed March 16, 2017 を参照。またウェストン主教については、竹内寛「ウェストン、フランク」（前掲『キリスト教人名辞典』、二〇五頁）を参照。

35　本章では南インドにおける教会合同について深く立ち入ることはできないが、以下、ごく簡単に触れておく。一九〇一年に北米とスコットランドの長老派系ミッションの諸教会が合同し、次いで、一九〇五年には英国と北米の二つの会衆派教会が合同した。これら長老派と会衆派の諸教会は一九〇八年に合同し、「南インド合同教会」（The United Church of South India）が成立する。一九一九年、南インドのトランケバァで開催された会議において、聖公会と南インド合同教会に属する人々が「南インド教会合同の提案」を決議した。これは、教派の分裂から生じている伝道の障害を除去すべきことを表明し、合同案の基盤として「ランベス四綱領」（一八八八年。旧新約聖書、使徒信条及びニカイア信条、洗礼と聖餐の聖礼典、そして主教職に基づく三職位の職制）を合同の指標として掲げたものである。一九二〇年の第六回ランベス会議の宣言「教会再一致の訴え」や、種々の信仰職制世界会議や世界宣教会議の影響もあり、一九四七年には南インド合同教会と南インド・ウェスレー派メソジスト教会、そしてインド・ビルマ・セイロン聖公会（英国教会系）の南インド四主教区の合同により「南インド教会」（The Church of South India）が成立した。懸案であった職制に関しては、合同前の旧教派の流れである会衆制、長老制と主教制の各要素を維持し、特に、使徒伝承の主教制度については、三〇年間の過渡期間をおいて完全に実施することとなった。ウォルトンの講演の時点はまさに、トランケバァの会議後、三教会が合同に向けて話し合いを鋭意進めていた時であった（以上、主として村瀬義史「南インド教会合同に関する宣教論的考察」、関西学院大学総合政策学部研究会『総合政策研究』第三九巻、二〇一一年を参照）。

36　特に、W. H. Murray Walton, op. cit., p. 282.

37　実際、後に発表される、『日本基督教諸派合同基礎案』（一九二九〔昭和四〕年九月）には、インドの合同案も参照され（二二―二三頁）、合同基礎案の提案者として日本聖公会の代表者二人の名（村尾昇一、多川幾造）も記されている（四頁）。

38　Woodsworth, Harold Frederick（1883-1939）は、カナダ・メソヂスト教会宣教師として、「ＹＭＣＡの英語教師として初来日。一九二一（大正一〇）年創立以来、関西学院大学文学部の英文学教授兼学部長を、次いで一九三四（昭和九）年法文学部設立以来法文学部部長を歴任」した（ジャン・W・クランメル編『来日メソジスト宣教師事典　１８７３―１９９３』教文館、一九九六年、二九九頁）。

39 A. D. Woodsworth, "The Conference of the Federation of Christian Missions, 1925. Some Impressions," in *The Japan Evangelist*, Vol. XXXIII, September-October 1925, p. 264. なお、*The Japan Evangelist* 誌上では、"A. D. Woodsworth" と記されているが、これは "H. F. Woodsworth" の誤りであろう。その理由として、*The Japan Evangelist* 当該号の "Who's Who in This Issue" における A. D. Woodsworth を紹介する記事には、カナダ合同教会の宣教師であることが記されているが、当時、カナダ合同教会の駐日宣教師中、A. D. Woodsworth なる人物はいないこと（*Methodist Year Book 1925*, Toronto: The Methodist Book and Publishing House, 1925, p. 428.）、また、一九二五年夏の年会の出席者名簿一覧（"The Roll of The Federation for 1925," in *The Japan Evangelist*, Vol. XXXIII, September-October 1925, p. 337）を見ても、カナダ合同教会から出席しているのは H. F. Woodsworth であり、A. D. Woodsworth の名前はどこにも見当たらない。また、出席をしていない人物が、年会の様子を活き活きと描写した記事を寄稿することは難しいと思われる。これら辻褄の合わない標記がある理由は、たぶん、スペルがやや似ているアメリカ・クリスチャン教会宣教師のウッドウォース（Woodworth, Alonzo Dock 一八九二―一九三一年、日本に滞在）と混同してしまった結果と思われる（なお、当然ながら、一九二五年夏の年会へのアメリカ・クリスチャン教会からの出席者名にウッドウォースの名はない）。よって、筆者はこの記事を、H. F. Woodsworth が執筆したものとして引用した。

40 Pedley, Hilton（1862-1930）はアメリカンボード宣教師。「１９００―１８（大正７）年、前橋に滞在し、同地方の伝道に携わる。その後アメリカン・ボード在日宣教師団の主事となり、京都に在住、日本組合基督教会とアメリカン・ボードとの協力関係を促進し、30（昭和５）年引退」（竹中正夫「ペドレー」、前掲『日本キリスト教歴史大事典』一一六三頁）。

41 『連盟時報』第六五号、一九二九（昭和四）年九月一五日。

42 一九二五（大正一四）年八月二七日付、静岡発、カナダ・トロントのジェイムズ・エンディコット海外宣教局長宛書簡（UCC Archive, Accession Number 78.098C, Box 1.25〔トロントのカナダ合同教会史料室蔵。史料の収集にあたっては、トロント大学ウィクリフカレッジ留学中の田中光、トロント大学聖ミカエルカレッジ留学中の田中従子両氏に大変お世話になった。ここに感謝の意を表したい。なお、肩書きは本章初出執筆当時による〕）。なお、この書簡は発信人が不明である。当時、日本におけるカナダ合同教会宣教師中、発信地の静岡で伝道をしていた人物は、Wilkinson, Alfred Tennyson, B. A. の一人である（*Methodist Year Book 1925*, p. 428.）。しかし、"The Roll of The Federation for 1925," in *The Japan Evangelist*, Vol. XXXIII, September-October 1925, p. 337 によると、カナダ合同教会から年会への出席は、Mrs. C. S. Wilkinson, W. J. M. Cragg, W. R. McWilliams, H. F. Woodsworth の四人であり、Wilkinson, Alfred Tennyson の出席はない。ここには同じウィルキンソンという姓の女性の名が確認できるわけであるが、Wilkinson, Alfred Tennyson は Lillian A. Ruddell と結婚しているため（Wilkinson, Lillian A.）、Mrs. C. S. Wilkinson が Wilkinson, Alfred Tennyson の妻ということでもなさそうである。Mrs. C. S. Wilkinson については、『来日メソジスト宣教師事典　１８７３―１９９３』（二九三頁）においても、一九一八（大正七）年から一九二五（大正一四）年の間に日本に滞在していたとの情報しか記されていない。しかしまた、我々は注39ですでに一例を見たように、The Japan Evangelist における人名は正確ではない場合があるため、*The Japan Evangelist* における Mrs. C. S. Wilkinson との記述も、実際は Wilkinson, Alfred Tennyson の誤りであった可能性もある。これ以上確実なことはわからないが、上記のことを総合すると、この書簡は、年会に出席した Wilkinson, Alfred Tennyson 本人が執筆、または年会に出席したカナダ合同教会の四人の宣教師の誰かから様子を伝え聞いた Wilkinson, Alfred Tennyson が書き送った書簡の、どちらかと思われる。

43　A. D. Woodsworth, op. cit., p. 265.

44　塚田理『天皇制下のキリスト教――日本聖公会の戦いと苦難』（新教出版社、一九八一年）一一三頁以下には、日本聖公会側から見た教会合同運動について詳細に記されているが、一九二五年夏の年会と、ウォルトンについては触れられていない。

第七章　なぜ日本基督教連盟は教会合同運動の担い手となり得たか
——海老沢亮の理論を中心に

一　はじめに

1　教会合同運動の〝契機〟から〝開始〟へ

日本プロテスタント・キリスト教史上重要な出来事の一つとして記憶される日本基督教団成立（一九四一〈昭和一六〉年）の経緯の全体像を把握する上で、その前段階にあたる「日本基督教連盟」[1]（以下「連盟」は基本的に「日本基督教連盟」を示す）の教会合同運動の実際を精密に把握する必要があると筆者は考え、すでに本書の第六章「日本基督教連盟における教会合同運動の契機——宣教師団体との関わりを手掛かりに」において、連盟における教会合同運動が促進される〝契機〟が何であったかについて考察した。

その要点を記すと、一九二五（大正一四）年八月に開催された第二四回日本基督教ミッション同盟年会（The Twenty-fourth Annual Meeting of the Federation of Christian Missions in Japan, 以下、第二四回年会）における連盟に対する教会合同促進の決議が、これまで教会史家が想定し続けてきた、直前のカナダ合同教会成立（一九二五年六月）のインパクトによるものであったのみならず、聖公会を含んだ南インドにおける教会合同運動にこそ決定的な刺激を受けた、日本キリスト教史上、従来その名前がほとんど知られていなかった英国教会宣教師ウォルトン（W. H. Murray Walton）の提案によって始まったものであるとのことであった。それが、連盟における教会合同運動が促進される〝契機〟であった。

この〝契機〟、すなわち第二四回年会におけるウォルトンの提案から始まった決議に基づいて、「日本基督教ミッション同盟」（Federation of Christian Missions in Japan）は、連盟へ教会合同促進に関する申し入れを行う。その申し入れを受けた連盟は、同年一〇月八―九日に行われた第三回日本基督教連盟総会の決議[2]に基づいて「教会合同機運促進委員会」を設置[3]、そして一九二九（昭和四）年九月一日には「日本基督教諸派合同案[4]」を発表するなど、その後の日本における実質的な教会合同運動の担い手となっていく。

2　本来連盟には教会合同の機能はない

以上のように、第二四回年会におけるウォルトンに端を発した決議が、その後、連盟をして教会合同運動促進へと向かわせる〝契機〟となり、教会合同に向けた動きがいよいよ連盟内で動き出すのであるが、ここで新たに解決しておかなければならない、一疑問点に我々は直面することになる。

それは、連盟が元々有しているはずの機能そのものに関してである。連盟の機能に関しては「日本基督教連盟憲法[5]」の第三条「目的及職能」、その第一項で「〔本会の目的は〕日本ニ於ケル基督教諸団体ノ親和協同ヲ図リ全世界ノ基督教会ト一体ノ実ヲ挙グル事」とあるが、第五項では「本会ハ教会ノ信条及政治ノ諸問題ニ触ル丶権能ヲ有スル者ニ非ズ又其決議ハ強制的ナルモノニアラズ」とあるように、教会合同運動においては必ず信条や職制などの問題を避けては通れないという現実にあって、連盟は連盟憲法上、本来的には教会合同運動の担い手としての役割を果たすことができない組織体のはずだからである[6]。

かつて、連盟創立大会（一九二三〔大正一二〕年一一月一三日）に日本基督教会の代議員の一人として出席していた植村正久も、『基督教連盟』の創刊号（一九二四〔大正一三〕年三月一〇日）の記事において、連盟の機能について次のように語っている。

日本基督教連盟は其のすべての計〔判読不能〕□及び施設に於て、基督教の現存諸教派の成立や発達を防ぐことなき様用心されねばなるまい。例すれば教会合同などを漫然企つる如きことなからんを望む。何所までも連盟の意味を貫徹せられたいものである。基督教連盟と謂ふ機関をして、教会合同の機関に利用せしめてはならぬ。[7]

同旨は他の機会に私的な会話の中でも述べられており、[8] 植村正久は連盟が教会合同運動を展開することを期待したのではなく、むしろそのような役割を果たそうとすることを一貫して警戒するのであった。[9] こうした意見の背景もあり、連盟は一九二三（大正一二）年の成立以来、教会合同に関しては、間もなく成立しようとしているカナダ合同教会の様子を『基督教連盟』が報じたことがある程度で、[10] 連盟自体が教会合同運動を促進するような動きは、一九二五（大正一四）年の夏を迎えるまでなかった。

また、教会合同機運促進委員会を設置する第三回連盟総会も、その〝印象〟について記された文章によれば、出席者中に、教会合同運動にできるだけ早く取り組みたいと願っている者がいる一方、変化を恐れ、連盟はそのような運動を起こす場ではないと主張している者もおり、[11] 総じて日本の諸教会は教会合同に熱心であるようには思われない様子であったという。[12]

それでは、なぜ、そのような本来教会合同運動の機能を有さないはずの連盟が、日本基督教ミッション同盟からの申し入れがあったとはいえ、第三回連盟総会において教会合同機運促進委員会を設置することができ、引き続きその後も教会合同運動の担い手となり得たのか。それを可能とし、促した出来事、そして背景とは何であったのか。

現存している記録からは、このことに関しての第三回連盟総会でなされた詳細な議論はわからない。[13] そもそも連盟そのものを対象とした研究が少ないうえに、これまで、連盟が教会合同運動を促進する組織体であるということについては疑いようのない前提であるという理解からか、この点について検討をした先行研究はなかった。しかし、連盟をして、教会合同運動の促進を可能とする組織体へ向かわせる何かを知ることは、日本における教会合同運動の本質が何であるかを知る上でも重要と思われる。よって本章の目的は、以上の疑問点を、可能な限り明らかにすることにある。

二　日本人教職者側からの教会合同への期待

1　海老沢亮の存在

さて、前述したように、ウォルトンの思いが結実した第二四回年会の決議を受け、連盟は教会合同運動を促進していくことになるが、ほぼ同時期に、日本における教会合同を高唱し始めた一日本人教職者がいた。カナダ合同教会成立の前年、「第二回総会（著者注・第二回日本基督教連盟総会。一九二四（大正一三）年一〇月七―八日）以来ずっと組合教会の代議員として連盟に関係し、内外の情勢に明る[14]」かった、日本組合基督教会牧師の海老沢亮《あきら》（一八八三―一九五九）[15]である。

海老沢亮は、カナダ合同教会成立の知らせを聞いた比較的直後、『基督教世界』紙上で、「合同の機運を招来せよ」と題して巻頭言を寄せている。そこには、三派合同によるカナダ合同教会の成立は「基督教史上に於ける近来の一快挙」であり、「吾人は其の感化の甚大なるものあるべきを期待」し、「吾人は我が邦同胞教化の大局より観て更に調査研究を重ね合同の機運を促進する為に各派有志の努力を希望して已まぬ者である」と、教会合同機運促進がいよいよ必要であることが述べられている。[16]

海老沢亮は、この時から三〇年間以上も後のことであるが、その著書『日本キリスト教百年史』（一九五九年）の中でも、カナダにおける教会合同の実現は「これはまさにキリスト教史上の一大快挙」であり、カナダ合同教会が成立した「その年の秋カナダ合同教会を訪問した海老沢亮は、つぶさに合同後の教会情勢を視察して帰り、その報告とともに教会合同に関する私見を発表した[17]」と力を込めて記している。

ここで海老沢亮が「私見」と呼んでいるものが、一九二五（大正一四）年一〇月から一一月にかけて『基督教世界』紙上で連載をし[18]、海老沢亮著『教会合同問題に関する私見』（京都基督教会内紫明社、一九二五〔大正一四〕年一二月五日発行。同志社大学図書館蔵。以下、『私見』）という小冊子としてまとめたものである。この小冊子には、先ほどの『基督教世界』巻頭言「合同の気運を招来せよ」が「序にかへて」として転載され、海老沢亮自身の、教会合同に関する私見が述べられていく。

2　海老沢亮の教会合同案

『教会合同問題に関する私見』

海老沢亮の教会合同に対する考えは『私見』に明らかであり、その後、連盟における教会合同運動をリードする海老沢亮の姿勢の基本線を把握する上でも、その内容を知ることは重要である。そして何よりも、そこに、連盟が教会合同促進の担い手となることを可能とする鍵が含まれている。以下、全体で二〇頁程度からなる『私見』を、まず目次を記した後、その概要を、理解の助けとなるよう筆者の判断で便宜上四つに大きく区切り、それぞれに小見出しを付した形で記していきたい[19]。

〔目次〕一、教派分立の素因、二、合同機運の促進、三、英米に於ける合同の気運、四、教会合同の利害、五、教会合同の障碍、六、実際問題としての暗示、七、基督教連盟の使命、八、同志の提携を要望す。

（一）現状の認識

〔概要〕まず、教会の「合同は基督教本来の面目を発揮する最善の途であつて、教派分立の如きは如何なる理由の挙げらるゝにしても決して神意を全うする所以のものでない[20]」というのが、海老沢亮の基本的立場と現状認識である。そして、現在、教派に属している者も、その多くは親や友人がその教派の信者であったように、「環境の結果一宗派に属した迄である」と看破する。海老沢亮にとって、日本における教派の意義の評価はかなり低い。

それから海老沢亮は「一、教派分立の素因」として次の三つを挙げる。一つは「（イ）人間性の弱点」であり、コリントの教会において「我はパウロ、我はアポロ」と党を結び、東西教会、新旧両教会に分裂したのも、「種々他の原因はあるにしても」、要するに「異教的精神」がそのような分裂を招いたと分析する。二つ目は「(ロ) 自然科学の余弊」であり、「進化論」等が「適者生存、弱肉強食」の思想を生み、その競争主義が教会に持ち込まれ「分派の弊を極端に発揮せしめ」たと言う。[21] そして三つ目は、「(ハ) 英雄崇拝の遺物」であり、人々が宗教界の偉人に帰依することによって、一宗一派の観を呈するに至った、というものである。

次の「二、合同機運の促進」において海老沢亮は、そのような歴史を振り返りつつも、それでも合同の機運は動いていたと分析する。まず、「(イ) 封建制度の打破」と共に、「各国民民族皆大なる組織の中に生くべき思想を形成せられた」と言い、次に「(ロ) 世界大戦の影響」として、大戦以来、人類の思想様式が競争主義より兄弟主義へと移行し、各方面において連盟という組織が成立してきたことを述べる。そして、キリスト教界も連盟の成立が現実のものとなり、「斯かる趨勢に油を注いだ近因はカナダに於ける長老、メソヂスト、組合、三派の合同実現である」と述べる。なお、ここで海老沢亮が南インド合同教会及び南インドにおける教会合同運動について一切触れていないことは興味深い。「三、英米に於ける合同の機運」において、海老沢亮は、現時点において英米各地で見られる、いくつかの教会合同運動の実際を簡単に述べる。

(二) 合同の必要性

「四、教会合同の利害」では、「【イ】大同団結の勢力」として、教派の分立は「過去の時代には蓋し必要な過程であつたけれども今は既に其弊に悩んで」おり、「其勢力を減殺」してきたのを取り去られなければならない。そして「【ロ】地方教区の整理」として、一地方の小さな一町村に複数の教派教会が競争していては、いずれの教派の教会も十分な発展ができない。連盟組織は協定によってそれを整理することもできるが、「尚種々困難なる事情多く、合同によつて後始めて解決せらるべき事である」と述べる。続いて、各派が重複して伝道している町の一覧を記し（愛知県の八教派一〇教会を例として挙げる）、「斯る競争主義に立てる結果は人物及資金に於て二重三重の重複を来し、基督教全般より見れば、人と金との濫費たる事が多い、小町村に於ては所謂コンミユニテイ・

チャーチとして、一つの教会を盛り立て、往けば、村落にも自立の教会が得らるゝに至り、更に広く伝道の陣を張る事が出来やう」。都会における場合も、特有の提案を述べている。また、「近来青年教役者が、小教会に於て全責任を負ふて苦辛焦慮せるの結果、ほとほと労れを覚え来つて、或は大教会の伝道師たるか、否らざれば教育界か社会事業に逃れ去らんとする傾向の著しいのは確に此組織制度の欠陥より来る犠牲であるといへやう」と述べる。教職者の疲弊の問題は、今も昔も変わらないようである。

(三) 合同実現への方法　以上、合同の必要性を種々の観点より述べてから、「其の実現の為には如何なる困難が横はつて居るか」を、「五、教会合同の障碍」として、五つの実際問題を見ていく。「(一) 教理及聖書の見解の相違」は、「之は恐らく障碍の最大なるもの」であるが、しかし「全体基督の精神は寛容」にこそあると述べる。そしてカナダ合同教会の例を引き合いに出し、「加奈陀に於ける如く基督教の大綱に於て共同の信仰告白をなし得れば、其解説敷衍に於ては夫々の立場を尊重すべきである」と述べる。「(二) 教会政治の様式に関する相違」については、「例令ばデモグラシーの米国に却て多くの官僚式」を見出すように、時代と共に「メソヂスト(、) 聖公会、長老教会が民衆化し来ると同時に、従来民主主義を誇った会衆教会(組合)に於ても事務の運用上は寧ろ中央集権の傾向を生じ来れるを見て」、内容において両者が接近しているように、「落つく処は中庸の立場であつて、両面に満足な政治様式は自ら見出されねばならぬ」と述べる。「(三) 儀式典礼の方式に関する相違」は、これは個々の地方教会に自由に委ねられ、考えられる問題として、転入会等の場合があるが、「各々他の信仰を尊重する合同の精神だに成り立たば、其困難も亦解決を見るであらう」と述べる。「(四) 外国ミツシヨンとの関係」では、日本の伝道は、ミッションの援助にいつまでも頼り続けるのではなく、日本人の自治に委ねられる段階にあり、「外国ミツショョンとの関係は自然合同の上に何等の支障も感ぜぬやうになるべきものと期待せらるゝ」。そして、第二四回年会における教会合同促進を希望する決議の一文を引用する。[22]「(五) 宗派的の籠城主義」では、最初に横浜や神戸に組織された教会は宗派を冠するものではなかったが、「遂に自然宗派的に固形するに至つたのは誠に遺憾な事」であり、一致・組合教会の合同運動が「物別れ」となった事は、「一先輩[23]の反対の為と聞いて余は之を組合派の史上に印した一汚辱と思う者である」と述べるが、「近年に於て各派を通じ少壮教役者の間には著しく超教派的の理想が輝いて来た」のであり、「故に此の問題〔宗派的の籠城主義〕も亦漸次合同の準備に向つて支障を減じつ、あるものと見做す事が出来やう」と述べる。

「六、実際問題としての暗示」では、教会合同の実現までどれくらいの期間が必要かはわからないが、その理想の実現のために、機運促進を図る上での実際問題を触れていく。かつての一致・組合教会合併の際の、基礎的精神のもとであれば[24]、「孰れの教派も大なる困難なくして合同し得べしと思はれ」、「今後も大体に於て合同の基礎的条件としては矢張り此種のものに立つべきであると信じる」と述べる。その上で「〔一〕合同せんとする各派全部の合議に俣つべき事」として、札幌独立基督教会や門司合同教会の場合を鑑みて、「余は今後企てらるべき合同が単に局部的地方的であつては大なる意義をなさぬものとなし、各派の合議による全国的合同を必要と信じる」と述べる。「〔二〕箇々の教会の解体を急ぐべからざる事」、これは、都市部にある教会が皆、地方における場合と同じように必ずしも一個の教会となる必要はないことを言っている。「〔三〕徐々と教育的に機運を作るべき事」では、カナダの場合でも合同教会の成立まで二〇年間以上の期間を要したのであり、急いではならないこと、そして、「〔三〕の」〔一〕日曜学校教育により超宗派的の教育を施し、漸次将来の基督者をして所謂宗派根性を有せぬ者とし養成する事[25]」、「〔三〕の」〔二〕神学校を合同する事に努力し、同じ畠より生産さる、教役者によつて自然事実上の合同が成立する事を予期し得るであろう」こと、「〔三〕の」〔三〕各派出版機関の合同を策する事」、「〔三〕の」〔四〕合同の精神的基礎は基督中心たる事」では、イエスがヨハネによる福音書の中で「一つとなるため」と繰り返し語られたことを述べ、また、エフェソの信徒への手紙第四章五節をひき、キリストにおいて一つとなる「寛容の精神」を求めている。「〔三〕の」〔五〕合同運動に対する心的態度を定め其精神を養う事」では、「形式的に接近するに先だち根本的の要求は基督に於ける兄弟主義の正しき心的態度を養ふ事である」と述べる。「〔三〕の」〔六〕組織の相似点を基礎として漸次接近し遂に合同を実現すべき事」では、全ての教派が同時に合同することは困難であるが、「稍々相似たる点に於て益々接近するやう相互間に斡旋を試むべきは最も捷径」であると述べる。

(四) 連盟の使命と呼びかけ

『私見』も後半部分に入って「七、基督教連盟の使命」では、「各教派間に立つて其接近を斡旋し、神国発展の為め為し得べき範囲に於て教会合同の機運を促進せしむべきは、当に基督教連盟の如き機関の前に提供されたる新使命であらねばならぬ」と述べる。その上で、連盟憲法の規定に抵触するのでは、との読者の感想を予想し、こう続ける。「素より連盟夫自身は憲法の規定に従ひ、各教会の信条又は政治に干与すべきではない、けれども教会合同に関する調査をなし斡旋を試むる事は、何等内政干渉を意味しない。何となれば合同に由つて各教会の政治様式に変化を来す事あるとも、之は連盟の行為でなくして、ぜんぜん当該教会自体の問題たるべきものであつて、自ら生れ出でんとする機運に際し、単に助産婦の任務を果す丈けである」。

最後に、「八、同志の提携を要望す」で、連盟が積極的行動に出るにはなおも「一般与論の喚起が緊要」であり、そのために、「各教会内の同志が相提携して、縦令ば「教会合同期成同盟会」の如きを組織し、夫々の教派内に此精神を鼓吹し、機運を促進せしむる事が有効」であり、「如何に宗派に執着する感情が今尚信者の心を捉へ居るにしても、世界の大勢は之を阻止する事が出来ない」ことを述べて筆を置く。

三 連盟が合同運動の担い手となり得た理由

1 海老沢亮の理論

以上、『私見』からわかることは、海老沢亮が日本における合同教会の将来像を、非常に具体的かつ緻密に描いていたということである。そこには、複数教派の同一地域における重複した伝道が、日本の教会と教職者の疲弊を生じさせている、という現実認識がある。この、伝道の力を同地域で一本化するという発想そのものは、カナダにおける教会合同の必要性の理由[26]に通じるものがある。

ただ、日本の教会の現状を抜きにして海老沢亮が、歴史的教会としての教派にどれほどの理解があったかはわからないが、『私見』に見られる限りでは、教派への評価そのものは総じて低いように見受けられ、教会合同を進めるにあたって重要なのは「寛容」の精神であると述べられる。よって、海老沢亮が描く将来の合同教会の職制についての認識も、紙幅が限られていたであろう『基督教世界』の連載における私見であったとはいえ、『基督教大辞典』の言葉を引用する程度で説明を終える点などからは、やや楽観的過ぎるきらいは免れないであろう。[27] なお、これら将来の合同教会像と、実際に、それから一六年後に成立する日本基督教団と比較・検討することもまた興味深い。他に付言すれば、「日本基督公会」を理想として立ち返るという歴史認識がほとんど見られないことも見逃せない。

さて、我々の本章での関心は、連盟が、なぜ教会合同運動（海老沢亮の言葉では「機運」）を促進する担い手と成り得たか、という問いであった。その問いに対しては、海老沢亮が『私見』において、「日本基督教連盟憲法」における規定上の限界を認識した上で、連盟は「教会合同の機運を促進」しつつも、「教会合同に関する調査と斡旋」する「助産婦の任務」に過ぎないのであって（他に、海老沢は「媒介者の任務」「洗礼者ヨハネの使命」「同情ある親」とも記す[28]）、あくまで教会合同の主体は各教会であると述べたように、[29] 連盟は、教会合同運動の主体となるものではないが、教会合同に関する「調査と斡旋」といった機運の促進は可能であるという、ややテクニカルな新しい論理とそれを編み出した海老沢亮の存在が大きいと考えられる、と答えることができるであろう。

2　もう一つの背景——宗教界の重鎮の存在

それでは、次に、なぜこの時期からであったのか。すでに見てきたように、直前のカナダ合同教会の成立と、第二四回年会における決議の存在が決定的であることは確実であるが、実はもう一つの隠された、思わぬ契機があったと思われる。それは、海老沢亮が『私見』上で次の言葉を述べていたことからうかがい知ることができる。

連盟が斡旋の務めにさへ全然触れ得ないものとするのは、詭弁でなければ儀文に執らざれたる者の論である……曽て連盟成立の当初に一先輩は、「連盟が合同の事などに触れたならそれは失敗である」といふやうな事を述べられたと記憶するが、蓋し或人々は同じ先入の偏見に支配されてゐる。今は其頭脳を転換すべき時である。[30]

ここで海老沢亮は暗に「連盟成立の当初」の「一先輩」を批判しているわけであるが、この「一先輩」こそは、連盟創立大会に日本基督教会の代議員の一人として出席し、『基督教連盟』の創刊号（一九二四〔大正一三〕年三月一〇日）に、本章の冒頭でも引用した、連盟が教会合同の機関となることを警告する記事を寄せていた、あの植村正久にほかならない。

もちろん、日本キリスト教界において、海老沢亮（一八八三―一九五九）から見た植村正久（一八五八―一九二五）は海老沢の先輩にあたるわけであるが、『基督教世界』紙上に「合同の気運を招来せよ」が掲載されたのが一九二五（大正一四）年八月一三日、同じく、「教会合同問題に関する私見」の連載が始まったのは一〇月一五日以降であり（『私見』の発行は一二月五日）、植村正久がその年の一月八日に死去してから半年後のことなのである。[31]

この出来事を背景としているのであろう、海老沢亮は『私見』上で、また次のようにも述べている。「又一二先輩者に依つて率られてきた教界は今や其時代を過ぎて大なる組織制度によつて、動くようになつた[32]」。「宗教界の重鎮[33]」植村正久の死をもって、一つのストッパーがはずれた。[34]そして、この後、海老沢亮の意向が表面化し、いよいよ連盟が〝調査と斡旋〟という教会合同運動を担うことのできる素地ができあがった。この後、海老沢亮は一九二七（昭和二）年の第五回連盟総会において、小崎弘道が常議員会長に就任すると同時に、宮崎小八郎の後任として総幹事に就任する。その後、「小崎弘道会長と海老沢亮総幹事の「コンビ」によって、教会合同運動は急速に前進する[35]」ことになる。

四　おわりに

以上、本来、教会合同運動を担う機能を持たない連盟が、その担い手と成り得た理由は、第一に、カナダ合同教会成立の影響を受け、日本の教会の現状に憂えていた海老沢亮による、連盟はあくまで「媒介者の任務」であるという新たな理論構築があったこと、加えて第二に、連盟が教会合同の機関となることに反対していた植村正久の死去という背景が追い風になったと思われることである。これまであまり注目を浴びてこなかった一九二五（大正一四）年の、教会合同運動促進開始時の状況であるが[36]、以上のように内外における全ての時機が交差した時であり、まさにこの時から教会合同運動の促進が連盟で始まったことは、唯一無二の歴史的出来事であったと言えよう。

また、海老沢亮は、「一二先輩者に依つて率られてきた教界は今や其時代を過ぎて大なる組織制度によつて、動くようになつた[37]」と、日本のキリスト教界はもはや個人の力によって率いられ、動く時代ではなくなったと記したが、教会合同運動促進の開始の契機は、ウォルトンと海老沢亮という、極めて個人的な熱意から促されたものであったことも見逃せない。

さて、その後、連盟においては聖公会を含んだ教会合同運動が展開されていくことになるが、その展開と、遂に成立する日本基督教団の内実は、ウォルトンや海老沢亮が当初構想していたものとは相当異なったものとなっていく[38]。その理由として筆者は、教会合同運動促進開始時点におけるウォルトンはもちろん、海老沢亮にも信条・職制等についての精密な議論と実際的提案がほとんどなかったことからわかるように、その後の教会合同運動を通して、どこまで日本の教会が信仰職制の問題についての重要性を見極め、誠実でありえたかが、大いに関係していると考えている。

よって引き続き、連盟がその後、（個人としてではなく）組織体として具体的にどのような「教会合同に関する調査と斡旋」を実施し、そして、信仰職制の問題と取り組んでいったのかについて、なおも精密な検討が求められる。

注

1 日本基督教連盟は一九二三（大正一二）年一一月に創立された、日本のプロテスタント諸教派諸団体及びミッション団体の連絡協調をはかった機関。日本基督教連盟については、第六章の注1を参照。

2 『基督教連盟』第二〇号、一九二五（大正一四）年一一月一日及び、"Third Annual Meeting of the National Christian Council of Japan," in *The Japan Evangelist*, Vol. XXXIII, November 1925, p. 355.

3 『基督教連盟』第二三号、一九二六（大正一五）年一月二七日。

4 日本基督教連盟内合同調査委員『日本基督教諸派合同基礎案』一九二九（昭和四）年九月、六頁（東京神学大学図書館蔵）。

5 日本基督教連盟編『日本基督教連盟創立大会記録』一九二三（大正一二）年、一一頁。連盟憲法については、日本基督教団宣教研究所教団史料編纂室『日本基督教団史資料集　第1巻』日本基督教団出版局、一九九七年、一六五―一六七頁も参照。

6 宮崎小八郎「基督教連盟の一年」（『基督教世界』第二一四二号、一九二五（大正一四）年一月一日）には、「日本基督教連盟創立以来既に一年余、その間何を為し」、そして、「新年に於て何を為さんとするか」が述べられ、連盟がその時点で、どのような役割をすでに為し、またこれから為そうとしているかを簡潔に知ることができるが、そこに、教会合同に関することは一言も触れられていない。なお、教会合同の熱意のうちに「福音同盟会」から改組された「日本基督教会同盟」が、一九二三（大正一二）年に、必ずしも教会合同運動を担うことを期待されて創立されたのではない、これまでとは性格の幾分異なった「日本基督教連盟」へと移行した経緯の詳細な跡付けについては、別稿を期したい。

7 『基督教連盟』第一号、一九二四（大正一三）年三月一〇日。なお、その後の『基督教連盟』誌上において、植村正久の目立った発言は見られない。

8 『福音新報』第二三二四号（一九四〇（昭和一五）年一〇月三日）の訪問記「武藤健氏に教派合同論を訊く」の中にも次の一節がある。「今から十八年程前、私がシカゴにゐた時、植村正久先生がこられて、話し合つた事があるのです。その席には組合教会の田崎健作さんも居られました。植村先生が教会合同は出来ないと言はれるのです。田崎さんが、連盟は合同のステップではありませんかと問ひ返すと、先生があれは駄目だよ、あれは合同させないための安全弁だよと答へてゐましたよ。ハハハ……」。文中「十八年程前」とは、植村正久が第三回外遊として、アメリカ、カナダ及びスコットランドを訪問した一九二二（大正一一）年のことを指すのであろう（青芳勝久『植村正久伝』教文館出版部、一九三五（昭和一〇）年、四五一頁）。また、一九二二（大正一一）年六月七日付、シカゴ発、植村正久の植村季野宛書簡（「ダッチ・リフホルムド教会の大会に出席の予定」と記されている）が残されていることから（『植村全集　第八巻』植村全集刊行会、一九三四〔昭和九〕年、二六五―二六六頁）、武藤健と上記会話を交わし合ったのは、この前後のことであろう。

9　なぜ、植村正久が反対したかであるが、植村の合同論はたとえば次の一文などによく表れている。「凡そナザレの耶蘇を活ける神の独り子基督なりと信じ、其の十字架上の完全なる贖ひに信頼し、之に神事し之を礼拝し、絶対的に之に服従し、現在にも永久にも総てを之に托し、総てを之に献ぐるの根本的信仰に於て一致するものならば、日本基督教会の最多数は何れの団体とも喜んで合同を商議するならん予期せられて差支へなかるべし」（「教会合同の声」、『福音新報』第八〇〇号、一九一〇〔明治四三〕年一〇月二七日）。教会合同そのものには賛成であるが、実際問題、この「根本的信仰に於て一致」できない状況があること、そして、それを調整する権能を有しない連盟という組織は、植村にとって、「教会合同の機関」と見なすことはできないものであった。

10　「教会合同」、『基督教連盟』第一五号、一九二五（大正一四）年五月一四日。

11　M. Kozaki, "Impression of the Third Annual Meeting of the National Christian Council of Japan," in *The Japan Evangelist*, Vol. XXXIII, November 1925, p. 344. ここで小崎弘道はまた、連盟は教会合同運動を起こす場ではないという立場に対して不満を表明している。

12　L. C. M. Smythe, "Impression of the Third Annual Meeting of the National Christian Council of Japan," in *The Japan Evangelist*, Vol. XXXIII, November 1925, p. 345. なお、Smythe, Rev. Langdon Cheves McCord は米国南長老派教会宣教師、当時、私立金城女学校主（「米国南長老教会ジャパン・ミッション　宣教師人名事典１８８５―１８９３（中間報告）」金城学院大学キリスト教文化研究所プロジェクトチーム編集・発行、二〇〇〇年、三―五頁）。

13　注2と同じ。

14　都田恒太郎『日本キリスト教合同史稿』教文館、一九六七年、八三頁。第二回連盟総会の出席者一覧は『大正十四年日本基督教年鑑』（日本基督教連盟、一九二四〔大正一三〕年一二月八日発行）七六頁を参照。なお、『日本基督教連盟創立大会記録』（一頁）の、創立大会出席代議員名簿に海老沢亮の名前はないが、『基督教世界』（第二〇八六号、一九二三〔大正一二〕年一一月二二日）の記事「日本基督教連盟成る」には、「創立大会に我が組合教会を代表したるは小崎〔、〕今泉、平田、渡瀬、野口、湯浅、額賀、海老沢の八氏」とあるが、実際に海老沢亮がいつから連盟に関わりだしたかは、確かなことはわからない。

15　水戸藩士海老沢知成の三男として茨城県に生まれる。札幌農学校で学び、新渡戸稲造と女性宣教師ドーデー（Daughaday,

Adelaide, M.）の感化により、札幌組合教会で一九〇〇（明治三三）年に田中兎毛から受洗。日露戦争従軍後、同志社神学校に入学。卒業後は尼崎、大阪梅田、札幌、京都の諸教会を歴任した。一九二八（昭和三）年に連盟総幹事となり、一九三〇（昭和五）年からは神の国運動中央委員会幹事を兼任。一九三九（昭和一四）年に自宅を開放して江古田教会を創立、一九四一（昭和一六）年の日本基督教団成立にあたっては同出版局長と東亜局長を兼任。戦後、一九四八年に日本基督教協議会（NCC）初代総幹事に就任。以上、「海老沢亮略伝」（海老沢宣道編『海老沢亮説教集――神と人』緑水社発行、一九六六年、五―八頁）を参照。

16　「合同の機運を招来せよ」、『基督教世界』第二一七三号、一九二五（大正一四）年八月一三日。この記事には「緑水生」という署名があり、執筆者の本名がわからないことになっているが、後にこの記事が、後述する海老沢亮『教会合同問題に関する私見』（京都基督教会内紫明社、一九二五〔大正一四〕年一二月五日発行）の「序にかへて」として転載されており、これが他の執筆者によるものであれば当然あるべき、その執筆者への断わりもなく、全体として「著者　海老沢　亮」（二二頁）と記されていることから、また、後述する海老沢亮の私見の論調とも同じであることから、海老沢亮の筆になるものと見て間違いないであろう。

17　海老沢亮『日本キリスト教百年史』日本基督教団出版部、一九五九年、二二二頁。なお、『日本キリスト教百年史』の執筆の経過について、日本基督教協議会文書事業部伝道文書委員会「序」（『日本キリスト教百年史』七―八頁）によると、海老沢亮が「病軀にむちうちつつ筆を進め、昨一九五八年春に一応書き上げることができた」が、「病もまた進んできたために、十分に推敲することができ」ず、海老沢亮が死去した後に出版されたものであるという。しかしまた、海老沢有道は「裏話を申しますと、実はあれ父〔海老沢亮〕が病気なので私が書いたんですよ。それで父なら間違わないことを間違えてしまってね（笑）」とも述べられている（海老沢有道・大内三郎「〔対談〕『日本キリスト教史』を語る」、キリスト教出版販売協会編『興文』財団法人キリスト教文書センター発行、一九七〇年一〇月号所収、九頁）。よって、「これはまさにキリスト教史上の一大快挙」といった主観的表現と、「海老沢亮は、つぶさに合同後の教会情勢を視察して帰」ったという客観的表現の、どこからどこまでが海老沢亮自身の筆によるものかはわからない面があるが、ここではいずれも書かれた通りの内容として受け止めることとする。なお、「その年（一九二五〔大正一四〕年）の秋カナダ合同教会を訪問した海老沢亮は、つぶさに合同後の教会情勢を視察して帰り、その報告とともに教会合同に関する私見を発表した」とのことであるが、そうすると、『基督教世界』第二一八二号（一九二五〔大正一四〕年一〇月一五日）紙上で「私見」を発表するまでの間に、海老沢亮はカナダを訪問したことになるが、『基督教世界』紙上の「個人消息」からは、カナダ訪問の事実は浮かび上がってこない（たとえば、この期間の消息については、以下の通り。「〇海老沢亮氏（京都教会牧師）／本月末東北学院神学部に於ける夏期神学校にて講演の後、北海道へ旅行せらるゝ由」（第二一六九号、一九二五（大正一四）年七月一六日）、「〇海老沢亮氏（京都教会牧師）／北海道に於ける諸教会応援を了り来る（一〇月）十五日帰洛せらるゝ筈」（第二一七三号、一〇月一五日））。よって、『日本キリスト教百年史』の記述はもしかすると、四年後の一九二九（昭和四）年に、海老沢亮が「今夏北米出張の序を以て合同の魁となし、凡てにて於て範となすべき加奈陀合同教会の現状を調査するの目的を以てカナダの三都市を訪」ね（『連盟時報』第六五号、一九二九（昭和四）年九月一九日）、『連盟時報』紙上で二号（第六五、六六号）にわたって「加奈陀合同教会の現況」と題して報告した際のことと混同してしまった、あるいは、海老沢有道が執筆に際して、「父なら間違わないことを間違えてしまっ」た、という箇所であったのかもしれない。

18　海老沢亮「教会合同問題に関する私見」、『基督教世界』第二一八二号（一九二五（大正一四）年一〇月一五日）、第二一八三号（一〇月二二日）、第二一八四号（一〇月二九日）、第二一八五号（一一月五日）、第二一八六号（一一月一二日）。

19　海老沢亮『教会合同に関する私見』は、井上東吉編集兼発行人『教派合同に関する参考資料』（東京基督教青年会内基督教各派合同促進会発行、一九三一（昭和六）年）の六三―九〇頁にも再録されている。しかし、それには「左は大正十四年度に出版したる小冊子の梗概を其儘印刷に付したものである」（六三頁）との説明が付されているが、海老沢亮『教会合同問題に関する私見』の文章よりも一部、やや長くなっている部分がある（たとえば、「各教派間に立つて其接近を斡旋し、神国発展の為め成し得べき……」（『私見』一八頁。『基督教世界』第二一八六号、一九二五（大正一四）年一一月一二日も同じ）、「各教派間に立つて其接近を斡旋し、各教派間の協同奉仕機関として、苟も共通の利益の為には何事によらず奉仕すべき連盟は、神国発展の為め成し得べき……」（『参考資料』八六頁））。この両冊子の発行年の間に、海老沢亮が執筆したものとしては前述の「加奈陀合同教会の現況」（『連盟時報』第六五号、一九二九（昭和四）年九月一九日、第六六号、一〇月一五日。『基督教各派合同促進会第二回報告』一一―二五頁に再録）があるが、その影響関係については不明である。

20　海老沢亮、前掲『教会合同問題に関する私見』一頁。

21　ここでは自然科学における「進化論」が取り上げられているが、時代背景があるにせよ、教派分立の原因としてそれが取り上げられるのはやや唐突な感があるかもしれない。たぶん、次の年に出版される海老沢亮『進化と宗教』（厚生閣、一九二六（大正一五）年）が、その著者「はしがき」（二頁）によれば、「本書は素と京都教会の講壇に於て、連続的に講述したものゝ筆録」であり、著者が「宗教教育学の側より、進化説を如何に解し又如何に取扱ふて、現代の科学的教育を受けつゝある人々と共に、宗教的生命を発揮し得べきかを究めんとする微衷に他ならぬ」と述べているように、『私見』を書くにあたり、今し方思うところがあったのかもしれない。

22　『基督教連盟』第一九号、一九二五（大正一四）年九月一〇日。本書第六章の一四七―一四八頁に決議文の引用あり。

23　「一先輩」とは新島襄のことであろう（本井康博「新島襄の教派意識――一致教会との協調と確執」、同志社大学人文科学研究所編『日本プロテスタント諸教派史の研究』教文館、一九九七年所収）。

24　海老沢亮はここで、『基督教大辞典』より以下の文章を引用する（以下の引用自体は『私見』からではなく、原典の『基督教大辞典』より）。「各教会の内治は其の自由に委せ、部会は各教会の牧師及び代人を以て組織せられ、大会をば又部会よりも広き範囲の会議とし、総会は連合教会牧師及び代員にて組織せらる、こと、なり、又古より伝来せる信條告白は既往に有益にして今尚尊重すべしと雖も、必ずしも之を信ぜざるべからざるものに非ず、教役者たる者は使徒信経、ニカヤ信條及び福音同盟会の九箇條をば承認するを要すれども、他の信條及び問答をば其の大意を是認すれば可なりと宣言し、他の教派とも此の精神を以て合同の交渉に応ずべしと添へたり」（「日本基督教会」、高木壬太郎『基督教大辞典』警醒社書店、一九一一〔明治四四〕年所収、九九七頁）。なお、この内容は、いわゆる「日本基督教会憲法草案」（一八八七〔明治二〇〕年。佐波亘編著『植村正久と其の時代　第三巻』教文館、一九三八〔昭和一三〕年、六八七―六八九頁）のことを指している。一致・組合両教会の合同運動については、土肥昭夫『日本プロテスタント教会の成立と展開』（日本基督教団出版局、一九七五年、五六―九六頁）と、木下裕也『旧日本基督教会試論――教会・文化・国家』（新教出版社、二〇〇七年、特に一六九―一七四頁）を参照。

25　日曜学校における教育が大切である、というこの視点は海老沢亮ならではと言える。なぜならば、海老沢亮は、「早くから宗教教育の重要性を認め、その研究書や日曜学校教案の著作出版と運動を展開した先駆者のひとり」だったからである（海老沢宣道「海老沢亮」、日本キリスト教歴史大事典編集委員会編『日本キリスト教歴史大事典』一九四頁）。『私見』を発表する一九二五（大正一四）年以前に、すでに『日曜学校諸問題』（日本日曜学校協会、一九一八〔大正七〕年）、『教会学校宗教々育史』（日本日曜学校協会、一九二二〔大正一一〕年）や数多くの日曜学校の教案を執筆しており（海老沢有道編「海老沢亮著訳編書目録」〔海老沢宣道編、前掲書所収〕）、その後も、自ら日本宗教教育協会を興し、また長く日本日曜学校協会の理事を務めるなどした。そうしたことから、海老沢亮について、「宗教教育家、牧師」（傍点筆者）と紹介されることもある（平凡社教育産業センター『現代人名情報事典』平凡社、一九八七年）。

26　カナダにおける諸教会が合同へと向かった動機の一つに、諸教派教会が広大な国土（特に西部）に散在する信徒たちの求めに応えるほどの牧師を派遣し、教会設備を整えることができなかった点を挙げられることがある（内田政秀「カナダ合同教会の成立」、関西学院大学神学研究会『神学研究』第一三号、一九六四年所収、一二一頁）。

27　もっとも、『基督教大辞典』に記された信条・職制の内容は、先述したように、結局は不成立に終わる一致・組合両教会の合同運動の中で一八八七（明治二〇）年に作成された「日本基督教会憲法草案」のことであり、この出来事もすでに一九二五（大正一四）年時点の海老沢亮（四二歳）から見た場合、三五年以上も前の話となっており、海老沢亮が当時の困難な状況について切実さを感じた上で憲法草案を引用したのではないとしても、しかたがない面があるかもしれない。筆者自身、たとえば、今から四〇年以上前の出来事である日本基督教団の紛争（いわゆ〝教団紛争〟）の全体像について精確に理解できず、当時の混乱を実体験として知る諸先輩方に比べて、意識や知識の面で非常に大きな隔たりを感じさせられることもある。

28　連盟を例えた表現に、一五年後の別人物によるものであるが、「産婆役たる連盟」と例えた表現も見られる（今泉真幸「教会合同準備に直面して」、『基督教世界』第二九五六号、一九四〇（昭和一五）年一一月二八日）。

29　『私見』には、教会合同の主体について、「各教派」「各教会」「各派教会」等の表現が見られるが、文脈上、海老沢亮はいずれもいわゆる〝各教派教会〟のことを指していると考えて差し支えないであろう。

30　『私見』一九頁。

31　遡って、『基督教連盟』第一五号（一九二五（大正一四）年五月一五日）紙上で、創刊号以来、初めて教会合同に関する話題（「教会合同」。まもなく成立しようとしているカナダ合同教会の様子を報じたもの）が掲載されたのも、直前の一月に植村正久が死去したことによって可能となったのかもしれない。

32　『私見』一三頁。

33　T・W生「植村牧師を悼む」、『基督教世界』第二一四三号、一九二五（大正一四）年一月一五日。

34　植村正久の死去後、田村直臣が『我が見たる植村正久と内村鑑三』（向山堂書房、一九三二（昭和七）年）を執筆したことと も似ているかもしれない。

35　都田恒太郎、前掲書、八三頁。

36　たとえば、有賀鉄太郎「一九二五年基督教界に於ける三大事件」（同志社大学神学科内基督教研究会『基督教研究』第三巻第一号、一九二六（大正一五）年三月所収）に触れられていないのはもちろんのこと、各教派の機関誌にも、本章で触れたもの以外には、ほとんど触れられていない。また、カナダ合同教会の宣教師たちによって著された、Missionaries of The United Church of Canada in Japan, *Fruits of Christian Missions in Japan*, Toronto: The United Church Publishing House, 1930 にも、一九二五年夏の年会自体については何も触れられていない。

37 『私見』一三頁。

38 カナダにおいては、聖公会がいち早く教会合同を呼びかけ、合同機運を高める貢献をした教会であったが、ランベス会議（一八八八年）から歴史的伝承による主教制を勧告されそこに留まったため、結局、カナダ合同教会に加わることはなかった（内田政秀、前掲論文、一三八―一三九頁）。教会合同の発端は聖公会であったが、途中から退き、合同に加わらなかったという点ではカナダと日本（一九四一〈昭和一六〉年に成立した際の日本基督教団に日本聖公会は含まれていない）で類似していると言えよう。なお、後の一九四三（昭和一八）年に日本聖公会の一部教会が教団への合同に参加することになるが、この時の姿が、果たしてウォルトンが思い描いていた合同教会のビジョンと、どれほど似通い得たであろうか。

第四部

第八章

「教義ノ大要」条項の成立経緯をめぐって
――看過された日本基督教団信仰告白の源流

一　はじめに

一九四一（昭和一六）年に日本基督教団（以下、教団）が成立した時点では、教団は独自の信仰告白（信条）文書を持たなかった。その代わりにあったと言い得るものが、宗教団体法[1]に基づいて作成された『日本基督教団教団規則[2]』（一九四一〔昭和一六〕年一一月二四日文部大臣認可）内に、第五条として置かれた信仰箇条的文書である「教義ノ大要」であった（ゴシック体は原文による）。

第五条　本教団ノ教義ノ大要左ノ如シ

イエス・キリストニ由リテ啓示セラレ聖書ニ於テ証セラルル父・子・聖霊ナル三位一体ノ神ハ世ノ罪ト其ノ救ノ為人トナリ死ニテ甦リ給ヘル御子ノ贖ニ因リ信ズル者ノ罪ヲ赦シテ之ヲ義トシ之ヲ潔メ永遠ノ生命ヲ与ヘ給フ

教会ハ**キリスト**ノ体ニシテ恩寵ニ依リテ召サレタル者礼拝ヲ守リ聖礼典ヲ行ヒ福音ヲ宣伝ヘ主ノ来リ給フヲ待望ムモノナリ

二 「教義ノ大要」に関する先行研究

この「教義ノ大要」とは一体どういうものなのか。これまでに「教義ノ大要」に焦点を絞った詳細な研究は皆無であった。しかし、全く無視されてきたわけではなく、「教義ノ大要」は日本プロテスタント・キリスト教史の一断面として扱われてきた。そこにおける、「教義ノ大要」の位置づけに関しての、これまでの取り扱われ方の傾向は以下のように類別することができる。

1 「教義ノ大要」の位置づけに関する評価

肯定的評価 「教義ノ大要」の位置づけに関しての、批判的ではないという意味での肯定的評価としては、「教義ノ大要」が、無信条を以て出発した教団が辛うじて福音主義的教会の実質を保持していたことを示すものであったとするもの（北森嘉蔵）[3]、成立当時の教団の信仰的立場を明らかにしているとするもの（山谷省吾）[4]、教団信仰告白の最初の段階のものであることを示したもの（桑田秀延）[5]等がある。これらの位置づけのしかたがあると同時に、一方では批判的な見方というものがあり、後者による評価が主流である。その批判的な見方にも、二つの傾向のものがある。

批判的評価 批判的な見方の一つは、「教義ノ大要」理解につきまとう、いわゆる〝棚上げ論〟である。これは教団成立に際し、当初制定を目指した信仰告白に関しては準備委員会内で意見の一致を見ることができず、宗教団体法が要求しているものは信仰告白ではなく「教義ノ大要」であるから[6]、とりあえず規則の中に「教義ノ大要」を掲げて、信仰告白の問題は棚上げにしたという理解である。つまり、「教義ノ大要」を、信仰告白制定に至らなかったゆえの代替・妥協の産物として理解する立場である（たとえば、大野昭、鷲山林蔵、金田隆一等）[7]。

二つ目は、教団規則第五条「教義ノ大要」の内容それ自体はよいとして、その直後に置かれている教団規則第七条

「生活綱領」に「皇国ノ道ニ従ヒテ信仰ニ徹シ各其ノ分ヲ尽シテ皇運ヲ扶翼シ奉ルベシ」とあり、「教義ノ大要」がそれと同時並立・併置したものであること（雨宮栄一、土肥昭夫、戸田伊助、徳永五郎[8]）、そして、かつて第七条と並立したことのある「教義ノ大要」が、戦後の教団にも、第四回教団総会（一九四六年一〇月一五―一六日）で制定された教団規則の第三条として、ほぼそのまま無反省に継承されているということに対する批判である（雨宮栄一、磯部理一郎[9]）。

2　残された問いと謎

問いと謎　以上のような肯定的・否定的両〝評価〟があると同時に、「教義ノ大要」に対して投げかけられたままの〝問い〟も存在する。その〝問い〟とは、教団成立時の「教義ノ大要」が日本基督教連盟（以下、連盟）による教会合同運動の理念といかに関わっているか、具体的には連盟がそれまで準備してきた教会合同案が教団成立時に活用されたかどうかという、石原謙の立てた〝問い〟である[10]。

また、「教義ノ大要」の位置づけに関する評価と同時に、「教義ノ大要」条項の文面そのものについても大きな疑問が残っている。教団信仰告白の文面の多くが「日本基督教会信仰の告白」（一八九〇〈明治二三〉年）を継承していることは明らかであるが、そうであるならば、「日本基督教会信仰の告白」→「教義ノ大要」（一九四一〈昭和一六〉年）→「教団信仰告白」（一九五四年）という線で捉えた場合、「教義ノ大要」の文面は明らかに異質である。一体、あまりにも前後との連続性が見られない「教義ノ大要」の文面は、どこから発生したのであろうか。これは大いなる謎であった。教団信仰告白を理解するためにも、その前段階に位置している「教義ノ大要」とは何であったかを理解することが、いよいよ重要な課題であることがわかる。

本章の目的　よって本章の具体的な目的は、前述した、これまでになされてきた諸理解・評価の正確さの真偽、そして投げかけられた〝問い〟と謎とについて、総合的に明らかにしようと試みることである。特に、日本プロテスタント・キリスト教史上において、これまで「教義ノ大要」は一つの通過点としてしか扱われなかったわけであるが、本章では、一通過点としてではなく、「教義ノ大要」をこそ中心に据え、そこに焦点に絞りながら考察していくこととする。

三 「信仰告白」の成立と「教義ノ大要」の起草

そのために本章は、『富田満氏資料』（東京神学大学図書館蔵）をはじめとした第一次史料等によって、[11]「教義ノ大要」がどのように成立したかを簡潔にではあるが明らかにし、あわせて、これまでになされてきた「教義ノ大要」に対する諸理解・評価の正確さの真偽、そして投げかけられた〝問い〟について、明らかになった部分を順次示していきたい。

1 各教派が教団認可を目指していた時も、連盟は合同案を準備していた

通例、「教義ノ大要」とは狭義の意味として、教団成立と同時に作成された『日本基督教団教団規則』（一九四一〈昭和一六〉年一一月二四日文部大臣認可）第五条に組み込まれた「教義ノ大要」のことを指すのであるが、「教義ノ大要」という文言そのものは突如そこで現れ出たわけではなく、それ以前からこの文言をめぐって連盟が、各教派が、教団が議論を続けてきたものであった。

その端緒は、一九四〇（昭和一五）年四月一日に宗教団体法が施行され、宗教団体法第三条の中に、宗教団体に対して「教義ノ大要」[12]を定めることを求めたことに始まる。そうして「はじめ多くの教派は、之によつて教団となるものと考へて、各々教団設立の認可に向つて準備をすゝめた」[13]のであり、広義の意味における「教義ノ大要」は、実際には公に機能することはなくとも、各々の組織によって準備され、複数種が存在したのである。[14]

その後の一九四〇（昭和一五）年六月一二日に、「教会の代表者が文部省に招かれて行つて、正式に教団設立認可の標準として教会数五十、教会員五千を必要とするといふことを申渡され[15]」る。当時、この基準にあって教団設立認可が可能なプロテスタント系教会は七つの教派だけであって[16]、他の数十におよぶ小教派は基準に達しておらず、この基準を引き下げるようキリスト教界は文部当局に折衝したがかなわなかった[17]。そうしてこの後は、教団として認可されうるのは七教団のみであり、その七教団の認可を目指した「教義ノ大要」の準備段階がある。

さて、教派ごとの動向がある一方で連盟はというと、すでに独自の〝合同案〟を持っていたが[18]、なおも教派の動向に関係なく「教会合同委員会」を開催し続けた。そこに「合同情勢の急転化[19]」（一九四〇〔昭和一五〕年八―一〇月）が起こり、各教派ごとの教団認可申請から、全教派合同の方向へと動きが大きく転換する[20]。それ以降は教会合同をにらんだ懇談が続けられ[21]、同時進行的に連盟は独自の合同案を次々に準備する[22]。そして、一九四〇（昭和一五）年一〇月一七日に開催された皇紀二千六百年奉祝全国基督教信徒大会で、「吾等は全基督教会合同の完成を期す」との宣言がなされ、以後教会合同は急速に具体化、教団の創立までに「教会合同準備委員会」が合計九回開催されることとなる（一九四〇〔昭和一五〕年一〇月一八日―一九四一〔昭和一六〕年六月二三日[23]）。

連盟によって温め続けられてきた〝合同案〟であるが、教団設立のための教会合同準備委員会に提出されて[24]、「歴史的バトン」として引き継がれること[25]、あるいは「何等かの資料」として用いられることが期待されたものの[26]、教団の信仰告白制定に関しては当時の最大教派である日本基督教会（以下、日基）主導で行われることとなり（信条小委員会[27]）、連盟の合同案は参考にされず[28]、早くも連盟の合同案は「単なる参考案」に止まることが噂された[29]。ここに、教団設立の過程において、連盟による合同運動の連続性は一端、断ち切れたかのように見える。

2　「信仰告白」と「教義ノ大要」は、同時的に存在するものとして準備された

いわゆる「即ち」論争等を経て[30]、日基主導で作成された信仰告白案は、第六回教会合同準備委員会（一九四一〔昭

和一六）年二月一二―一四日）で、当の日基と日本福音ルーテル教会（以下、ルーテル）が留保する中、一応採択された（いわゆる〝幻の信仰告白[31]〟）。しかし、同準備委員会において、これを教団規則の中に「教義ノ大要」として組み込むことへの反対が起きたことから、[32]「教義ノ大要」の起草が別に開始された。[33]

「教義ノ大要」作成の方針は、留保付きで採択された「信仰告白」（〝幻の信仰告白〟）の「要約」という趣旨であったが、[34]ところが実際に準備された「教義ノ大要」の草案[35]はというと、「要約」とは言うことのできない全く異なる内容のものであり、その実質は「日本組合基督教会信仰ノ告白」（一八九二（明治二五）年四月に可決）に遡る内容のものであった。[36]巧みな処女降誕の文言の削除などは、日本組合基督教会（以下、組合）側に見られる主張の一特徴である。[37]つまり、「信仰告白」の制定においては日基が主導であったが、「教義ノ大要」の作成においては組合が主導となったのであった。

いずれにせよ、この時点において、「信仰告白」と「教義ノ大要」は、同時的に存在することが前提とされているのであり、よって、「教義ノ大要」を、信仰告白制定に至らなかったゆえの代替の妥協の産物としてできたものであると説明するのは一側面の見方でしかないであろう。「教義ノ大要」理解につきまとう、いわゆる〝棚上げ論〟であるが、そのように見えるのは、後から見た結果、そう見えるというものである。

四　「教義ノ大要」の成立

1　「教義ノ大要」には組合と連盟による合同運動の理念が隠されていた

ところが、第七回教会合同準備委員会（一九四一（昭和一六）年二月二五―二六日）におけるいわゆる部制問題を端緒に、[38]第八回教会合同準備委員会（三月二五―二六日）でついに日基主導の「信仰告白」は撤回されることとなり、[39]残ったものはというと、それは先ほどの――内容として「組合基督教会信仰ノ告白」に遡る――「教義ノ大要」であった。そしてまた、その「教義ノ大要」の持つ理念はというと、連盟の合同運動が有していたものであった(40)。こうして、連盟からの継続性を持った「教義ノ大要」があたかも「信仰告白」に替わる位置を得るに至ったということは、合同運動の連続性の復活であり、結果として、組合の逆転勝利でもあった。

つまり、ここで見られるのは、教派間の綱引きである。組合の推した連盟の教会合同案は当初の段階は日基主導のもと、「単なる参考案」として扱われ、事実上放棄された。その時点で連盟の運動理念は途絶えてしまったかに見えた。しかし、日基主導の「信仰告白」を日基自身が拒否するなど、思わぬしかたで「教義ノ大要」が教団の神学表現にとって重要な位置を与えられることとなった。表舞台へと踊り出た「教義ノ大要」には組合側の精神・神学が大いに反映されている。そしてそれは、連盟の合同案と同じ趣旨を持っているゆえに、できあがった「教義ノ大要」は、連盟案を受け継いでいないようで、その趣旨を受け継いでいるのであり、ここに及んで連盟による合同理念が復活したのである。

よって、教団成立時の「教義ノ大要」が連盟の合同運動の理念といかに関わっているか、具体的には連盟がそれまで準備してきた合同案が教団成立時に活用されたかどうか、という石原謙が立てた〝問い〟については、思わぬ形で採用されるに至ったと〝答える〟ことができるであろう(41)。それはまた、教団成立時の神学表現が、日基主導の「信仰告白」から、組合主導の「教義ノ大要」へと移行した重大な瞬間でもあった。このことは、教団成立時において、「信仰告白」と「教義ノ大要」をめぐって、日基と組合による教派間のシーソーゲームが展開されていたゆえに起こった出来事であったのである。

2　「教義ノ大要」の位置と文言の修正

「教義ノ大要」と「生活綱領」の関係

そのようにして起草された「教義ノ大要」の内容については、その後も修正が重ねられていく。後代に批判されることとなる第七条「生活綱領(42)」は、その過程において、当初は創立総会の宣言に用いようとするものであって、[43]また「教義ノ大要」と「生活綱領」が、まったく別々の作業委員の検討を経ていることからも、[44]教団規則の内に「生活綱領」を「教義ノ大要」と同一に並立させる意図が、本来はなかったことを知ることができる。[45]

しかし、教団規則案を文部省に提出時、「生活綱領」を「教義ノ大要」と全く同一条項（第五条）の中に置くことが求められる。[46]教団は、それを別の条項（つまり第七条）に分散させることが精一杯であった。[47]つまり、結果としては「生活綱領」と「教義ノ大要」は教団規則内に並立したが、当初からその線で固まっていたものではなかったということである[48]（なお、「生活綱領」の成立経緯については、次章で細かく触れる）。

最終版「教義ノ大要」の成立

なお、「教義ノ大要」の起草において、その内容・構成は組合側の勝利に見えた「教義ノ大要」であったが、教団創立総会（一九四一〔昭和一六〕年六月二四―二五日）後に、日基の委員が多数含まれた「教義ノ大要修正委員会」が新たに設けられ、[49]「教義ノ大要」条項中、組合の主張であった「聖書ニ於テ啓示セラレ」という聖書啓示から、[50]途中、「**イエス・キリスト**ニ由リテ啓示セラレ」（ゴシック体は原文ママ）という一句が付加され、キリスト啓示を強調した修正が行われる。[51]ただでさえ、その「教義ノ大要」の内容に日基は不満を感じていたに違いないし、また自らが招いた結果とはいえ、日基主導の「信仰告白」が採用されなかったという経緯があった。さらには、佐波亘が「新教団ガブロック制ノ建前トナリタル関係上之ヲ撤回スルノ必要ナキヤトノ問題ヲ提出」、結局「信仰告白」は完全に〝撤回〟され、[52]日基の神学表現は何も残らなくなってしまった。そこで、少しでも挽回するために、修正の余地ある「教義ノ大要」を扱う「教義ノ大要修正委員会」に、日基の人員をできうる限り送り込んで、一矢を報いたかったのではないであろうか。ここにも引き続き、教派間のシーソーゲームが見られるのである。[53]

ちなみに、「**イエス・キリスト**ニ由リテ啓示セラレ」という一句の付加には、当時の時代背景から高い可能性で〝バルト神学の影響〟があったのでは、と思われる。そうとすると、実際にその一句を付加した人物とは、文献上から推測されるのは、教義ノ大要修正委員中、バルト神学に精通していた熊野義孝、あるいはバルメン宣言の内容を日本に紹介するなどしてドイツの事情をよく知り得ていた郷司慥爾によるものと思われる[54]。

五　おわりに

以上、「教義ノ大要」条項の成立経緯を総括する時、そこには、これまでに日本のプロテスタント・キリスト教会の歴史が抱えてきた諸問題が凝縮されていたと言っても過言ではないであろう。なぜならば、教会合同運動の理念の連続性と非連続性があり、教派間の相容れない関係と争いがあり、国家と教会の関係としての折衝、外国の神学の受容という問題等々が、そこにはあったことを知ることができるからである。

今我々は、教団成立時において教派間の対立が明確なものであったことを知ることができたわけであるが、それがただ単なる表層的教派闘争というよりも、明らかにそこには教派の背景にある、教派を形作る神学・思想の対立があったからではないかとも思わされる。今後の展望としては、この神学的対立の淵源に遡る必要があるであろう。

注

1　「宗教団体ニ対スル国家ノ保護監督」(「第七十四回帝国議会　貴族院議事速記録第四号」、『官報号外』昭和一四年一月二五日。「国立国会図書館　帝国議会会議録検索システム」http://teikokugikai-i.ndl.go.jp/SENTAKU/kizokuin/074/0060/main.html, accessed March 16, 2017）を目的した法律で、一九三九（昭和一四）年三月二三日に衆議院で可決成立、一九四〇（昭和一五）年四月一日から施行。

2　鈴木浩二編『日本基督教団教団規則』日本基督教団出版局、一九四一（昭和一六）年一二月二七日発行。

3　北森嘉蔵「日本基督教団二十五年の歩み ―― 教会論の角度から」、日本基督教団信仰職制委員会編『現代の教会　日本基督教

団の教会観』日本基督教団出版部、一九六六年所収、二〇頁。

4　日本基督教団史編纂委員会編『日本基督教団史』日本基督教団出版部、一九六七年、一三二頁。

5　桑田秀延『日本基督教団信仰告白――私の自由な解説』日本基督教団出版局、一九七三年〔第二版〕、一八頁。

6　「教義ノ大要」がいわゆる信仰告白ではない点について、小野静雄は次のように述べている。「「教義の大要」は言うまでもなく信仰告白ではない。それはあくまで文部省当局に、この教団の信仰教義を説明して承認を得るための記入事項にすぎず、神への応答でもなければ最小限の信仰的合意を意味するものでもない。信仰告白への関心を弱めるのみならず、告白すべき信仰内容すら確認しえない、最も悪しき合同と言わねばならない」（小野静雄『増補日本プロテスタント教会史（下）昭和篇』聖恵授産所出版部、一九八九年、一二一頁）。

7　この理解を立脚点としたものとして年代順に、堀光男『日本の教会と信仰告白』新教出版社、一九七〇年、一一〇頁、大野昭・西豊『日本キリスト教団信仰告白の系譜――明治二三年日本基督教会信仰告白を中心に』（キリスト教史談会パンフレット⑭）キリスト教史談会、一九七九年、三一頁（解説は大野昭による。「はじめに」に「編集及び解説の責任は大野にあります」〔一頁〕とあり）、鷲山林蔵『神の恵みはむだにならず』横手聖書学舎、一九九〇年、一〇九頁、金田隆一『昭和日本基督教会史』新教出版社、一九九六年、三五七頁、等がある。

8　たとえば、その批判や疑義を年代順に挙げると、以下のものがある。「教義の大要が第五条として含まれている教団成立時の日本基督教団規則を見ると注目すべき事実がある。元来、この宗教団体法なるものは、ファッシズム政府による一元化政策の一手段であったことは明白であるが、それに対応して自らを形成した教団が、その教団規則第七条の一において「皇国の道に従いて信仰に徹し、各々その分をつくして皇運を扶翼し奉るべし」と自己規定していることである。いわば、このようなファッシズム体制に自らを組入れることを肯定する立場の表明と、この時の教義の大要はいささかも矛盾することなく存在しえたことは注目に値するのである」（雨宮栄一「信仰告白と戦責告白」、福田正俊・雨宮栄一編『福音を恥とせず――聖書・信仰告白・戦責告白』日本基督教団出版局、一九七三年所収、一六一頁）や、「このようにして設立された教団はどういうものであったか。そののべつたえる教義の大要を読むと、聖書、三位一体の神、キリストの贖罪、義認と聖化、教会に関するプロテスタント的教理が簡潔に、要領よくまとめあげられている。しかし、それにつづく信徒の生活綱領には国体の本義の信奉、皇運扶翼、儒教道徳の羅列がある。これらは相互にどのように関連するのだろうか。むしろ実態は教理と倫理、信仰と行為が観念的に分離され、そこにあるものは空洞化されたプロテスタント教理の羅列であり、天皇制イデオロギーの擁護でしかない。教団はそのような宗教団体として設立されたのである」（土肥昭夫『日本プロテスタント教会の成立と展開』日本基督教団出版局、一九七五年、二四四頁）、「『教義の大要』は、実は日本基督教団規則第七条にある「皇国の道に従いて信仰に徹し、各々その分をつくして皇運を扶翼し奉るべし」という思想と矛盾対立せず調和平行し、むしろそれに服従するという性格のものとして存在していた。……皇国の道との調和において把えた「教義の大要」は、対立において把えた人々を排除したのであって、教団当局の「教義の大要」はすでに一つの立場をもっていた」（戸田伊助「絶対と相対――日本キリスト教団共同体形成の模索」、『福音と世界』新教出版社、一九七五年一一月所収、七頁）、「（川端）教団発足の際の、「教義の大要」と「生活綱領」との関連がまるで切り離されているのです。つまり「教義の大要」ではまことにオーソドックスなキリスト教の教理が要約されている。しかし「生活綱領」のほうはそれとは全く無関係に天皇を賛美し、お国のためにという箇条が列記されている。つまり信仰と倫理が切り離されてしまっている」（川端純四郎・吉田満穂・鵜沼裕子「鼎談『日本基督団史資料集』（全4巻をめぐって）」、『本のひろば』一九九八年一二月所収、八頁）、「教団規則第五条「教義ノ大要」は、第七条「生活綱領」の「皇国ノ道ニ従ヒテ信仰ニ徹シ各其ノ分ヲ尽シテ皇運ヲ扶翼シ奉ルベシ」と併存していた」（日本基督教団奥羽教区北西地区教師会「〔資料〕日本基督教団信仰告白の評価と問題点」、『福音と世界』二〇〇二年一〇月所収、四九頁）、「日本基督教団規則の第五条が「教義の大要」であり、第七条「生活綱領」第一項には〝皇国ノ道ニ従ヒテ信仰ニ徹シ、各々ソノ分ヲ盡シテ皇運ヲ扶翼シ奉ルベシ〟とあり、「教義の大要」はこの枠内で許されるものとして位置づけられたと思われる」（徳永五郎「日本における信仰告白の位置づけ（プロテスタント）」、WCC信仰職制委員会編（日本聖書神学校歴史神学ゼミ訳）『エキュメニカルな信仰告白に向けて――今日のためのニカイア信条解説』日本聖書神学校、二〇〇七年所収、二九六―二九七頁）等々、枚挙に暇がない。

9　これの批判としては、次のようなものがある。「……このような性格を持った「教義の大要」が何ら反省されることなく戦後の教団の教憲第三条になり、更にそれが教団の「信仰告白」へと生かされ続けてきたという事実は何を示すのであろうか」（雨宮栄一『日本キリスト教団教会論』新教出版社、一九八一年、一一七頁）、「ここには、ふたつの課題が暗示されているように思われる。一つは内容原理において、日本基督教団信仰告白制定が、合同当時の『教義の大要』との深い批判的対決の中からその徹底的な反省に立たないまま、言わば徹底したキリスト論的懺悔と告白に立っていないことを暗示している」（磯部理一郎編『わたくしたちの「信条集」』ナザレ企画、一九九四年、二九五頁）。

10　「われわれは、日本基督教団がどういう理由と必要とのために組成されたとしても、その際この連盟協議会の苦心になる合同基礎案がいかに活かされたかを考察しなければならないのである」（石原謙「日本のキリスト教と日本基督教団の歴史的意義

第一回」、『福音と世界』一九六〇年八月所収、一七頁）。

11　たとえば個人の第一次史料としては、『富田満氏資料』（東京神学大学図書館蔵、マイクロフィッシュあり）、『三吉務氏資料①』（日本基督教団宣教研究所蔵）、今村好太郎（日本基督教会牧師。準備委員会のうち教職委員会に所属）の日記（今村正夫「資料　日本基督教会と教会合同問題――一牧師の日記より」、『出会い――キリスト教と諸宗教』第七巻第二号、日本基督教協議会宗教研究所、一九八二年一月。以下、『今村好太郎日記』）がある。その他には各教派の機関紙及び一般新聞をはじめ、『日本基督教団創立経過報告』（教会合同準備委員会、一九四一〔昭和一六〕年六月。以下、『創立経過報告』〔『富田満氏資料』A―1〕）、『日本福音ルーテル教会第二十二回総会記録』（一九四一〔昭和一六〕年五月一―三日。以下、『ルーテル総会記録』。日本基督教団宣教研究所蔵〔日本ルーテル神学大学ルーテル諸派資料室蔵のもののコピーを利用〕）が重要である。教会合同準備委員会の全体の流れは、公刊されている資料集（たとえば、日本基督教団宣教研究所編纂『日本基督教団史資料集　第1巻』日本基督教団出版局、一九九七年。以下、『資料集　第1巻』）によっておよその把握が可能である。

12　「教義ノ大要」という文言が意味する点について、当時の注解書は、「其の奉ずる宗教の教義――信仰の準則の要綱を記載する。如何なる宗教を信奉する団体であるかを明かにする為である」と説明する（根本松男『宗教団体法論』巌松堂書店、一九四一〔昭和一六〕年、一三二―一三三頁）。

13　『連盟時報』第一九八号、一九四〇（昭和一五）年九月一五日。

14　たとえば日本基督教会（以下、日基）には「日本基督教会教団規則」（『富田満氏資料』C―6）と「日本基督教会教団規則」（同C―7）があり、日本組合基督教会（以下、組合）には「日本組合基督教団教団規則」（同志社大学神学部図書館蔵。同規則の研究に、岡本知之「「日本組合基督教団教団規則」より見た諸教派統合の過程について」、同志社大学人文科学研究所編『日本プロテスタント諸教派史の研究』教文館、一九九七年がある）が、日本福音ルーテル教会（以下、ルーテル）には「日本福音ルーテル教会教団改定草案」（日本基督教団宣教研究所蔵）がある。

15　『連盟時報』第一九八号、一九四〇（昭和一五）年九月一五日。

16　日基、日本メソヂスト教会（以下、メソ）、組合、日本聖公会、日本バプテスト教会（以下、バプ）、ルーテル及び日本聖教会（以下、聖教）。

17　T・O生「単立か教団か――キリスト教界の苦悶」、『読売新聞』一九四〇（昭和一五）年七月一二日夕刊。

18　「日本基督公会規約（試案）」（一九三七〔昭和一二〕年一一月二三―二四日、第一五回聯盟総会にて公表。『資料集　第1巻』

八五頁所収)。

19　この言葉自体が初めて使われたのは、たぶん一九四〇(昭和一五)年九月五日の第六回連盟教会合同委員会で、小崎道雄の発言の趣旨として記録された次の部分、「(イ)小崎委員長より合同情勢の急転化せることの報告あり」(『基督教年鑑』一九四一(昭和一六)年版、四〇頁)であろう。

20　「申合せ／一、我等基督教会は内外の状勢に鑑み此の際「外国ミツシヨン」との財的関係を断ち自給独立を決意すること。／一、我等基督者は来る十月十七日の皇紀二千六百年奉祝全国基督教信徒大会を期して各派合同の決意を声明し直に合同期成に対し全権を委ねられたる準備委員会を設置す」(都田恒太郎「時局と基督教界の動き」、『連盟時報』第一九八号、一九四〇(昭和一五)年九月一五日)。

21　懇談の時期については、阿部義宗「監督室より」(『日本メソヂスト時報』第二五〇八号、一九四〇(昭和一五)年八月二三日)、都田恒太郎「時局と基督教界の動き」(『連盟時報』第一九八号、一九四〇(昭和一五)年九月一五日)、芦野興太郎「教会合同に関する最近の動き」(『基督教世界』第二九四六号、一九四〇(昭和一五)年九月一九日)、都田恒太郎「教会合同と自給に関する総幹事報告」(『第十八回日本基督教連盟総会報告』一九四〇(昭和一五)年一一月二六―二七日、四五―四七頁。『資料集第1巻』所収、二七四―二七五頁)、『基督教年鑑』一九四一(昭和一六)年版、一八―一九頁、等によって、大体の再構成が可能である。

22　たとえば、「第一回小委員会協議事項」(一九四〇(昭和一五)年九月一〇日(?)。『三吉務氏資料①』所収)、「合同教会案(試案その1)」(年月日不明。『三吉務氏資料①』所収)、「合同教会案(試案その2)」(年月日不明。『三吉務氏資料①』所収)、「合同教会案」(一九四〇(昭和一五)年一〇月八日に決定。『第十八回日本基督教連盟総会報告』一九四〇(昭和一五)年一一月二六―二七日(『基督教年鑑』一九四一(昭和一六)年版、四一頁、または『資料集　第1巻』二七二頁所収))。

23　『資料集　第1巻』二七七頁以下を参照。なお、この「教会合同準備委員会」は、先述した連盟主導による「教会合同委員会」とは同一のものではないことに注意。

24　実際に教会合同準備委員会で配布されたのは、土肥昭夫が述べる「日本基督公会規約(試案)」のことではなく(『資料集　第1巻』二八四頁)、『富田満氏資料』(特にA―12、13)や三井久「合同教団の成立と組合教会の使命」(『基督教世界』第二九八九号、一九四一(昭和一六)年七月二四日)を見る限り、直前の「合同教会案(試案その2)」のことであろう。なお、この「合同教会案(試案その2)」よりも後の段階のものと思われる「教会合同　教団規則」(年月日不明。『三吉務氏資料①』所収)も存在するが、どのように用いられたかは明らかでない。

25 「九月十六日第一回教会合同総委員会を開き……小委員会を結成して新に生れ出づる合同準備委員会の基礎的資料としての合同基礎案を起草中であつたが、この程その骨子が成立したので、右基礎案を総委員に提示して協議検討を行つた結果左の如き基礎案を作成し、いよいよ来る十七日の全国信徒大会を期して結成さるべき合同準備委員会に歴史的バトンを譲ること、なつた」（「新準備委員会に参考資料を提示」、『基督教新聞』第一二九八号、一九四〇〔昭和一五〕年一〇月七日）。

26 「……小委員会幹事である都田恒太郎氏は左の如く語る　合同委員会は阿部会長よりの依頼によつて今度新に結成される合同準備委員会のため資料としての合同教団の機構案を作つたが、然しこれは新に生れる準備委員会を何等制限するものでなく、これが新に発足する委員会にとつて何等かの資料ともなれば幸ひである」（同右）。

27 信条小委員会のメンバー及び役職が決まったのは、第二回教会合同準備委員会（一九四〇〔昭和一五〕年一〇月三〇—三一日）においてである。〈長〉佐波亘〔日基〕、〈書記〉三浦家〔ルーテル〕、〈会計〉篠原金蔵〔日本福音。以下、福音〕、熊野義孝〔日基〕、浅野順一〔日基〕、釘宮辰夫〔メソ〕、今井三郎〔メソ〕、今泉真幸〔組合〕、平賀徳造〔組合〕、熊野清樹〔バプ〕、安部豊造〔聖教〕、小林寿〔日本協同基督教会〕、諫山修身〔日本ナザレン教会東部部会〕、由木康〔日本独立基督教会同盟会（以下、独立）〕、一二月一日から委員に加わる」（都田恒太郎『日本キリスト教合同史稿』教文館、一九六七年、一八七—一八八頁）。日基の中から上記の三名が参加したことから、他教派にして、「此陣容を見て如何に日本基督教会が信条に重きを置きたるかを窺はれる」（『ルーテル総会記録』八三頁）と言わしめているほどである。

28 （熊野義孝の発言）「……〔連盟の合同案〕については、私は意識して、それは絶対に参照すべきではないし、また軽々に取り上げるべきではないと主張しました。もちろん、私一人ではありませんが」（雨宮栄一、堀光男、熊野義孝「日本キリスト教団の成立2——その契機と経過と問題と」、『福音と世界』一九七一年七月所収、七六頁）。

29 「一部の間には先般全国協議会関係の旧合同委員会によつ〔ママ〕発表された試案が基礎的なものとなるのではないかと観測してゐるものもあるが、同委員会の提示した案は飽くまでも参考資料として受け入れたものに止まるのではないかと見られている」（「旧委員会の案は単なる参考資料か　新教団の輪郭は今後の問題」、『基督教新聞』第一三〇六号、一九四〇〔昭和一五〕年一一月四日）。

30 信条小委員会において、信仰告白中の字句の修正と対立点の解決について協議し、二箇所を除き全て解消した。残された二箇所とは、（一）前文中一箇所「父と子と共に崇められ礼拝せらる、」を単に「崇めらる、」とする対立、（二）使徒信経の本文中「基督教会即ち聖徒の交り」と「基督教会、聖徒の交り」とする、「即ち」をめぐる二つの対立である（『ルーテル総会記録』

八九頁）。その後、第六回教会合同準備委員会（本文後述）で、信条小委員会から「信仰告白」案が提出され、前述の二箇所の字句の対立については、特別委員を選任して解決することとなった（都田恒太郎、前掲書、二〇二頁及び『ルーテル総会記録』九〇頁）。そうして特別委員が推薦した案は、第一の対立点は原文の順序に従って「拝み崇めらる、」と修正し、第二の対立点である使徒信条本文における「即ち」は、（）中に入れてそれを用いるも用いないも各自の自由とするものであった。しかしこの判断に対して、日基とルーテルは納得しなかった。すなわち、日基側は、「「即ち」なる語はプロテスタント教会観の上より必要なるものなれば、昨年の総会に於て挿入を必要とする決議をなしたり、故に総会の意を問はずして賛意を表し難しとして賛否を保留せらる、こと」（『ルーテル総会記録』九〇頁）と主張、またルーテル側は、「ブロック制により自己の信条を保有し得るの権利と不可分の関係あるを以て、先づ其自由を認容するの決定を与へらるる様提案したるも、之を後廻しとされたるを以て賛否を保留」（『ルーテル総会記録』九〇頁）と主張するなど、日基・ルーテル両派は信仰告白の採択を保留する態度を示したのである（保留の理由については、『基督教新聞』の記事〔「全国教会の大綱成り　近く文部当局と折衝　第六回準備委員会の成果」、『基督教新聞』第一三三九号、一九四一（昭和一六）年二月一九日〕にもあり）。

31　「信条委員会　信仰告白案」（一九四一〔昭和一六〕年二月一二―一四日、第六回教会合同準備委員会。『ルーテル総会記録』九〇―九一頁〔『資料集　第1巻』二九八―二九九頁所収〕）。

32　「信仰告白採択の後、之を教団規則第五条となすことは認可事項となるを以て、且又使徒信経本文を現はすことにつき強き反対あり」（『ルーテル総会記録』九一頁）。具体的にどこの教派が反対をしたかについては、いろいろな推測はできるが（本書第九章の注21を参照）、確かなことはわからない。

33　「第六回準備委員会の決議の結果、二月二十日教義の大要及生活綱領起草の為、二の委員挙せらる。即ち左の如し／教会の《〔ママ〕》大要起草委員／（長）野口末彦〔組合〕　村岸清彦〔日基〕　郷司慥爾〔日基〕　今井三郎　藤岡潔／平賀徳造〔組合〕　篠原金蔵　三浦豕　車田秋次　谷口茂寿／友井楨／生活規定起草委員／（長）金井為一郎　真鍋頼一　松山常次郎　広野捨二郎　安部豊造」（『創立経過報告』一八―一九頁）。

34　「第五条のためには之より要約したるものを新に起草すること、なり、「教会及信徒規定」も亦改めて起草する事に決し議長指名による二つの委員が挙げられ」たとある（『ルーテル総会記録』九一―九二頁）。

35　「教義ノ大要（案）」（年月日不明。『富田満氏資料』A―33〔原案〕）。

36　細かく分析したところ、最初期の「教義ノ大要（案）」（年月日不明。『富田満氏資料』A―33〔原案〕）は、〝信仰告白をまとめたもの〃とは言うものの、必ずしもそうとは言い切れず、むしろ「日本組合基督教会信仰ノ告白」に明確に遡る部分が圧倒的に多い。確かに、「信仰告白」(〃幻の信仰告白〃)に遡る部分もあるが、それは一部分であって、さらに、「信仰告白」(〃幻の信仰告白〃)の主要な部分であった「日本基督教会信仰の告白」にまで遡るものは、わずかでしかない(落合建仁「「教義ノ大要」条項の成立経緯」東京神学大学大学院修士論文、二〇〇七年度提出、図解付録四六―四九頁)。

37 「信条に対する各派の態度として表明せられた処を要約すれば……(三)「使徒信経に基き」とし連盟委員会作成の信条を採用し度し、使徒信経より、処女降誕は非科学的なる故削除希望、復活は差し支へなし、ニケヤ信条挿入には絶対反対。……」(『ルーテル総会記録』八四―八五頁)、「殊に処女降誕の如き、新らしく生れんとする教団の信条としては適当ではあるまい。むしろ信条を作成するとなれば、時代に則応したものを作成すべしと組合教会は提案したのであつた」とある通りである(三井久「合同教団の成立と組合教会の使命」、『基督教世界』第二九八九号、一九四一(昭和一六)年七月二四日)。

38 その事情については、日基(二月二六日付『今村好太郎日記』)と、組合(海老沢亮「教会合同準備経過に就て」、『基督教世界』第二九六九号、一九四一(昭和一六)年三月一六日)と、ルーテル(『ルーテル総会記録』九三頁)とで見方が若干異なっている。

39 「第八回教会合同準備委員会記録」(『資料集 第1巻』三〇七頁所収)。

40 次の文章は重要である。三井久は、松山常次郎の記事(「今回の教会合同の跡を顧みる時に信条の点に於ても、組織の点に於ても、更に新合同教団の人の配置の点に於ても日本基督は全勝、組合は全敗である」〔松山常次郎「勧話」、『基督教世界』第二一八六号、一九四一(昭和一六)年七月三日〕)を受け、確かに組織と人物配置の点では組合は全敗であると認識しつつも、「然しながら信条に於て、組合教会は果して全敗であつたろうか。余輩はその見解を異にするものである」として、次のように言葉を続ける。「信条問題で組合教会が第一に主張したところは、教義の大要の作成といふことであつた。基督教連盟の合同委員会に於いて、過去十年間の研究の結果到達した結論は、合同問題で信条に触れることは困難である、むしろ組合教会等が在来有する程度の教義の大要を作成するに留めることが、最も適当したものであるといふ点であつた。組合教会の委員らが主張したものは、基督教連盟の用意して居つた教義の大要を持て新合同教団の信条と為すことであつた。然るに、この提案は採用に到らず、合同教団に於ては共通の信条作成を為すべしといふ基本方針を以て進むことになつたのである。」「……以上の経過によつて見るに組合教会は、教義の大要を設定せんと主張して破れ、使徒信経に反対して押へられ、今又漸くその翻訳問題で、勝ちを占めたかに見えたのも束の間、再び逆転して、教義の大要を設定することに決定したのであつて、確かに松山氏の言はるゝ如く、委員会の経過に於ては全敗である。然しながら、その結果から考へると、必ずしも之を全敗といふことは出来ない。

何故なれば、こゝに出来上つた教義の大要の設定といふことは、組合教会が最初に主張したことであるのみならず、今日まで七十年間、実行して来たところである」（三井久「合同教団の成立と組合教会の使命」、『基督教世界』第二九八九号、一九四一〔昭和一六〕年七月二四日）。

41　よって、連盟の合同案の理念が「教義ノ大要」に継承された面がある以上、両者の関係は全くの無関係であるとは言えないため、「日本キリスト教連盟は世界的なエキュメニカル・ムーヴメントの影響の下に一つの合同案を作成していたけれども、諸教会の教団への合同の実現は、合同案とは関係なく、教団は「宗教団体法」によって成立したのである」（堀光男、前掲書、一一〇―一一一頁、傍点ママ）との判断は、十分なものとは言い難いであろう。

42　生活綱領を設ける意見は、メソヂストから出たものと見てよい。そのことは、「信条に対する各派の態度として表明せられた処を要約すれば……（二）使徒信経に生活信条を附加し度し、内容は皇国への忠誠、礼拝の厳守、聖礼典たる聖餐及洗礼の遵守、信仰の証言と愛の奉仕、公役の励行、禁酒禁煙等」（『ルーテル総会記録』八四―八五頁）とあり、これはメソヂスト教団規則第一章第六条と同旨であり（『日本メソヂスト時報』第二五一九号、一九四〇〔昭和一五〕年一一月八日）、そして何よりも「メソヂスト側は使徒信経と生活信条を……希望した」（「使徒信条中心に各派の意向纏る　信条委員会極めて順調に進捗」、『基督教新聞』第一三一〇号、一九四〇〔昭和一五〕年一一月一六日）とある通りである。

43　「（ロ）『信徒ノ生活綱領』ハ創立総会ノ宣言トスルコトトシテ可決」（「第八回教会合同準備委員会記録」、『資料集　第1巻』三〇七頁所収）。

44　『創立経過報告』一八―一九頁。教義ノ大要起草委員の人数は、『創立経過報告』によれば一一名であるが、『連盟時報』第二〇四号、一九四一（昭和一六）年三月一五日によれば、友井楨を除く一〇名である。各人の教派については以下の通り。教義ノ大要起草委員：野口末彦〔組合〕、村岸清彦〔日基〕、郷司慥爾〔日基〕、今井三郎〔メソ〕、藤岡潔〔メソ〕、平賀徳造〔組合〕、篠原金蔵〔福音〕、三浦豕〔ルーテル〕、車田秋次〔聖教〕、谷口茂寿〔独立〕、友井楨〔バプ〕、生活規定起草委員：金井為一郎〔日基〕、真鍋頼一〔メソ〕、松山常次郎〔組合〕、広野捨二郎〔福音〕、安部豊造〔聖教〕。

45　『日本基督教団教団規則草案』（年月日不明。『富田満氏資料』C―13。草案自体に日付は記されていないが、四月二四日印刷のものと思われる。そのことは、「三　書類の整備　（一）教団規則案　起草委員会は四月四日より四月十日に至る間、大小四回の委員会を開きて、教団規則要綱の審査を行ひ、全編に亘りて字句を修正したる上之を印刷に附し、四月二十四日印刷完了して之を文部省に提出することを得たり」〔『創立経過報告』二六頁〕とあり、土肥昭夫もそれと同定している〔『資料集　第1巻』

三一〇頁〕）。この草案の条文配列を見る限り、「生活綱領」をそもそも教団規則の中に含めることを前提としていない。

46 「教団規則修正」（一九四一〔昭和一六〕年六月二三日、第九回教会合同準備委員会配布。『富田満氏資料』C―2）。

47 「日本基督教団教団規則草案 （昭和十六年九月十九日）」（『富田満氏資料』C―8）。

48 よって、「（川端） 教団発足の際の、「教義の大要」と「生活綱領」との関連がまるで切り離されているのです。……つまり信仰と倫理が切り離されてしまっている」（川端純四郎・吉田満穂・鵜沼裕子、前掲「鼎談『日本基督団史資料集』（全4巻をめぐって）」八頁）ように見えるのは、その経過からして当然であり、「このような〔第七条一項に見られる〕ファッシズム体制に自らを組入れることを肯定する立場の表明と、この時の教義の大要はいささかも矛盾することなく存在しえたこと」（雨宮栄一「信仰告白と戦責告白」、福田正俊・雨宮栄一編、前掲『福音を恥とせず――聖書・信仰告白・戦責告白』所収、一六一頁）は、教団が全くの無意識・無自覚・直線的思考によってのみ形成したものではない。

49 「信条に就いては合同準偏《ママ》委員会に於て当初より意見の一致を見ず困難の存したところであつたが、創立に際しても完全なる解決が見られたと見られず、議場に於て激しい討論が行はれたが結局、最後的決定は「教義の大要」修正委員に一任、その選出は常議員会に託すること、した」（「「日本基督教団」成る　創立総会概況」、『基督教世界』第二九八六号、一九四一〔昭和一六〕年七月三日）もので、一〇名の委員が挙げられる（「第一回常議員会記録」昭和十六年六月二四日〔火〕午後七時二十分於 東京都麹町区富士見町二ノ三 日本基督教会富士見町教会〔日本基督教団『常議員会記録』昭和一六年六月―昭和一九年七月。日本基督教団宣教研究所蔵〕）。一〇名の所属する教派と、元の関連する所属委員会を記すと次のようになる。〈長〉郷司慥爾〔日基・大要起草委員〕、熊野義孝〔日基・信条委員〕、武藤健〔メソ〕、平賀徳造〔組合・信条委員→大要起草委員〕、広野捨二郎〔福音〕、谷口茂寿〔独立・大要起草委員〕、村岸清彦〔日基・大要起草委員〕、藤川卓郎〔メソ〕、三浦豕〔ルーテル・信条委員→大要起草委員〕、友井楨〔バプ・大要起草委員〕。

50 「〔霊南坂教会信仰告白の〕第一条に「我等は聖書に於て、父、子、聖霊として示されたる無限純全なる独一の神を信ず」とあるは、聖書的にして而かも三位一体の根本義が明確にされたものである」（富森京次「合同の信条」、『基督教世界』第二九五八号、一九四〇〔昭和一五〕年一二月一二日）。

51 「日本基督教団教団規則草案 （昭和十六年九月十九日）」（『富田満氏資料』C―8）に、最初の修正が見られる。また理由は定かではないが、「日本基督教団教団規則（決定案）」（一九四一〔昭和一六〕年一一月一一日採択。『富田満氏資料』C―12）以降は、「イエス・キリスト」の文字部分だけがゴシック体標記となり、それは鈴木浩二編『日本基督教団規則』（日本基督教団出版部、一九四一〔昭和一六〕年一二月二七日発行）にも継承されている。

52　「第八回教会合同準備委員会記録」、『資料集　第1巻』三〇七頁所収。

53　信仰告白と「教義ノ大要」をめぐっての、二大教派（日基と組合）の委員の割合を示すと次のようになる。

（委員会名）	（内容の教派的傾向）	（日基の委員の割合）	（組合の委員の割合）
信条小委員会	日基	二一％（一四人中三人）	一四％（一四人中二人）
教義ノ大要起草委員会	組合	一八％（一一人中二人）	一八％（一一人中二人）
教義ノ大要修正委員会	――	三〇％（一〇人中三人）	一〇％（一〇人中一人）

54　「其の問題要点は、バールメン宣言の第一条即ちイエス・キリストと彼への証言としての聖書とが啓示の全資料であると断定し、其の他の出来事、力、表象及び真理を神の啓示として承認し得ないといふ宣言に関してである。……」（ZG〔たぶん郷司慥爾であろう〕生「海外教報」、『福音新報』第二三四六号、一九四一〔昭和一六〕年三月一三日）。矢吹大吾「「日本基督教団信仰告白」――その制定と実際」（同志社大学神学研究科学位論文（修士）、二〇〇九年三月）は、「教義ノ大要」の作成者について、「作成者は郷司慥爾（柏井創氏談　２００８年5月9日）」（四八頁）と記している。筆者もまた、かつて柏井創氏から、「教義ノ大要」の作成者が郷司慥爾であり、そのことを柏井創氏が東京神学大学大学院に在籍中、北森嘉蔵教授から講義の中で聞いたことがある、という主旨のことを拝聴したことがある（二〇〇八年二月二六または二七日。二〇一七年三月一七日に再確認。二度にわたって情報提供・確認に応じてくださった、柏井創氏に感謝申し上げる。また、本注に反映させることはできなかったが、当時の授業についての記録に関する問い合わせに応じてくださった、東京神学大学教務課の皆様に感謝申し上げる）。

第九章　日本基督教団成立時の「生活綱領」について
——その成立経緯

一　はじめに

「生活綱領」とは　日本基督教団（以下、教団）は、「生活綱領」という文書を保有している。(1)　その文書はたとえば、『日本基督教団　教憲教規および諸規則』（二〇一三年五月改訂）の中では、「日本基督教団信仰告白」（一九五四年制定）、「教憲」（一九四六年制定、一九九四年変更）に続く位置に置かれているのを確認することができる。

さて、この現在見ることのできる教団の「生活綱領」は一九五四年一〇月二八日の第八回教団総会で議決されたものであるが、(2)　教団が「生活綱領」を有することのルーツは教団の成立時にまで遡ることができる。教団は、一九四一（昭和一六）年六月二四日及び二五日の両日、富士見町教会で開かれた創立総会において「教義ノ大要」のもとに三〇余派のプロテスタント諸教派教会が合同することによって成立したが、教団が宗教法人として法的に存在するためには、文部大臣による教団規則認可が必要であった。創立総会の時点でも、その審査は長引き、認可は得られていなかったが、一一月二四日にようやく文部大臣の認可を受けた。それが、『日本基督教団教団規則』（鈴木浩二編、日本基督教団出版局、一九四一〈昭和一六〉年一二月二七日発行。通称〈一九四一年版教団規則〉）であった。そして、その第七条に位置するのが教団成立時の「生活綱領」である（よって、内容は現在のものと大幅に異なることに注意(3)）。

第七条　本教団ノ生活綱領左ノ如シ
一　皇国ノ道ニ従ヒテ信仰ニ徹シ各其ノ分ヲ尽シテ皇運ヲ扶翼シ奉ルベシ
二　誠実ニ教義ヲ奉ジ主日ヲ守リ公礼拝ニ与リ聖餐ニ陪シ教会ニ対スル義務ニ服スベシ
三　敬虔ノ修行ヲ積ミ家庭ヲ潔メ社会風教ノ改善ニ力ムベシ

第五条と第七条への批判と疑義　なお、〈一九四一年版教団規則〉の第五条には、「教義ノ大要」がある。教団は成立時に独自の「信仰告白」を持つことができず、信仰・教義内容については、宗教団体法の求めに応じる形で、教団規則の中に、より簡易な「教義ノ大要」という文書を含むことになったからである。

さて、この第五条と第七条の存在について、後代、批判がなされたり、疑義が抱かれたりしてきた。教団規則第五条「教義ノ大要」の内容そのものはよいとして、その直後に位置する教団規則第七条「生活綱領」に「皇国ノ道ニ従ヒテ信仰ニ徹シ各其ノ分ヲ尽シテ皇運ヲ扶翼シ奉ルベシ」とあり、同時並立したものであること[4]、そして、かつて第七条「生活綱領」と並立したことのある「教義ノ大要」が、戦後の教団にも無反省に継承されているという理由に対する批判と疑義である[5]。

第五条「教義ノ大要」については、前章（「第八章「教義ノ大要」条項の成立経緯——看過された日本基督教団信仰告白の源流」）で詳細に触れたので、本章では、前述のような内容の「生活綱領」がなぜ〈一九四一年版教団規則〉の中に、それも第五条と並立するように置かれたのか、その理由を、『富田満氏資料』[6]【図1】（次頁）をはじめとした第一次史料等を通して明らかにしたい。

図１『富田満氏資料』外観

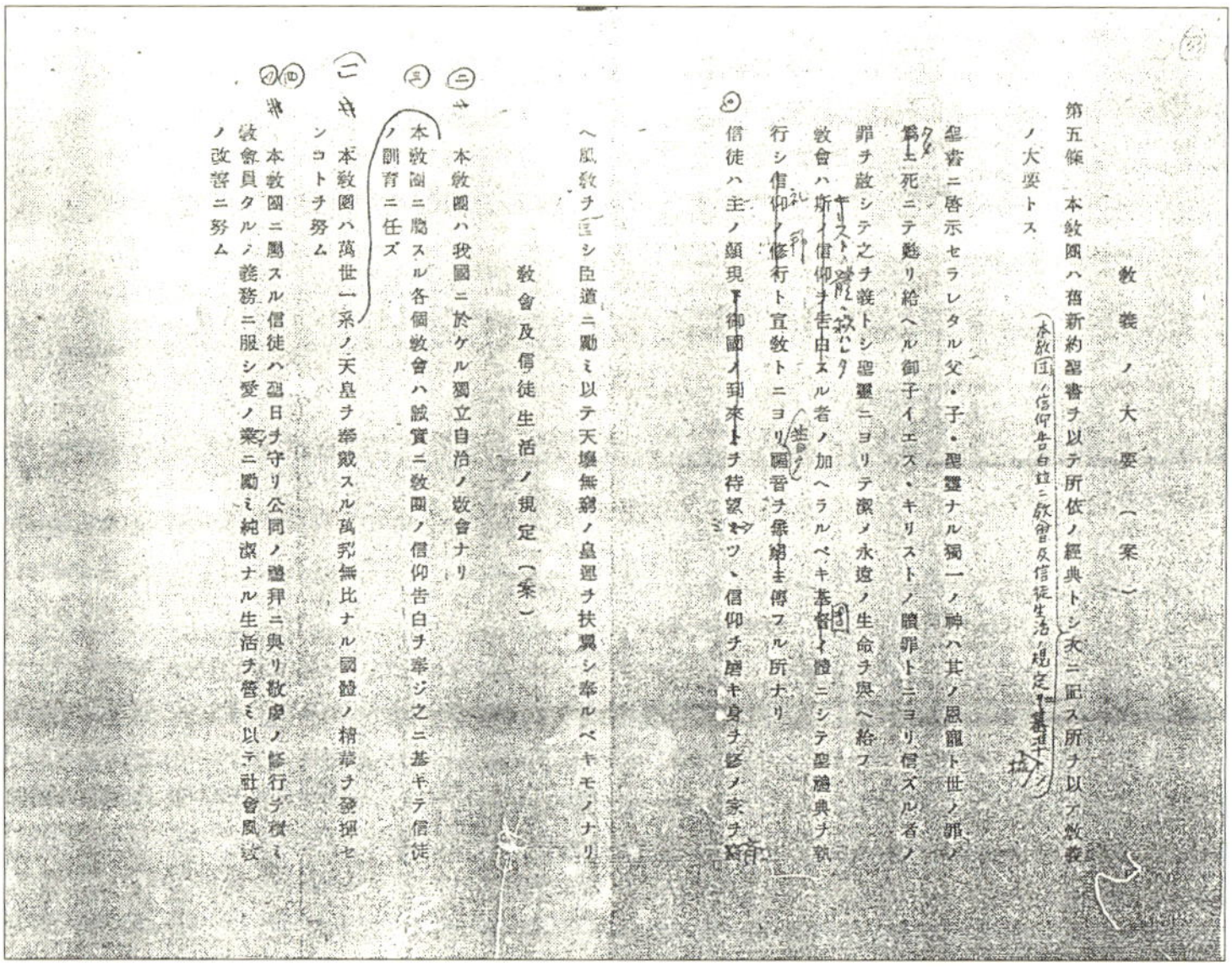

教義ノ大要（案）

第五條　本敎團ハ舊新約聖書ヲ以テ所依ノ經典トシ之ニ記ス所ヲ以テ敎義ノ大要トス

聖書ニ啓示セラレタル父・子・聖靈ナル獨一ノ神ハ其ノ恩寵ト世ノ罪ノ爲ニ死ニテ甦リ給ヘル御子イエス・キリストノ贖罪トニヨリ信ズル者ノ罪ヲ赦シテ之ヲ義トシ聖靈ニヨリテ潔メ永遠ノ生命ヲ與ヘ給フ

敎會ハ斯ノ信仰ヲ告白スル者ノ加ヘラルベキ基督ノ體ニシテ聖禮典ヲ執行シ信仰ノ修行ト宣敎トニヨリ福音ヲ宣傳フル所ナリ

信徒ハ主ノ顯現ト御國ノ到來トヲ待望ミツヽ、信仰ヲ磨キ身ヲ修メ家ヲ齊ヘ風敎ヲ匡シ臣道ニ勵ミ以テ天壤無窮ノ皇運ヲ扶翼シ奉ルベキモノナリ

敎會及信徒生活ノ規定（案）

本敎團ハ我國ニ於ケル獨立自治ノ敎會ナリ

本敎團ニ屬スル各個敎會ハ誠實ニ敎團ノ信仰告白ヲ奉ジ之ニ基キテ信徒ノ訓育ニ任ズ

本敎團ハ萬世一系ノ天皇ヲ奉戴スル萬邦無比ナル國體ノ精華ヲ發揮センコトヲ努ム

本敎團ニ屬スル信徒ハ聖日ヲ守リ公同ノ禮拜ニ與リ敬虔ノ修行ヲ積ミ敎會員タルノ義務ニ服シ愛ノ業ニ勵ミ純潔ナル生活ヲ營ミ以テ社會風敎ノ改善ニ務ム

図２『富田満氏資料』A-33

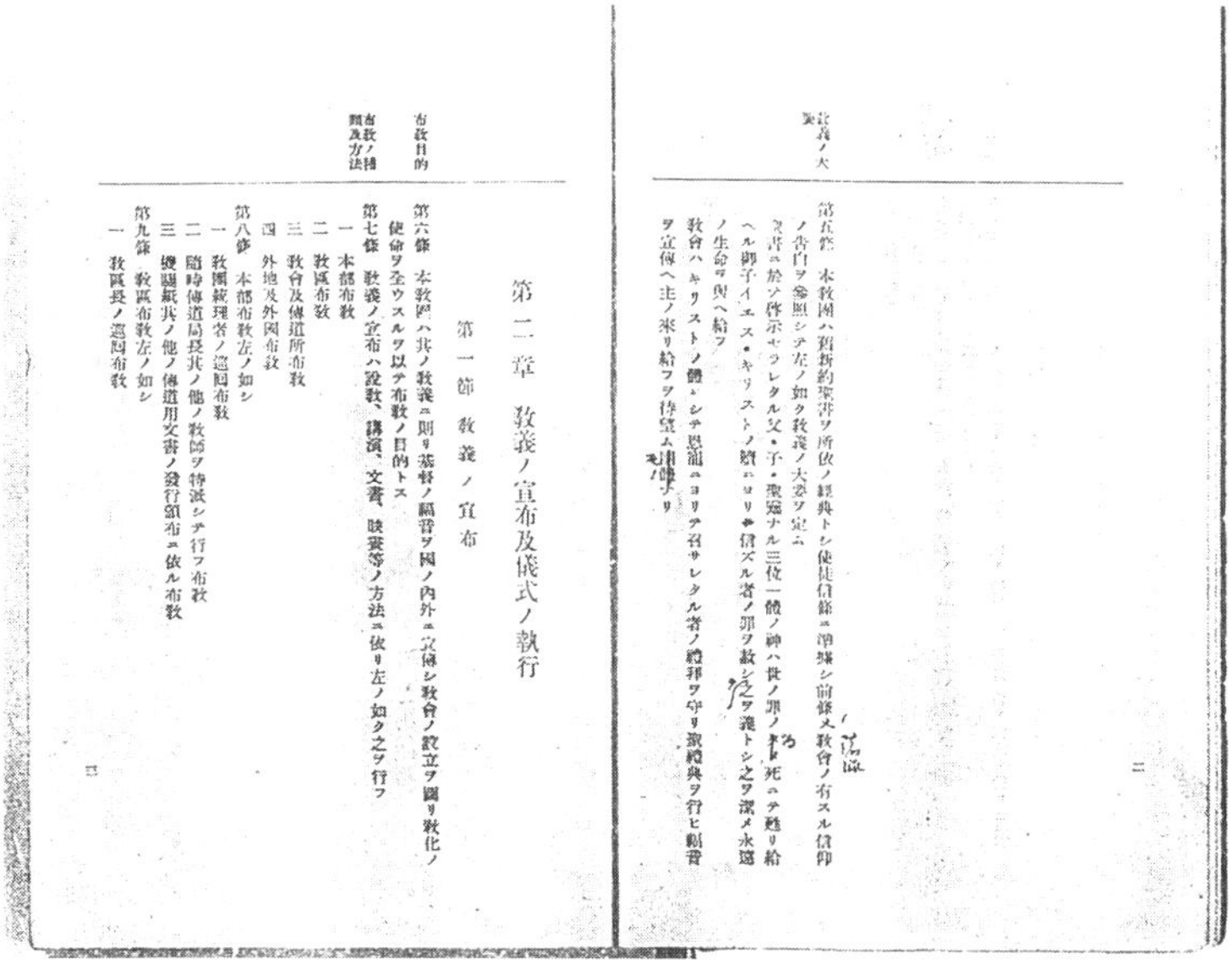

教義ノ大要

第五條　本教團ハ舊新約聖書ヲ所依ノ經典トシ使徒信條ニ準據シ前條ノ諸派教會ノ有スル信仰ノ告白ヲ參照シテ左ノ如ク教義ノ大要ヲ定ム

聖書ニ於テ啓示セラレタル父・子・聖靈ナル三位一體ノ神ハ世ノ罪ノ爲死ニテ甦リ給ヘル御子イエス・キリストノ贖ニヨリ信ズル者ノ罪ヲ赦シ之ヲ義トシ之ヲ潔メ永遠ノ生命ヲ與ヘ給フ

教會ハキリストノ體ニシテ恩寵ニヨリテ召サレタル者ノ禮拜ヲ守リ聖禮典ヲ行ヒ福音ヲ宣傳ヘ主ノ來リ給フヲ待望ムモノナリ

二

第二章　教義ノ宣布及儀式ノ執行

第一節　教義ノ宣布

布教目的

第六條　本教團ハ其ノ教義ニ則リ基督ノ福音ヲ國ノ内外ニ宣傳シ教會ノ設立ヲ圖リ教化ノ使命ヲ全ウスルヲ以テ布教ノ目的トス

布教ノ種類及方法

第七條　教義ノ宣布ハ説教、講演、文書、映畫等ノ方法ニ依リ左ノ如ク之ヲ行フ

一　本部布教
二　教區布教
三　教會及傳道所布教
四　外地及外國布教

第八條　本部布教左ノ如シ

一　教團統理者ノ巡回布教
二　隨時傳道局長其ノ他ノ教師ヲ特派シテ行フ布教
三　機關紙其ノ他ノ傳道用文書ノ發行頒布ニ依ル布教

第九條　教區布教左ノ如シ

一　教區長ノ巡回布教

三

図３『富田満氏資料』C-13

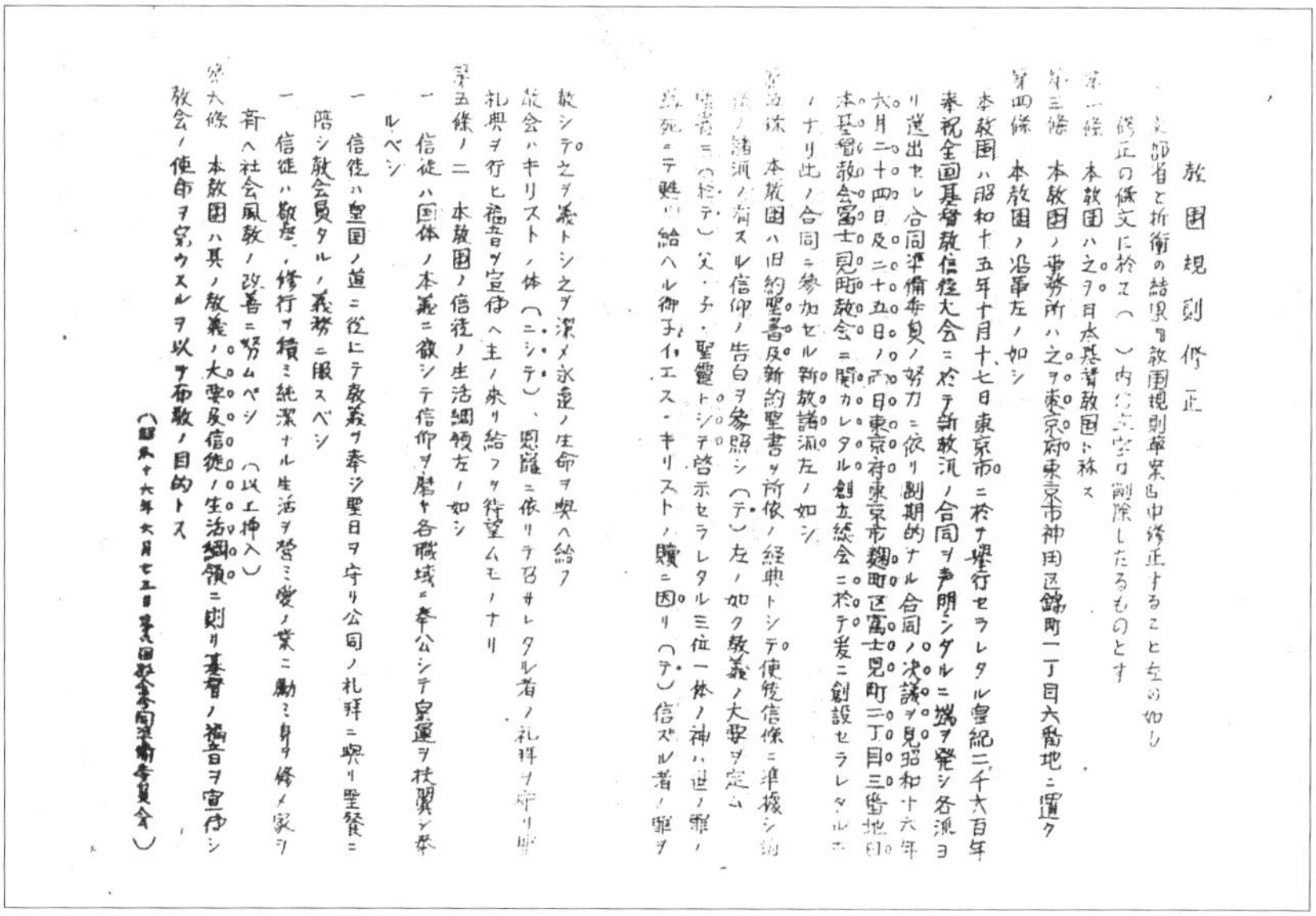

教団規則修正

文部省と折衝の結果「教団規則草案」中修正すること左の如し
修正の條文に於て（　）内の文字は削除したるものとす

第一條　本教団ハ之ヲ日本基督教団ト称ス

第三條　本教団ノ事務所ハ之ヲ東京府東京市神田区錦町一丁目六番地ニ置ク

第四條　本教団ノ沿革左ノ如シ

本教団ハ昭和十五年十月十七日東京市ニ於テ挙行セラレタル皇紀二千六百年奉祝全国基督教信徒大会ニ於テ新教派ノ合同ヲ声明シタルニ端ヲ発シ各派ヨリ選出セレ合同準備委員ノ努力ニ依リ劃期的ナル合同ノ決議ヲ見昭和十六年六月二十四日及二十五日ノ両日東京府東京市麹町区富士見町三丁目三番地日本基督教会富士見町教会ニ開カレタル創立総会ニ於テ爰ニ創設セラレタルモノナリ此ノ合同ニ参加セル新教諸派左ノ如シ

第五條　本教団ハ旧約聖書及新約聖書ヲ所依ノ経典トシテ使徒信條ニ準拠シ諸派ノ有スル信仰ノ告白ヲ参照シ（テ）左ノ如ク教義ノ大要ヲ定ム

聖書ニ（於テ）父・子・聖霊トシテ啓示セラレタル三位一体ノ神ハ世ノ罪ノ為ニ死ニテ甦リ給ヘル御子イエス・キリストノ贖ニ因リ（テ）信ズル者ノ罪ヲ赦シテ之ヲ義トシ之ヲ潔メ永遠ノ生命ヲ與ヘ給フ

教会ハキリストノ体（ニシテ）、恩寵ニ依リテ召サレタル者ノ礼拝ヲ守リ礼典ヲ行ヒ福音ヲ宣伝ヘ主ノ来リ給フヲ待望ムモノナリ

第五條ノ二　本教団ノ信徒ノ生活綱領左ノ如シ

一　信徒ハ国体ノ本義ニ徹シテ信仰ヲ磨キ各職域ニ奉公シテ皇運ヲ扶翼シ奉ルベシ

一　信徒ハ皇国ノ道ニ従ヒテ教義ヲ奉ジ聖日ヲ守リ公同ノ礼拝ニ與リ聖餐ニ陪シ教会員タルノ義務ニ服スベシ

一　信徒ハ敬虔ノ修行ヲ積ミ純潔ナル生活ヲ営ミ愛ノ業ニ励ミ身ヲ修メ家ヲ斉ヘ社会風教ノ改善ニ努ムベシ　（以上挿入）

第六條　本教団ハ其ノ教義ノ大要及信徒ノ生活綱領ニ則リ基督ノ福音ヲ宣伝シ教会ノ使命ヲ完ウスルヲ以テ布教ノ目的トス

（昭和十六年十月十五日　教団教会問題準備委員会）

図４『富田満氏資料』C-2

二 「生活綱領」の成立経緯

1 「生活綱領」制定の契機

第一回準備委員会 一九四〇（昭和一五）年一〇月一七日に開催された「皇紀二千六百年奉祝全国基督教信徒大会」で、「吾等は全キリスト教会合同の完成を期す」との宣言がなされ(7)、以後教会合同は急速に具体化していく。教団の創立までに、教会合同準備委員会（以下、準備委員会）が合計九回開催されたほか、各小委員会等が多数開催されていく。第一回準備委員会は一九四〇年一〇月一八日に開かれ、ここで信条、機構、財政、教職の四つの委員会が設けられた。この中の「信条小委員会」が以後、「生活綱領」制定に関わってくることになる。

第二回準備委員会 一九四〇（昭和一五）年一〇月三〇—三一日に開催された第二回準備委員会では、信条、機構、教職の三つについて「懇談」がなされた。懇談の内容は議事録からはわからないが、『ルーテル総会記録』によれば、「ブロック制主張者は唯少数の小教派のみにて大勢は完全なる合同の即時断行を主張した。日基側は信仰に於ける一致の必要と会議制度を高調、我教会は信条の教会にして之を無視して合同参加の不可能なること、及第廿一回総会の決議に基く我教会の態度を述べブロック制合同を主張す」（八三頁）と記録されている。また、「大多数は使徒信条を採用したい希望(8)」であったという。

この懇談の後に、各小委員会が開かれた。そこにおいて、委員長、書記、会計の役職が決定した(9)。役職も定まった信条小委員の顔ぶれは以下の通りである(10)。

〈長〉佐波亘（日本基督教会。以下、日基）、〈書記〉三浦豕（日本福音ルーテル教会。以下、ルーテル）、〈会計〉篠原金蔵（日本福音教会。以下、福音）、熊野義孝（日基）、浅野順一（日基）、釘宮辰夫（日本メソヂスト教会。以下、メソ）、今井三郎（メソ）、今泉真幸（日本組合基督教会。以下、組合）、平賀徳造（組合）、熊野清樹（日本バプテスト教会。以下、バプ）、安部豊造（日本聖教会。以下、聖教）、小林寿（日本協同基督教会）、諫山修身（日本ナザレン教会東部部会）、由木康（日本独立基督教会同盟会。以下、独立。一二月一日から委員に加わる）[11]

第三回準備委員会　一九四〇（昭和一五）年一一月一三—一四日に開催された第三回準備委員会では、機構問題について懇談がなされた。より具体的には、教団として、完全合同の一本建てでいくか、ブロック制の二本建てでいくかを、この段階において未だ決めかねていたのである。信条問題も、もちろん、この機構問題に影響を受けるのは必至であった。ここではまず、このような状況下における各教派代表の信条に対する態度を見ていきたい。本準備委員会について詳細に報じている史料は、『基督教新聞』[12]と『ルーテル総会記録』の二つがあるが、各教派の態度がより整理されて記されている後者を以下に掲げる。

信条に対する各派の態度として表明せられた処を要約すれば／（一）連盟合同委員会の作成せられたる信条は、基督の受肉、復活等現はされ居らざるを以て絶対に反対、使徒信経を基本としてプロテスタントの信仰を表明する一文を添へ聖書の規準性、救の恩寵性教会の自立性を明確にすること、ニケヤ信経は積極的には排斥せず、但し神学的色彩濃厚なるを以て寧ろ原始的なる使徒信経を採用し度し。／（二）使徒信経に生活信条を附加し度し、内容は皇国への忠誠、礼拝の厳守、聖礼典たる聖餐及洗礼の遵守、信仰の証言と愛の奉仕、公役の励行、禁酒禁煙等／（三）「使徒信経に基き」とし連盟委員会作成の信条を採用し度し、使徒信経より、処女降誕は非科学的なる故削除希望、復活は差し支へなし、ニケヤ信条挿入には絶対反対。／（四）大体前条と同意見／（五）最小限のものとして使徒信経及ニケヤ信経を主張、プロテスタントとキヤソリツクとを対立せしめんとする態度には反対。／（六）クリーダルチヤルトとして最も多くの信条を有する教派であり、其信仰に於ても多くの特異性を有する。さり乍う其固有の信仰的特色を他に強ゆることは我等の意志にあらず、さればブロック制を採用して我等にオーグスブルグ信仰告白を基準とする信仰の維持継続を認容せらるるに於ては、教団の信条としては使徒信経及ニケヤ信経を採用し、之に聖書、恩寵、教会、礼典に対する観念を表明する一文を添へたし。／（七）使徒信経にても、連盟案にてもよし等々[13]。

それぞれがどこの教派の態度であるかは書かれていないが、これは報告者（三浦家）のある種のユーモアであろう。たとえば、（一）は日基であろう。連盟案に反対というのは熊野義孝の証言からも明らかである[14]。（二）は、「禁酒禁煙」という言葉から思い当たるように、また「皇国への忠誠」というのも、たとえば『日本メソヂスト教会条例』（一九三五〔昭和一〇〕年一〇月制定、一九三六〔昭和一一〕年二月印行）の第一六条に「政府に対する義務の事　我等は聖書の教ふる所により、凡そ有る所の権は皆神の立て給ふ所なるを信じ、日本帝国に君臨し給ふ万世一系の天皇を奉戴し、国憲を重じ国法に遵ふ」（二五頁）とあったことを連想させることから、そして何よりも別の史料が「メソヂスト側は使徒信経と生活信条を……希望した[15]」と証言しているように、メソヂストで間違いないであろう。（三）は、「処女降誕は非科学的なる故削除希望」などは、「殊に処女降誕の如き、新らしく生れんとする教団の信条としては適当ではあるまい。むしろ信条を作成するとなれば、時代に則応したものを作成すべしと組合教会は提案したのであった[16]」と述べている人がいる通り組合であろう。続く（五）は番外委員として参加していた聖公会（ただし聖公会は第六回準備委員会以降、参加をとりやめる）、（六）は「クリーダルチヤルトとして最も多くの信条を有する教派……オーグスブルグ信仰告白を基準とする……」などはいかにもルーテルと、説明を要しないであろう。

いずれにせよ、この準備委員会の内容が本章との関連で重要なことは、信条問題との関わりにおいて、日本メソヂスト教会の代表が「使徒信経に生活信条を附加」することを望んだという点である。教団成立時に「生活綱領」が含まれるに至った背景に、このようなメソヂスト教会の存在は大きいものがあると言えよう。

2　生活規定起草委員会の開催

第六回準備委員会　一九四一（昭和一六）年二月一一―一四日に開催された第六回準備委員会では、教団規則要綱と、前準備委員会（第五回）では中間報告に終わった信条小委員会による信仰告白の草案に関する審議がなされた。しかし、この準備委員会で、信条小委員会から提出された「信仰告白」案が、いわゆる〈幻の教団信仰告白〉[17]である。しかし、二箇所の字句について教派間で対立が生じた。ここでその内容について触れる紙幅はないが（第八章注30参照）、結論として、日基とルーテルの両教派が「信仰告白」の採択を保留するという事態に至った。しかしそうした中、準備委員会は「教会論の箇条を除き、日本基督教会の一八九〇年信仰告白に全面的に依拠[18]」した形である「信仰告白」を採択したのであった[19]。それは、「ルーテルと日基側の意見の多分に加味せられたる信仰告白を二派を除外し他の全員起立を持って採決せられた[20]」皮肉な出来事でもあった。

さて、この準備委員会には続いて重要なことが決議されている。それは、「信仰告白」の採択後に、「之を教団規則第五条となすことは認可事項となるを以て、且又使徒信経本文を現はすことにつき強き反対[21]」があり、「遂に第五条のためには之より要約したるものを新に起草することゝなり、「教会及信徒規定」も亦改めて起草する事に決し議長指名による二つの委員が挙げられ[22]」たことである。つまり、「信仰告白」とは別に、準備委員会が、第五条「教義ノ大要」と、信徒の「生活規定」を新たに起草することになったということである。そうして、議長指名によって、教義ノ大要起草委員会と、生活規定起草委員会が設けられたのであった。

第六回準備委員会の決議の結果、二月二十日教義の大要及生活綱領起草の為、二の委員挙せらる。即ち左の如し
教会《ママ》の大要起草委員
（長）野口末彦　村岸清彦　郷司慥爾　今井三郎　藤岡潔　平賀徳造　篠原金蔵　三浦家　車田秋次　谷口茂寿　友井楨

生活規定起草委員
（長）金井為一郎　真鍋頼一　松山常次郎　広野捨二郎　安部豊造[23]

さて、本準備委員会で挙げられた、「教義ノ大要起草委員会」と「生活規定起草委員会」の両委員会は、単独あるいは合同で委員会を開くこととなった。第七回準備委員会までの開催日時は以下の通り[24]。

合同委員会　二月二一日（金）於日本基督教連盟
合同委員会　二月二二日（土）於日本基督教連盟
教義ノ大要委員会　二月二三日（日）於日本基督教連盟
合同委員会　二月二四日（月）於日本基督教連盟

理由は後で述べるとして、多分にこの段階で、「教義ノ大要（案）」と一緒に印刷された「教会及信徒生活ノ規定（案）」（『富田満氏資料』A―33【図二】）はできていたものと思われる。その文言は左記の通りで、特に第二項「本教団ハ万世一系ノ天皇ヲ奉戴スル」は、前述した『日本メソヂスト教会条例』の第一六条「日本帝国に君臨し給ふ万世一系の天皇を奉戴し」からの影響を受けていると見てほぼ間違いないと思われる。また、第一項と第二項が並立していることも興味深い。

教会及信徒生活ノ規定（案）
一　本教団ハ我国ニ於ケル独立自治ノ教会ナリ
本教団ニ属スル各個教会ハ誠実ニ教団ノ信仰告白ヲ奉ジ之ニ基キテ信徒ノ訓育ニ任ズ

二　本教団ハ万世一系ノ天皇ヲ奉戴スル万邦無比ナル国体ノ精華ヲ発揮センコトヲ努ム

三　本教団ニ属スル信徒ハ聖日ヲ守リ公同ノ礼拝ニ与リ敬虔ノ修行ヲ積ミ教会員タルノ義務ニ服シ愛ノ業ニ励ミ純潔ナル生活ヲ営ミ以テ社会風教ノ改善ニ努ム

第七回準備委員会　一九四一（昭和一六）年二月二五―二六日に開催された第七回準備委員会では、当初、「教義ノ大要」などを決めて、教団規則要綱を完成させる予定であった[25]。しかし、驚くべきことに、本委員会において「信仰告白」が宙に浮くことになるのである[26]。そうして、教団に信仰告白があることを前提としない「教義ノ大要」が、急遽準備される必要がでてきた。先程、『富田満氏資料』A―33【図二】が、第七回準備委員会開催時より前の段階にできていたと述べたが、そう判断できる理由は、その内容が、信仰告白があることを前提とした内容だからである[27]。

「教義ノ大要」については引き続き、新しいものを準備するために協議が重ねられる。三月一五日までには、新しい「教義ノ大要」は、「信徒ノ生活綱領」と一緒に突き合わされたであろうことが、二つが一緒に記された「16．3．15」の日付の判がある『富田満氏資料』A―32からわかる。ここに現れ出た「生活綱領」は、『富田満氏資料』A―33【図二】の手書き修正にあわせて、第二項が第一項へと移動したものとなっている。

第八回準備委員会　一九四一（昭和一六）年三月二五―二六日に開催された第八回準備委員会は、「特別機構委員の提出したる教団規則修正案、教義の大要起草委員の提出したる「教義の大要」及生活規定起草委員の提出したる「信徒の生活綱領」を採択[28]」した。まず、教団規則要綱についてであるが、第七回準備委員会が挙げた機構特別委員会は、計五回の会合によって教団規則要綱に修正を加え、これを条文化した案を提出したのであった。この場で可決された内容については、「記録では規則要綱の条文が記されていないので、文意の把握が困難である[29]」と言われるが、『富田満氏資料』C―11の『教団規則要綱　（目下条文及字句ノ整理中ニ付御諒承ヲ乞フ）』（日付不明）がそれであると思われる[30]。また、議事録は次のように報告している[31]。

（二）教義ノ大要委員ノ報告　野口委員長ノ同委員会ノ『教義ノ大要』及『信徒ノ生活綱領』ノ文案決定ニ至リタル経過ノ報告アリ、質疑アリタル後採決ニ移リ
（イ）『教義ノ大要』案中『三一ノ神』ハ『三位一体ノ神』ト修正ノ上可決
（ロ）『信徒ノ生活綱領』ハ創立総会ノ宣言トスルコトトシテ可決

ここに記された『信徒ノ生活綱領』は、可決された全文が『ルーテル総会記録』の九六頁に載っている。しかし、ここで注目したいことは、『信徒ノ生活綱領』が、創立総会の宣言に使われることとして可決されており[32]、規則の中に入れようとする意図は全く見られないことである。事実、本準備委員会で提示された『教団規則要綱（目下条文及字句ノ整理中ニ付御諒承ヲ乞フ）』（『富田満氏資料』C―11）には、「生活綱領」は条文の中に含まれていない。

三　「生活綱領」の修正

1　文部省との折衝

折衝前の教団規則案　さて、第八回準備委員会で可決された「生活綱領」であるが、その後も、認可に向けて教団規則は修正が続けられる。『教団規則要綱（目下條文及字句ノ整理中ニ付御諒承ヲ乞フ）』（『富田満氏資料』C―11）の次の段階のものとして、昭和一六年四月二四日印刷の『日本基督教団教団規則草案』（『富田満氏資料』C―13【図三】）がある。これは、文部省に提出するために印刷したものと考えられ[33]、つまり、これは文部省から修正を受けるより前の段階の、教団の自己姿勢が典型的に現れた教団規則の状態と言うことができる。ここには当然、「生活綱領」は含まれていない。いずれにせよ、注目すべきは、この『日本基督教団教団規則草案』（昭和一六年四月二四日印刷。『富田満氏資料』C―13【図三】）が以後、文部省によってどう修正されるか、である。

文部省との折衝の経過については、「四月二四日（昭和一六）に「教団規則草案」を文部省に提出し、その後五月一日に富田、真鍋正副委員長を友井書記との三名が文部省を訪問して、さきに提出した「教団規則草案」について説明を行なった。つづいて、その後友井書記と三浦起草委員長とが、しばしば文部省を訪問し、種々説明懇談を重ねた[34]」とのことである。

第九回準備委員会　創立総会前日の一九四一（昭和一六）年六月二三日に開催されたのが、第九回準備委員会である。公式記録はないが、都田恒太郎が報じている。この準備委員会では、文部省との折衝によって生じた教団規則の変更点の報告がなされた。この時、席上で配布された資料が「教団規則修正」（『富田満氏資料』C—2【図四】）であろう（資料の最後のところに「（昭和十六年六月廿三日第九回教会合同準備委員会）」とある[35]）。

第五条ノ二　本教団ノ信徒ノ生活綱領左ノ如シ

一　信徒ハ国体ノ本義ニ徹シテ信仰ヲ磨キ各職域ニ奉公シテ皇運ヲ扶翼シ奉ルベシ

一　信徒ハ皇国ノ道ニ従ヒテ教義ヲ奉ジ聖日ヲ守リ公同ノ礼拝ニ與リ聖餐ニ陪シ教会員タルノ義務ニ服スベシ

一　信徒ハ敬虔ノ修業ヲ積ミ純潔ナル生活ヲ営ミ愛ノ業ニ励ミ身ヲ修メ家ヲ斉ヘ社会風教ノ改善ニ努ムベシ

（以上挿入）

文部省との折衝によって「生活綱領」は教団規則の中へ　さて、文部省による修正前である『日本基督教団教団規則草案』（昭和一六年四月二四日印刷。『富田満氏資料』C—13【図三】）と、今示した「教団規則修正」（一九四一年六月二三日配布。『富田満氏資料』C—2【図四】）とが最も異なるのは、「第五条ノ二」が新たに加えられた点であろう。この文言自体は、すでに第八回準備委員会で採択されたものと主旨は同一ではある[36]。しかしこれまで我々が見てきたように、これは第五条の中などに含まれるものではなかったし、また含めようとするものではなかった。それが、この文部省との折衝において、第五条の中に挿入されることとなったのである。それが「ノ二」とある理由であり、また「以上挿入[37]」「以上新ニ挿入[38]」と記されている通りである。よって、この条項は初めから、創立総会の宣言として用いられる文言としては存在したものの、当初から第五条（すなわち教義ノ大要）と並び立つものとして作られ、置かれたものではなかったということである。

教団創立総会　こうして、まだ、教団規則が認可される前に、六月二四日に日本基督教団の創立総会を迎えた。創立総会の議事に関しては、『日本基督教団創立総会記録』（一九四一〔昭和一六〕年八月三〇日発行、東京神学大学図書館蔵。以下、『創立総会記録』）によれば、一日目の「四、議事」のなかに「（十）教団規則草案承認の件」がある。「信条、教義ノ大要及び信徒の生活綱領につき」、信条委員長の三浦豕から、信徒の生活綱領が教団規則中に加える必要が生じた旨等の説明がなされた[39]。なお、『創立総会記録』からは、創立総会において、当初予定したような、「生活綱領」が宣言として用いられた跡は見られない。

2　教団規則における「生活綱領」の位置の移動

さて、次に我々が見ることができる「生活綱領」は、『日本基督教団教団規則草案（昭和十六年九月十九日）』（『富田満氏資料』C―8）に収められたものである。この規則草案に収められている「生活綱領」は、一つ前の草案と比べて、「第五条ノ二」から第七条に移動している。

他に、最終段階のものとして、『日本基督教団教団規則（決定案）』（一九四一〔昭和一六〕年一一月一一日採択。『富田満氏資料』C―12）がある。表紙に手書きで、「十六年十一月十一日（火）午後七時二十五《ママ》分常議員会採決」とあり、臨時常議員会（一九四一〔昭和一六〕年一一月一一―一二日）の記録には「教団規則修正承認の件　議長より議場の意見を求めたるに承認の動議あり、特に満場起立を以て之を可決す。時に午後七時二十分[40]」とあるから、ここで採決されたもので間違いないであろう。そこに記されている「生活綱領」はもちろん、第七条に位置している。そして、一一月二四日に至ってようやく、我々が通常知っているところの『日本基督教団教団規則』（鈴木浩二編、日本基督教団出版局、一九四一〔昭和一六〕年一二月二七日発行）、すなわち〈一九四一年版教団規則〉が認可されたのであった。

四　おわりに

まとめ　以上、第一次史料をもとに、教団成立時の「生活綱領」の成立経緯を概観してきた。〈一九四一年版教団規則〉の第七条になぜ「生活綱領」が位置づけられているかの問いに対しては以下のようにまとめることができる。（一）信条制定の際、日本メソヂスト教会側が「使徒信経に生活信条を附加」することを望んだということ、（二）生活信条を含まない「信仰告白」が採択された後、信徒の「生活規定」を起草することになったこと、（三）準備された「生活綱領」は『日本メソヂスト教会条例』の影響が見られ、当初教団の創立総会の宣言として使う予定であったこと、（四）その後文部省との折衝で教団規則に組み込むことを要求されたこと、（五）当初は教義ノ大要と同じ第五条であったものが最終段階で第七条へと変更したこと、である。

つまり、教団としては当初から、教団規則の中に「生活綱領」を「教義ノ大要」と並ぶ形で組み込むつもりはなかったということである。しかし、「生活綱領」を教団の名による創立総会の宣言として用いようとしていたのもまた事実である。

今後の課題　本章は内容においてなお不十分なところがあり、たとえば次のような課題が残されている。（一）「生活綱領」が教団規則の中へ組み込まれることとなった理由が判然としないこと、[41]（二）今回、「生活綱領」の文言そのものの推移や由来についてまでは調べきれていないこと、[42]（三）関連して、『日本メソヂスト教会条例』の宗教箇条、特に第一六条の成立由来の詳細な検討の必要性、すなわち英国教会『三九箇条』以降、一七八四年に米国で採択された二五箇条から成る『メソジスト宗教箇条』という流れの連続性と非連続性である。それは、宗教改革的遺産・伝統を日本のキリスト教会がどう受容したかの問題でもある。そして、(四)『日本メソヂスト教会条例』第一六条に表された〈教会と国家の関係〉であるが、それについて他の日本プロテスタント諸教派教会はどのような態度をとりえたか、である。次章では、これら諸課題をふまえ、さらに考察をしていきたい。

注

1　日本基督教団東京教区編『信徒必携　新改訂版』(日本キリスト教団出版局、二〇一六年、九頁)の「信仰告白・生活綱領解説」によれば、教団信仰告白を告白することによって「日本基督教団に属する教会の信徒となり、一つの幹に連なる枝として信仰生活をいとなむ」が、「信仰生活をいとなむ者には、それぞれ信仰のよい実が期待される」、そして、「その日常生活のあり方や心がけなどを、端的にあらわしたもの」が「生活綱領」であると説明されている。

2　日本基督教団宣教研究所教団史料編纂室『日本基督教団史資料集　第3巻』日本基督教団出版局、一九九八年、一七七―一七八頁、及び北森嘉蔵「日本基督教団生活綱領」、日本キリスト教歴史大事典編集委員会編『日本キリスト教歴史大事典』教文館、一九八八年、一〇四六頁参照。

3　教団成立時の「生活綱領」(一九四一〔昭和一六〕年)と戦後の「生活綱領」(一九五四年)の両者の関係であるが、戦後の「生活綱領」制定の経緯を見る限り、教団成立時のそれとの連続性は(思想面も含め)見られないようである(「日本基督教団〝生活綱領〟座談会〔1〕」、『基督教新報』第二九七三号、一九五五年一一月五日)。

4　本書一八八―一八九頁及び第八章の注8参照。

5　本書一八九頁及び第八章の注9参照。

6　東京神学大学図書館蔵、マイクロフィッシュ図版の掲載許諾済。

7　「吾等は全キリスト教会合同の完成を期す」とは、大会当日午後の部で額賀鹿之助によって朗読された「この記念大会のクライマックスともいうべき教会合同への決意表明」(都田恒太郎『日本キリスト教合同史稿』教文館、一九六七年、一六八頁)である「宣言」の一部であるが、「宣言文は十月十七日の朝、本教会に対しても又本会委員に対しても何等諮らるゝ事なくして「合同の達成を期す」と変更の上式場に於て朗読せられた。斯かる重大なる問題が正規の手続きを経ずして遂行せられし事は理解に苦しむ所である」（『日本福音ルーテル教会第二十二回総会記録』一九四一〔昭和一六〕年五月一―三日、七七頁。日本基督教団宣教研究所蔵の、日本ルーテル神学大学ルーテル諸派資料室蔵のもののコピーを利用。以下、『ルーテル総会記録』）と述べられているところは、興味深い。森東吾が、「この宣言文の起草にあたって甲論乙駁、開会寸前まで分裂の危機を孕みながら、最終的に決定されたという」と述べることと、関連があるのかもしれない（森東吾「文部省側からみた日本キリスト教団成立の事情」、日本基督教協議会宗教研究所『出会い――キリスト教と諸宗教』第九巻第一号、一九八六年一二月所収、九頁）。

8　「第二回教会合同準備委員会」、『基督教世界』第二九五三号、一九四〇（昭和一五）年一一月七日。

9　信条小委員会他の、機構、財務、教職各小委員会委員の氏名については、『基督教年鑑』一九四一（昭和一六）年版、四五―四六頁等を参照。

10　都田恒太郎、前掲書、一八七―一八八頁。

11　当初、同盟代表は白戸八郎だったが、途中、由木康が代わって出席することになった。この、いわゆる「白戸八郎問題」については、都田恒太郎、前掲書、一九四頁参照。なお、由木康の「自伝的随筆」が集められてできた書物『出会いから出会いへ――ある牧師の自画像』（教文館、一九七六年）は、このことについて、「ある事情で白戸は谷口茂寿に代わった」（一〇五頁）とだけ記す。

12　「〔教団の信条問題は〕各方面から異常な注意を以て観られてゐたが、信条委員会に於ける各派代表委員の歩み寄りは予想外に強調《マヽ》的であることは注意を惹いた、即ち信条問題に対しては全委員会の空気も、又信条委員会の意向も使徒信条で進まうといふことが大部分の如くである、たゞ委員会に於ける各派の主張としてはルーテル教会は使徒信経と共にニカヤ信経と信仰告白を、またメソヂスト側は使徒信経と生活信条を、日本基督教会は使徒信経に、教会、贖罪観、聖書観といふ様なものを説明した解説書的なものを附加される事を希望したが、而かも以上の各派の間には使徒信経を中心とするといふ共通的な且つ協調的な歩みが観られたが、比較的至難と想はれた派に協調的な気運が見られたに反し、組合側の一委員から「組合には組合教会全体の中に一定した信条といふものはない《マヽ》』と論ずるものがあり、これに対して論議が交はされたが、結局第二日の委員会には組合側も各派の協調的態度を理解し、使徒信条を中心として進むといふところに歸一した。尚信条委員会では今後の研究と協議の進捗を図るため佐波委員長以下浅野順一、今井三郎、平賀徳造〔、〕三浦家の五氏が起草委員に挙げられ、信条に対する基礎的な案文を作成することゝなり、更に十五日午前九時より青山学院内ハリス館に小委員会を続行することゝなつた」（「使徒信条中心に各派の意向纏る——信条委員会極めて順調に進捗」、『基督教新聞』第一三一〇号、一九四〇（昭和一五）年一一月一六日）。

13 『ルーテル総会記録』八四—八五頁。

14 「……〔連盟の合同案〕については、私は意識して、それは絶対に参照すべきではないし、また軽々に取り上げるべきではないと主張しました。もちろん、私一人ではありませんが」（雨宮栄一・堀光男・熊野義孝「日本キリスト教団の成立2——その契機と経過と問題と」、『福音と世界』一九七一年七月所収、七六頁）という発言がある。

15 「使徒信条中心に各派の意向纏る——信條委員會極めて順調に進捗」、『基督教新聞』第一三一〇号、一九四〇（昭和一五）年一一月一六日。

16 三井久「合同教団の成立と組合教会の使命」、『基督教世界』第二九八九号、一九四一（昭和一六）年七月二四日。

17 『ルーテル総会記録』九〇—九一頁。この部分については、日本基督教団宣教研究所編纂『日本基督教団史資料集　第1巻』（以下『資料集　第1巻』）二九八—二九九頁でも見ることができる。

18 五十嵐喜和「教団成立の経緯を考える　第一編「日本基督教団への過程」をめぐって」、『福音と世界』一九九九年七月所収、一二頁。

19 この採択の経緯について、今村好太郎（日基）の二月一四日付の日記が次のように記している。「〔一四日〕午後の会議で信条問題は最後の段階に逢着、四時半より半時間、我ら側委員だけ退場して協議する。決裂を主張するもの、断然之に不賛成を主張するもの、保留の上議事続行を主張するもの、内部で意見三分する。遂に信条の一項を保留して議事を続くる事となる。夜の七時、遂に日本キリストとルーテルを除いて他は信条（修正案）を可決する」（今村正夫「資料　日本基督教会と教会合同問題——一牧師の日記より」、日本基督教協議会宗教研究所『出会い——キリスト教と諸宗教』第七巻第二号、一九八二年一月）。

20 『ルーテル総会記録』九〇頁。

21 「信仰告白採択の後、之を教団規則第五条となすことは認可事項となるを以て、且又使徒信経本文を現はすことにつき強き反対あり」（『ルーテル総会記録』九一頁）とのことであるが、具体的にどこの教派が反対をしたかはわからない。たとえば、教派ごとに教団認可を目指していた時の、各教派の「教義ノ大要」を見ると、日基はその本文に使徒信条があったことを考えると（『富田満氏資料』C—6及び7）、日基ではないのかもしれない。しかし、日基は自派が保留する中採択された「信仰告白」に不満があったから、それが「教義ノ大要」にまで使われることを嫌ったのかもしれない。あるいは、「教団規則」の中に一つの「信仰告白」

が組み入れられ、よって、一つの信条によって拘束されることを嫌った組合であろうか。いずれにせよ、断定しがたい。ただ、別の側面から見た場合、このような判断がなされたことは、結論としては適当なものであったと思われる。なぜならば、「1941年6月の日本基督教団成立から、教憲制定までの5年4ヶ月は教団史における教憲なき時代であり、自立的教会法なき時代である」（山口隆康「日本基督教団の法制に関する研究（2）」、東京神学大学総合研究所『紀要』第六号、二〇〇三年所収、三五頁）と言われるように、宗教団体法のもとで制定される教団規則は自立的な教会法ではないからであり、もしも、その国家の宗教法の中に「信仰告白」を組み込むようなことがあれば、教会法と世俗法との混同が起こるからである（よって、一九四一年版『日本基督教団教団規則』と、第四回教団総会〔一九四六年一〇月一六日〕以降の教憲・教規を含んだ『日本基督教団諸規則』とは、名称こそ似ているが、その本質を全く異にするものであることは注意が必要）。

22　『ルーテル総会記録』九〇―九一頁。

23　『日本基督教団創立経過報告』（教会合同準備委員会、一九四一〔昭和一六〕年六月。『富田満氏資料』A―1。以下、『創立経過報告』）一八―一九頁。教義ノ大要起草委員の人数は、『創立経過報告』によれば一一人であるが、『連盟時報』第二〇四号、一九四一（昭和一六）年三月一五日によれば、友井楨を除く一〇人である。各委員の所属教派については以下の通り。教義ノ大要起草委員：野口末彦（組合）、村岸清彦（日基）、郷司慥爾（日基）、今井三郎（メソ）、藤岡潔（メソ）、平賀徳造（組合）、篠原金蔵（福音）、三浦家（ルーテル）、車田秋次（聖教）、谷口茂寿（独立）、友井楨（バプ）、生活規定起草委員：金井為一郎（日基）、真鍋頼一（メソ）、松山常次郎（組合）、広野捨二郎（福音）、安部豊造（聖教）

24　『創立経過報告』一九頁。

25　「教団規則に掲ぐべき教義の大要の案文を特別委員に附託したものがあるので、更に来る廿五、廿六両日〔第七回〕総委員会を開き最後的決定を見る事となつた次第である」（『基督教世界』第二九六七号、一九四一〔昭和一六〕年二月二〇日）。また、当初は第六回で終わらせようと皆が考えていたことも触れられている。第二九六九号、三月六日の記事からもそのことはわかる（同旨は『ルーテル総会記録』九二頁にもあり）。

26　事の経緯については、『資料集　第1巻』三〇一頁を参照。

27　その他、「教義ノ大要」の冒頭の文言が、「聖書ニ啓示セラレ」から、その後「聖書ニ於テ啓示セラレ」、「イエス・キリストニ由リテ啓示セラレ聖書ニ於テ証セラルル」と段階的に発展していく様子からも、『富田満氏資料』A―33がより古い段階のものであることがわかる。

28 『創立経過報告』一三頁。
29 土肥昭夫「解題」、『資料集　第1巻』三〇四頁。
30 今泉真幸「合同問題の一段落と次のステップ」（『基督教世界』第二九七四号、一九四一〔昭和一六〕年四月一〇日）における記述で、ブロック制に関して述べた第一一条や第五一条の文章と、全く同一のものが『富田満氏資料』C—11に記されているからである。
31 『資料集　第1巻』三〇七頁。
32 「創立総会ノ宣言トスルコトトシテ可決」（「第八回教会合同準備委員会記録」、『資料集　第1巻』三〇七頁）、「信徒規定も同様採択、但し之は創立総会の宣言に加ふる事に決定」（『ルーテル総会記録』九五頁）。
33 「三 書類の整備／（一） 教団規則案　起草委員会は四月四日より四月十日に至る間、大小四回の委員会を開きて、教団規則要綱の審査を行ひ、全篇に亘りて字句を修正したる上之を印刷に附し、四月二十四日印刷完了して之を文部省に提出することを得たり」（『創立経過報告』二六頁）とあり、土肥昭夫も、それと同定している（『資料集　第1巻』三一〇頁）。
34 都田恒太郎、前掲書、二一四頁。
35 この資料の中で修正箇所として報告されているのは第六条までだけであり、「文部省の内審が容易でなかったことが知られる」（土肥昭夫「（解題）」、『資料集　第1巻』三〇五頁）と言われるが、『創立経過報告』（一九四一〔昭和一六〕年六月）三三一—三七頁の「『教団規則草案』修正」では四一八条まで修正が加えられたものが掲載されており、全体にわたって修正の指摘は行われたのであろう。
36 主旨は同一であるが、かなり文言の変更が行われている。字句レベルでの詳細な検討は別稿で期したい。
37 『富田満氏資料』C—2【図3】。
38 『創立経過報告』三四頁。
39 「創立委員長富田満氏より教団規則草案起草の経過報告ありたる後同草案起草の準備に当りたる左記委員長より教団規則草案の説明をなす。……信条、教義の大要及信徒の生活綱領につき／信条委員長　三浦豕／（委員長は文部省と折衝の結果教団規則草案の辞句を修正したる事実並に信徒の生活綱領を教団規則中に加ふるの必要を生じたる事情をも併せて説明す。）」（『創立総会記録』二頁）。
40 「臨時常議員会」一九四一（昭和一六）年一一月一一—一二日（日本基督教団宣教研究所編纂『日本基督教団史資料集　第2巻』

日本基督教団出版局、一九九八年、一八頁）。

41 〈一九四一年版教団規則〉が認可されるまで文部省との折衝の任にあった藤川卓郎（メソヂスト）によれば、折衝が「困難」であった理由の一つとして「文部省は宗教行政を統一しようといふ立場から、神道、仏教、カトリック教会等の教団規則と画一的にしたい意向が強かった」からであると記している（「教団認可を前にして　藤川卓郎氏談」、『日本メソヂスト時報』第二五七〇号、一九四一（昭和一六）年一一月二一日）。そのため、他教団規則との画一化の兼ね合いで「生活綱領」が教団規則の中に挿入されたとも考えられたが、日本天主公教の教団規則（『日本天主公教教団規則』一九四一（昭和一六）年五月三日文部大臣認可、南山大学図書館カトリック文庫蔵）を見ても、教団の「生活綱領」にあたるものは見られなかった。それどころか、教団の「生活綱領」に位置する『日本天主公教教団規則』第一章総則中の第五―八条は、『公共要理』（編輯兼発行天主公教会、一九三六（昭和一一）年、南山大学図書館カトリック文庫蔵）の内容・順番をよく反映させたものとなっている。

42 よって、字句レベルでの検討作業を経ない時点で、十把一絡げに〝「生活綱領」は日本メソヂスト教会の影響によるもの〟と結論付けることは避けなければならないであろう。

第一〇章　日本メソヂスト教会「宗教箇条」第一六条の成立をめぐって[1]
——なぜ「万世一系の天皇を奉戴」との文言が含まれているのか

一　はじめに

日本のキリスト教会と皇国ノ道　日本基督教団（以下、教団）は一九四一（昭和一六）年六月二四日及び二五日の両日、富士見町教会で開かれた創立総会において成立した。その教団が保有する規則は、一一月二四日にようやく文部大臣の認可を受けることができた。『日本基督教団教団規則[2]』がそれであるが、その第七条に位置するのが教団成立時の「生活綱領」である。そこには、「皇国ノ道ニ従ヒテ信仰ニ徹シ各其ノ分ヲ尽シテ皇運ヲ扶翼シ奉ルベシ」といった言葉が記されている。筆者は前章（「第九章　日本基督教団成立時の「生活綱領」について——その成立経緯」）において、前述のような内容の「生活綱領」がなぜ教団規則の中に置かれるようになったかの理由を、第一次史料等を通して明らかにした。

その結論すべてをここに記す紙幅はないが、本章の目的と関連する部分だけをかいつまんで記せば以下のようになる。すなわち、教団成立に向けて信条の制定が試みられようとする際、（一）日本メソヂスト教会の代表者が「皇国への忠誠」等を内容とした「生活信条を附加」することを望んだという事実があったこと[3]、そして、（二）そのような主張をした日本メソヂスト教会が当時保有していた『日本メソヂスト教会条例[4]』の第一六条には、「政府に対する義務の事／我等は聖書の教ふる所により、凡そ有る所の権は皆神の立て給ふ所なるを信じ、日本帝国に君臨し給ふ万世一系の天皇を奉戴し、国憲を重じ国法に遵ふ」とあり、その影響を無視しえない[5]、という点である。

本章の課題と目的　そこで本章が取り組むべき次なる課題は、なぜ、『日本メソヂスト教会条例』第一六条にそのような文言が含まれているのか、という点である。『日本メソヂスト教会条例』に関する先行研究として棚村重行のものがあるが[6]、第一六条について触れるものではない。また、第一六条についての言及それ自身はこれまでも多くの論考に見られたが[7]、そこに潜む問題性を指摘しているのは宮田光雄[8]、森岡清美[9]、澤田泰紳[10]、土肥昭夫らであり[11]、特に澤田は『日本メソヂスト教会条例』の制定過程全般について触れている[12]。しかし、いずれも第一六条そのものに論点を絞ったものではなかったため、その成立に際して日本人教職者・信徒間に、また本国（米国とカナダ）教会側にどのような見解と議論があり、またなかったのかを探ろうとするものではなかった。

よって、本章では主として澤田の日本メソヂスト教会研究を基にしつつ、『日本メソヂスト教会条例』第一六条の成立に際してどのような出来事が背景にあったかを、日米双方の第一次史料に即しつつ微視的に検討、新たな事実を探ろうとするものである。それは英国教会『三九箇条』以来、一七八四年に米国で採択された二五箇条からなる『メソジスト宗教箇条』、そして『日本メソヂスト教会条例』へと至る流れの連続性と非連続性の検討であり、それはそのまま、宗教改革的遺産・伝統を日本のキリスト教会がどう受容したかの視点をも提供できると思われる。

二　日本メソヂスト教会「宗教箇条」第一六条の源流

1　問題の所在

日本メソヂスト教会とは　それでは、日本メソヂスト教会が教団成立にあたり採用を求めた「生活信条」、そして、それの元となった『日本メソヂスト教会条例』とは何であったのだろうか。まず始めに、日本メソヂスト教会とは何であったかを簡単に確認しておきたい。

「日本メソヂスト教会」とは、明治期に日本伝道を行っていたメソヂスト系の諸教会のうち、米国のメソヂスト監督教会（the Methodist Episcopal Church. 以下、ＭＥＣ）日本年会及び南部年会（美以教会）、カナダのメソヂスト教会（the Methodist Church. 以下、ＭＣＣ）日本年会（日本メソヂスト教会）、及び米国の南メソヂスト監督教会（the Methodist Episcopal Church, South. 以下、ＭＥＣＳ）日本年会（南美以教会）の三派四年会が、一八八三（明治一六）年の合同運動開始以来、それぞれの母教会から政治的に分離独立して一九〇七（明治四〇）年に成立した新しい日本の合同メソヂスト教会のことである。[13]

宗教箇条とは　その際に制定されたのが、本多庸一編『日本メソヂスト教会教義及条例』（教文館、一九〇八〔明治四一〕年刊）[14]である。特にその前半部分は「宗教箇条」と呼ばれ、信仰上の重要な事柄が記されている。歴史的なメソヂスト宗教箇条は、英国教会『三九箇条』を神学的理由で二五箇条に縮めたものであるが（後述）、日本メソヂスト教会のものはさらに一八箇条に短縮したものであった。[15]『日本メソヂスト教会教義及条例』の第一六条には、次のような言葉がある。

第十六条　政府《せいふ》に対《たい》する義務《ぎむ》の事《こと》／我等《われら》は聖書《せいしょ》の教《をし》ふる所《ところ》により凡《すべ》て有《あ》る所《ところ》の権《けん》は皆神《みなかみ》の立《た》て給《たま》ふ所《ところ》なるを信《しん》じ、日本《にほん》帝国《ていこく》に君臨《くんりん》し給《たま》ふ万世《ばんせい》一系《けい》の天皇《てんのう》を奉戴《ほうたい》し、国憲《こくけん》を重《おもん》じ、国法《こくはう》に遵《したが》ふ。

これはその後に改訂されていく教会条例においても変わることはなく、[16]たとえば、一九〇七（明治四〇）年制定のものと、先述の一九三五（昭和一〇）年制定の『日本メソヂスト教会条例』のものとを見比べても、その違いはルビの有無とわずかな句読点の有無だけである。つまり第一六条は、日本メソヂスト教会の成立以来、一貫して存続し続けてきたものであることがわかるのである。

第一六条の窓史料　さて、この第一六条がどのようにして生み出されたかについて、諸家によってしばしば引用される記述をまず確認したい。それは、岡田哲蔵著の『本多庸一伝』[17]に記された、三派が合同して日本メソヂスト教会が成立することになる、東京で開かれた日本メソヂスト教会第一回総会八日目（一九〇七〔明治四〇〕年六月一日）午前の様子についての叙述である。

教会条例は総会に於て逐条を議する時日なきを以て編纂委員は全権委員と協議して制定すべき権限を附与された。但し既定の信仰箇条十七個条に日本人の加ふべき唯一の箇条たる第十六条『吾人は聖書の教ゆる処により凡て在る処の権は神の立て給ふ所なるを信じ、日本帝国に君臨し給ふ万世一系の天皇を奉戴し国憲を重んじ国法に遵ふ』との条文は特に全会にて可決した。此条文は別所の筆になりたるを本多がその末句を除き代ふるに教育勅語の句を以てしたのであつた。[18]

ここには、他の史料には見られない重要な叙述も含まれているのであるが、本章では、第一六条制定のこの場面に至るまでの経過を、次のような問いを立てて整理、順次確認する筋道をたどりたい。具体的には、【一】後述するように、日本メソヂスト教会の「宗教箇条」は本国の各メソヂスト教会の「宗教箇条」を基にしたものであるが、第一六条の元は一体どのようなものであったのか、【二】なぜこの第一六条部分の起草のみ日本人・日本側教会に委ねられたのか、そして【三】委ねられた日本人・日本側教会がなぜこのような文言を挿入したのか、である。

2　本国各派と各日本年会における宗教箇条

米国メソヂスト監督教会の成立

まず本節では【一】について叙述する。一七八四年、英国教会司祭でありメソヂスト運動の創始者であるジョン・ウェスレー（一七〇三―九一）は、すでに米国に渡って同運動を展開していた三人の説教師たちに按手礼を施し、新たな「メソヂスト監督教会」の設立を許可した。その際に彼は、『祈祷書』と共に、メソジストが守るべき「宗教箇条」を書き送った。二四条（後に一条追加された）からなるその宗教箇条とは、自らの属する英国教会の宗教箇条『三九箇条』[19]に変更や削除を施したものであった。これが一般的に『メソヂスト宗教箇条』などと呼ばれる[20]。後に、若干の用語変更を加えられた一八〇四年版『メソヂスト宗教箇条』の第二三条（『三九箇条』の第三七条、後の本多庸一編『日本メソヂスト教会教義及条例』第一六条に該当）は、以下の通りである（一重・二重下線は筆者が挿入[21]）。

XXIII. Of the Rulers of the United States of America. /The President, the Congress, the General assemblies, the Governors, and the Councils of state, *as the delegates of the people*, are the rulers of the United States of America, according to the division of power made to them by the Constitution of the United States, and by the Constitutions of their respective States. And the said States are a sovereign and independent nation, and ought not to be subject to any foreign jurisdiction.[22]

二重下線部分は一八〇四年版で新たに挿入された語句、一重下線部分は一七八四年版[23]と一八〇四年版の間で変更があった語句である。それらの挿入と変更は、一七八七年のアメリカ合衆国憲法の制定と一七八三年の政治的独立に由来しており、たとえば"Constitution of the United States"とある部分は、一七八四年版では"Confederation[24]"と記されていた。

各メソヂスト教会の第二三条　以上はＭＥＣの場合であるが、先述したように、日本伝道を行ったメソヂスト教会は他に二派ある。三教会の各『メソヂスト宗教箇条』第二三条を、本国のものと日本語訳されたものを対照させると以下のようになる。

	本国	日本
MEC	XIII. *Of the Rulers of the United States of America.* The President, the Congress, the General assemblies, the Governors, and the Councils of state, *as the delegates of the people*, are the rulers of the United States of America, according to the division of power made to them by the Constitution of the United States, and by the Constitutions of their respective States. And the said States are a sovereign and independent nation, and ought not to be subject to any foreign jurisdiction. (*The Doctrines and Discipline of the Methodist Episcopal Church. 1872. With an appendix*)	第廿三条　政府高官の事 イエス教の信者は何の国に住居するとも国事の是非を云ふこと無く其国の政府高官に服随しイエス教の教師も亦能く然すべく已よく和平端正にして人にも亦官長を尊敬し国法に順憑すべきことを教ふべし。（『美以美教会条例』日本横浜印行、1881〔明治14〕年、東京神学大学図書館蔵）　注25 第廿三款　政府に対する義務 二十五条　キリスト教の信者及び伝道者は何れの国に住居するも其国の政府に服従し其律法を遵奉し且其国の平和を計り秩序を保つ事を務むべし。（本多庸一著『メソヂスト監督教会条例及礼文全』メソヂスト出版舎、1892〔明治25〕年）　注26
MCC	XIII. *Of the Civil Government.* 24. We believe it is the duty of all Christians to be subject to the powers that be; for we are commanded by the word of God to respect and obey the Civil Government: we should therefore not only fear God, but honour the King. (Edward B. Ryckman, D. D. ed., *The Doctrines and Discipline of the Methodist Church. 1886,* Toronto: William Briggs)	（当時の訳文を入手し得なかった）
MECS	XIII. *Of the Rulers of the United States of America.* The President, the Congress, the General assemblies, the governors, and the Councils of state, *as the delegates of the people*, are the rulers of the United States of America, according to the division of power made to them by the constitution of the United States, and by the constitutions of their respective states. And the said states are a sovereign and independent nation, and ought not to be subject to any foreign jurisdiction. (*The Doctrines and Discipline of the Methodist Episcopal church, South, Nashville,* Tenn.: E. Stevenson & F. A. Owen for the Methodist Episcopal church, South, 1856)	第廿三款　政府に対する義務 第二十五条　キリスト教の信者及び教師は何れの国に住居するも其国の政府に服従し其法律を遵守し且其国の平和を計り秩序を保つことを務むべし而して本教会の伝道者及信徒にして外国政府の下にある間は常に平和秩序を守て人民の如く行すべし。（吉岡美国編『南メソヂスト監督教会教理及条例』南メソヂスト出版舎、1896〔明治29〕年）　注27

三　日本における第一六条の成立

1　三派合同運動と第一六条の動向

日本メソヂスト教会の成立　さて、MEC、MCC及びMECSの各総会は、二四年間にわたって各派在日本教会から繰り返し出された合同請願にようやく応じ、在日本教会の合同を審議する全権委員を選出して、一九〇六年一月三、四日の両日、メリーランド州ボルチモア市に第一回全権委員会を開いた。しかし、この会合は決裂。その後、紆余曲折があったが、同年七月一八、一九日の両日ニューヨーク州バッファロー市に開いた三派の全権委員会でようやく合意が成り立ち、三派在日本教会の「合同基礎案」(Basis of Union in Japan Agreed upon by the Joint Commission)を可決し、合同総会を翌一九〇七年五月、東京の青山学院に招集することが決まった。

その結果、各派在日本教会はそれぞれ代議員を選出し、米国及びカナダの三派総会を代表する全権委員各二名の臨席のもとで、それぞれの母教会から政治的に分離独立した新しい合同メソヂスト教会である「日本メソヂスト教会」を設立した。そして、初代監督として本多庸一（一八四九―一九一二）が選ばれた[28]。

第一六条に関する米国での議論　さて、一九〇七（明治四〇）年五月二二日から六月七日にかけて東京で行われた総会（以下、設立総会）において、我々が注目するところの第一六条が起草されることになる。そこで以下からは、【一】なぜこの部分だけ日本人に委ねられたのか、その事情を探ってみたい。ボルチモア市で一九〇六年一月に開かれた全権委員会の議事録には、教理については「宗教箇条」に則ることが記されていたが[29]、同年七月にニューヨーク州バッファロー市で開かれた全権委員会で合意された「合同基礎案」には、第一六条について次のように記されている。

XVI. Of the Civil Government./NOTE - (The Joint Commission decided to leave the Article on Civil Government to be prepared and adopted by the general Conference to be convened in Tokyo)[30]

その表題は、ＭＣＣの影響を見ることができる。ただ、議事録を見ても、第一六条についてどのような議論がなされたかが全く見えてこないのである。これが、その後、日本語に翻訳されたものが『合同基礎案』である。[31]その表紙には、表題と共に、「一九〇六年七月十八、十九日の両日ニウヨーク州バフワローにて開会したる在日本メソヂスト三派合同に関する全権委員協議会の可決せるもの」とある。[32]そして、教理と、第一六条については日本語で以下のように記されている。

教理／日本メソヂスト教会は、キリストとその使徒とによりて示され、合同諸教会の信仰箇条中に正式に記され、而してウエスレー氏の新約附注と、その生前出版したる最初の五十二の説教に説かれたる、聖書の基本的教義の上に、永久に設立せらるべきものとす。（一〇頁）

第十六款　政府に対する義務／（注、政府に対する義務の条項は、東京に開かる丶総会にて、起草し、裁可するやう、全権委員協議会にて一決せり。）（一八頁）

2　第一六条の成立

総会当日　さて、設立総会当日、どのように第一六条が採択されたかについては、先述した岡田哲蔵の記述の通りであるが（本章「二　日本メソヂスト教会「宗教箇条」第一六条の源流」の「1　問題の所在」参照）、その他の史料も確認してみたい。日本語議事録には、第一六条については「平岩愃保君宗教箇条第十六款に挿入すべき政府に対する義務の条項を朗読す其条文左の如し／吾人は聖書の教ゆる所により凡て有る所の権は皆神の立て給ふ所なるを信じ日本帝国に君臨し給ふ万世一系の天皇を奉戴し、国憲を重んじ国法に遵ふ[33]」とあるだけで、英文議事録も同様の記述しか残されていない[34]。

この第一六条の構成については、本多庸一が「本文の前半は羅馬書十三章第一節の末段に由り、其の後半は即ち日本人固有の信操にして教育勅語の一節を以て之を結べるなり[35]」と述べている通り、第一六条の前半がローマ書第一三章（明治訳）に由来していることは一目瞭然である。また、「此条文は別所の筆になりたるを本多がその末句を除き代ふるに教育勅語の句を以てした[36]」という岡田の言葉があったが、「別所」とは、総会にも出席していた別所梅之助（一八七二—一九四五）であり、「牧師・賛美歌作者[37]」として知られている。つまり、別所が書いたものが基となって、その一部分を本多が書きかえたという説明であるが、本多が教育勅語の言葉で置き換えたという「末句」とは、字義通りに「代ふるに教育勅語の句を以てした」を解せば、「国憲を重んじ国法に遵ふ」という部分だけを指すのであろう。教育勅語には「常ニ国憲ヲ重シ国法ニ遵ヒ」という一文があるからである[38]。

議論不在　筆者はこの度、日本側記録のみならずミッション側資料、すなわち総会当日前後に記された宣教師書簡や年会記録等にも目を通してみたが[39]、第一六条のみならず宗教箇条についての議論さえほとんど何も見出すことができなかった[40]。それは、三派合同に際し、「異論の最も多かりしもの三、曰く、新教会の名称、曰く、総督の伝道師任命権の幾分を割きて部長に附与する事、曰く、日本に於ける年会に対する外国宣教師の関係[41]」という報告記事が見られるように、関係者一同が注視したものが別のところにあったからであろう[42]。それにしても、長い歴史を持った『メソヂスト宗教箇条』が、歴史のまだ浅い日本の教会・日本人によって、本国教会との間にこれといった議論がないまま、実質もはや修正のできない形で[43]、重要な意味を持つ一節が新規に挿入されたのは、やはり首を傾《かし》げざるをえない[44]。

四　第一六条の起草者

1　別所梅之助

別所の思想　さて、最後に、【三】第一六条の起草を委ねられた日本人・日本側教会がなぜ第一六条にこのような文言を挿入したのか、について考察したい。第一六条の文言が別所梅之助と本多庸一に由来するとの岡田哲蔵の記述から、以下、関連する二人の思想を検討する（もっとも、本節だけで、両人の思想を十分に論じることは到底不可能であるので、基本的事柄のみの言及に止まることをご容赦いただきたい）。

まず別所である。岡田が「此条文（第一六条）は別所の筆になりたる[45]」と記した言葉を字義通りに解せば、（「教育勅語の句を以て」換えられた「末句を除」いた）第一六条の根本思想は別所に由来するものということになる。確かに別所には、「日本には日本の讃美歌があって然るべく」という信念と、「私は、日本の国家をおもうた。私は日本教会の前途をおもうた。よくても悪くても、私は日本を愛する。私は同胞に対して何か為にならなければならぬ」との、日本とその同胞への強い使命感があったことが知られている[46]。

ただ、「此条文（第一六条）は別所の筆になりたる」という説明を、そのまま受け取るのはやや注意が必要かもしれない。なぜならば、設立総会時の「新条例編纂委員[47]」（本多ら計八名）に別所の名前は見当たらないからである。さらに言えば、設立総会の出席者名簿に岡田の名前も見当たらず、総会の場に居合わせなかった岡田による総会と第一六条に関する記述（特に〝別所に由来〟とする点）は、証言者による記述とは別種のものとして受け取る必要もあると思われるからである。

第一六条の強調　いずれにせよ、別所についてのより詳細な調査は必要ではある[48]。しかし、筆者は、さらに注視すべき人物はやはり本多のように思われるのである。なぜならば、新教会（日本メソヂスト教会）設立以後の本多の諸々の発言中に――監督という立場上の発言であるとしても――第一六条に関する数々の非常に積極的な言及が見られ、その影響力はより大きいものと考えられるからである。

たとえば、設立総会直後の青山学院でなされた説教（または演説(49)）において、MECとMECSの宗教箇条では大統領の権威を認め、MCCのそれは英国国王への忠誠を表明するなど、「日本にて用ゐたる三教会の個条には、汎然と国権に服従すべきこと」が記されていたことを前提にして、従来の三派教会にはなかった「新教育〔会〕の特徴」として第一六条の意義をこう力強く説いている。

> 合同教会は三派の合同にして、三家の大家よりわかれたる若者が、合同して新家を立てたるなれば、三ヶの実家の家風を適宜に混淆して、一家をなしたる者なり。故に全く一の実家と同じき者にあらざると共に、三実家の何れにも似たるものなり。然るに此の一つの全く新しき者あり。是れ三実家の何れにもなくして、独り此の新教会にある者なり。即ち新教会宗教箇条第十六条なり(50)。

また、その後も、新教会の条例において第一六条こそが、「新教会の新なる理由数多ありと雖、是其最著き一点に御座候」と述べたり(51)、監督公書の中で「（二）我が教会の条例を学びて之を守り教会の規律を正しくする事(52)」とも記している。なぜ、本多はそのように第一六条の意義を、それも幾度となく強調したのであろうか。

2　本多庸一

本多の天皇理解　本多庸一が第一六条の意義を強調する理由を解く鍵として、彼の天皇理解に触れておく必要がある。設立総会から半年後、本多は「恭しく　天長節を迎ふ(53)」において、「生れて明治の日本人たる者、誰か其の幸運にして此の佳節を祝すの光栄を喜ばざるものあらんや。〔中略〕其は即ち他人にあらず、本年六月を以て年來の宿題を貫徹し、左の一ヶ条を宗教箇条の一に加へて其の立場を標榜せる日本メソヂスト教会員こそ即其の者なれ」と述べて、第一六条を掲げる。そして、続けて、なぜ天長節の光栄を喜ぶかと言えば、現今、キリスト教徒が信教の自由を享受しているのは、「皆我　皇の天佑の下に吾人に賜ふ所」であるからだと言う。つまり日本にあって、キリスト教徒こそが「尤も高尚にして尤も大なる恩澤」を受けているゆえ、本多は読者に向かって、「宜しく誠忠の心を懐いて正義を実行し、仁愛の道を施して其の高恩に報ずることを図るべし」と勧めるのである。

本多の福音理解　それでは、そのような天皇理解を有していた本多の信仰・福音理解とはどのようなものであったか。彼の体系的思想を知る手掛かりとして、一九〇二（明治三五）年から翌年にかけて『護教』紙上で不定期掲載された「基督教問答講義」があるが[54]、そこには「福音」についての説明は見られない。

そこで次に参考にしうるのは本多の説教であろう。「福音を信じなさい」という、イエス・キリストの伝道活動の第一声が記されているマルコによる福音書第一章一五節をテキストとした（ただし、一五節の前半「期満てり、神の国は近づけり」のみであることに注意）、「伝道本戦の時期」[55]と題する説教があり、その中で救済と福音について、「罪を憎み罪を愧づる心を起させ〔、〕罪の結果の怖るべきを説かねばならぬ、而して救拯とは罪の結果より救はるゝこと、又罪の勢力より救はれ[56]、神の怒りより救はるゝは福音の目的である」と述べられている。このような救済・福音理解が記された同説教中に、「日本国民は極端に愛国心は強いが、世界同胞の主義をも鼓吹せねばならぬ」として、次のように述べられた言葉もあわせて見ることができる。

伝道者信者が世界に生活し、日本を通して世界に利益を与へんとするには、日本帝国は何を中心として立つて居るかを説かねばならぬ。それは外でもない、皇室中心である。日本メソヂスト教会の宗教箇条第十六条には／我等は聖書の教ふる所により、凡て有る所の権は皆神の立て給ふ所なるを信じ、日本帝国に君臨し給ふ万世一系の天皇を奉戴し、国憲を重んじ、国法に遵ふ。／との明文がある。之を忘れてはならぬ。

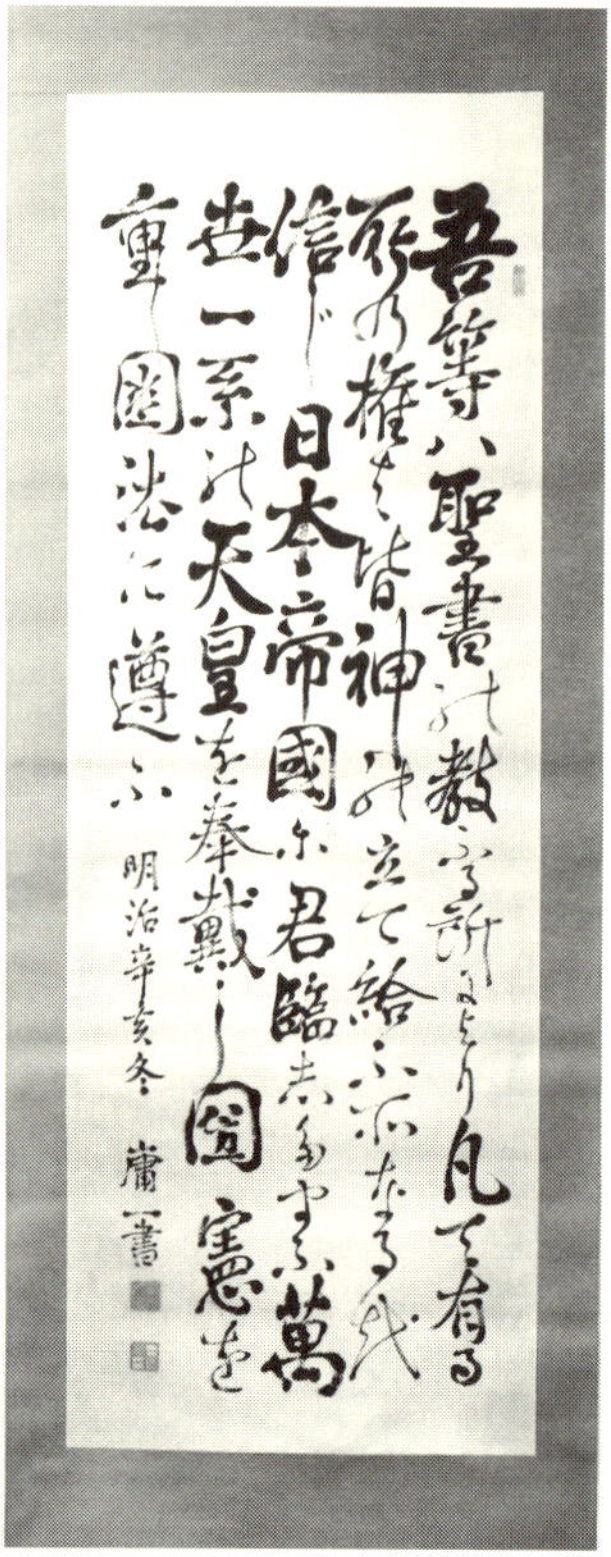

日本メソヂスト教会条例第16条／本多庸一揮毫（青山学院資料センター蔵、図版の掲載許諾済）。氣賀健生、前掲書、217頁を参照。

そして本多は続けて、「日本の皇室を宗教的の議論の争点とする事は好ましくない。……〔皇室〕を措いて日本の中心はない。我々は此の皇室中心を尊重し、国家の事を考へ、帝国の利害を教壇より述ぶる必要がある」と述べるに至る。つまり、本多にとって、天皇はキリスト教徒へ恩恵を賜る存在であり、皇室は日本が世界と通じる時に必要となる、依って立つべき中心であった。

本多の儒教的政治意識　本多のこのような展開を可能とした、彼の思想的背景にあるものは何だったのであろうか。本多個人の思想に深く分け入ることは、もはや本章が扱い得る範囲を遥かに越える。ただ、本多が、封建的階層秩序を維持する社会規範の学であり道徳であった朱子学に、そして中途からは陽明学に関心を寄せていたことを指摘しておく[57]。

また、維新において大きな挫折を経験した津軽藩出身の本多が、入信の契機について、「それは私に対する宣教師たちの親切心」と、「宣教師たちの学生と国のための祈り〔が〕とても熱心で誠実[58]」であったこと、そして「キリスト教に帰依する私の強い動機には、祖国がありました。……先進諸国と同じ水準にまで祖国を引き上げたいと願った[59]」と述べたのは、（本多の伝記を著した氣賀健生の言葉をもって説明するならば、）「「天下国家を如何にせん」という儒教的政治意識〔が〕その身についた発想法[60]」そのものであり、「天皇に対しても極めて自然な武士的忠誠心を抱[61]」くに至ったのも、当然であったと言えよう[62]。

五　おわりに

まとめ　以上、日本メソヂスト教会「宗教箇条」第一六条の成立をめぐって概観してきた。特に、本章の「二　日本メソヂスト教会「宗教箇条」第一六条の源流」の「1　問題の所在」で掲げた問い【一】―【三】に対しては、現時点で次のように答えることができるであろう。第一六条のルーツであるMEC、MCC及びMECSの「宗教箇条」第二三条には、大統領の権威を認める主旨（または英国国王への忠誠の表明）が記されていた。その後、在日本の上記三派四年会が一九〇七（明治四〇）年に合同して日本メソヂスト教会が成立するにあたり、第一六条は、本国の全権委員会でも特段の議論もないまま、その起草が日本人・日本側教会に委ねられるに至った。そして、祖国日本への特別な思いを抱く別所梅之助と本多庸一によって起草された。特に、初代監督に就任した後、第一六条の意義を力強く説いて廻った本多は、天皇と皇室への忠誠心を素朴に抱いていた、というものである。

　ところで、木下尚江（一八六九―一九三七）の同時代の小説に『荒野』（一九〇九〔明治四二〕年）がある。これは、木下本人が従兄の百瀬興政（後の松本市長）に語りかけるというスタイルをとったものであるが、その中で、本多が「恰も鬼の首でも取つたように彼の一個条〔第一六条〕を引つ担いで、得意顔に全国を説き廻る」ことに憤慨して、「言語同《ママ》断、最早済度の途が無い」と言う一青年に対し、主人公（すなわち木下）に次のように答えさせていることは興味深い（傍点筆者）。

『其れは本多先生等と君等と、耶蘇教に入つた動機が違つて居るから仕方が無い。人生の事、凡て最初の動機が最後の運命だ。〔中略〕君は先生を耶蘇の使徒と思ふから立腹するが、先生は最初から曽て耶蘇の使徒では無かつた。君は先生のビシヨツプの名に眩惑されて居る。然かし先生の肩からビシヨツプの法衣を剝いで見給え〔。〕

先生は依然として昔時、官軍の人質になつた少年時代其儘の津軽武士だ』／耶蘇教の名が伝へられてから五十年と云ふが、然かし、君、「耶蘇の福音」は未だ一度も日本の空気に音沈〔波〕を起こしたことが無い[63]。

特に最後の傍点の言葉には手厳しいものがあり、たとえば「五十年」を「百五十年」と置き換えると、今日の教会を生きる我々も、絶えず「福音」の内実を吟味する必要性を感じさせられるかもしれない。我々が信仰に入った動機は何であり、そして、教会が現に伝えているものは何であるか、と。

今後の課題　なお、本章はその問いの出発点からして、日本メソヂスト教会と本多庸一に特に視点を絞るものとなったが、後の日本の諸キリスト教界がいわゆる天皇制の枠内に位置づけられ、神社参拝へと至った理由・起源を、決してここにだけ求めてはならないであろう。なぜならば、たとえば、設立総会の五年後に行われた三教会同（一九一二〔明治四五〕年二月二五日）には本多を含む七名のキリスト教界代表者が出席、その翌日に三教代表者によって採択された決議は「皇運ヲ扶翼」することを誓うものであったし[64]、そして三月四日には、同主旨の声明である「公開書」が日本基督教会同盟の名でも発表されているように[65]、それは各教派横断的な事柄だからである[66]。

よって、今後の課題として、その他の教派の動向や福音のあり方、また信仰者個人の福音理解や意識（たとえば儒教的意識）についても等しく検討していく視点が必要であろう。そのことを踏まえた上で、教団成立時に、日本メソヂスト教会が「皇国への忠誠」等を内容とした「生活信条を附加」することを望んだ事実を改めて振り返る時、同教会の歴史に注目することはやはり重要であると思われる。日本メソヂスト教会については、全体を俯瞰できるような通史が未だ著されていないように、教会的視座から同教会を検討することもまた今後の課題であり、かつ新たな研究の待たれるところである。

注

1　本章執筆にかかわる資料閲覧に際して、青山学院資料センターと同志社大学神学部図書館、特に青山学院資料センター職員の傳農和子さんには大変お世話になった。ここに感謝の意を記したい。

2　鈴木浩二編、日本基督教団出版局、一九四一（昭和一六）年一二月二七日発行。

3　『日本福音ルーテル教会第二十二回総会記録』一九四一（昭和一六）年五月一—三日、八四頁（日本基督教団宣教研究所蔵の、日本ルーテル神学大学ルーテル諸派資料室蔵のもののコピーを利用）及び「使徒信条中心に各派の意向纏る——信条委員会極めて順調に進捗」、『基督教新聞』第一三一〇号、一九四〇（昭和一五）年一一月一六日。

4　一九三五（昭和一〇）年一〇月制定、一九三六（昭和一一）年二月印行。

5　その後の調査で、「生活綱領」制定に際し影響を与えたであろう日本メソヂスト教会の関連規則として、『日本メソヂスト教会条例』の他に、『日本メソヂスト教団規則　昭和十五年十月改定』（一九四一〔昭和一六〕年二月二〇日印刷、二五日発行）も挙げられうることをここで付記しておきたい（本規則は「「宗教団体法」制定せられし以来同法に基き……昭和十五年十月の臨時総会に於て決議せしもの」であり、その「第六条　本教団ノ生活信条左ノ如シ」に、「一、皇国ヘノ忠誠」等が見られる）。ただし、本規則の前段階にあたる『日本メソヂスト教団規則』（一九四〇〔昭和一五〕年八月一〇日、謄写版、日本基督教団宣教研究所蔵）には、「皇国ヘノ忠誠」に該当する文言は見られず、目次に添付された用紙に、「此の草案は文部省へ内示を願つた二回目のものを更に訂正した」もの、と説明されている。

6　棚村重行「メソジスト型二つの福音は波濤を越えて——『宗教箇条』からメソジスト・ホーリネス神学へ」東京神学大学神学会『神学』第七五号、二〇一三年。

7　たとえば、目に留まったものだけで、西堂昇「解説」（西堂昇解説『日本メソヂスト教会教義及条例資料』更新伝道会出版委員会、一九九二年所収、九一—一〇頁）、塩入隆「十五年戦争期の天皇制とメソヂスト教会」（富坂キリスト教センター編『十五年戦争期の天皇制とキリスト教』新教出版社、二〇〇七年所収、三五二—三五三頁）、深町正信「三派合同による日本メソヂスト教会の誕生」（『青山学院大学宗教主任研究叢書　紀要　キリスト教と文化』第二三号、二〇〇七年所収、一一五—一一六頁）、氣賀健生、青山学院『本多庸一』編集委員会編『本多庸一——信仰と生涯』（教文館、二〇一二年、二〇五—二〇六頁。これは青山学院編〔氣賀健生著〕『本多庸一』〔一九六八年〕が改訂されたもの）等がある。

8 宮田光雄『権威と服従――近代日本におけるローマ書十三章』新教出版社、二〇〇三年、七〇―七一頁。
9 森岡清美『明治キリスト教会形成の社会史』東京大学出版会、二〇〇五年、四四九―四五〇頁。
10 澤田泰紳、土肥昭夫編『日本メソヂスト教会史研究』日本キリスト教団出版局、二〇〇六年、九六―九七頁。
11 土肥昭夫『天皇とキリスト――近現代天皇制とキリスト教の教会史的考察』新教出版社、二〇一二年、四三―四四頁、同『キリスト教会と天皇制――歴史家の視点から考える』新教出版社、二〇一二年、七二頁、等。
12 美以教会における同様の問題については、その成立経緯と共に、森岡清美、前掲書、四一六―四一九頁に触れられている。
13 日本メソヂスト教会の三派合同については、澤田泰紳、前掲書、六七頁以下に詳しい。
14 西堂昇解説、前掲『日本メソヂスト教会教義及条例資料』に、復刻版の形で収められている。
15 削除されたものは二箇条だけで（第八条「自由意志について」、第一五条「会衆が理解できる言葉で語ること」）、他のものは一箇条にまとめられた形となっている（澤田泰紳、前掲書、九六頁）。
16 たとえば、一九〇七（明治四〇）年制定版と一九三五（昭和一〇）年制定版のほかに、一九一一（明治四四）年制定版、一九一五（大正四）年制定版、一九二七（昭和二）年制定版を確認することができる。
17 日独書院株式会社、一九三五（昭和一〇）年。岡田哲蔵の『本多庸一伝』は、「本多に関する最も詳細な、殆ど唯一の伝記」であり、岡田は「その学生時代を本多の影響のもとで送ったひとりであり、のちに本多の部下として青山に教鞭をとった人物であって、その本多への無限の渇仰《かつごう》が、全巻のライトモチーフをなしているのが特徴的」である（氣賀健生、前掲書、一二四頁）。
18 岡田哲蔵、前掲書、二八〇頁。
19 イギリス宗教改革時代の論争点について、英国教会の教義的立場を明らかにした宗教要綱。なお、ラテン語テキストから英語に翻訳されたのは一五七一年のことであるが、米国においては一八〇一年に開かれた監督教会の総会で採用された改訂版が基本である。ラテン語版と米国における一八〇一年英語版との主な相違の一つに、第三七条の再構成がある（石黒則年「『聖公会大綱』39箇条の神学的特徴とその現代的意味」、『大阪キリスト教短期大学紀要　神学と人文』第三七集、一九九七年）。元来の第三七条「国の統治者について」には、イングランド女王の主権は英国及びその統治権内において至上の権力を持っていること、王たちには説教と聖礼典執行の権限は与えられていないこと、ローマの主教はイングランド国土で何の管轄権をも持たないこと等が記されていた（「イングランドの教会の三十九箇条」（木下量熙訳）、『宗教改革著作集　第十四巻』教文館、一九九四年）。
20 『メソヂスト宗教箇条』の成立については、林昌子「メソジスト宗教箇条から提起される課題――削除された条項からみえるもの」（日本基督教学会関東支部会研究発表レジュメ、二〇一五年三月二〇日）を参照（本資料の収集にあたっては、本城仰太氏〔日本基督教団松本東教会牧師〕に大変お世話になった。ここに感謝の意を表したい）。

21　Bishop Harris, ed., *The Doctrines and Discipline of the Methodist Episcopal Church. 1872. With an appendix*, New York: Nelson and Phillips, 1872. なお、Philip Schaff, ed., *The Creeds of Christendom*, vol.3, Grand Rapids, Michigan: Baker Book House, Reprinted 2007 from the 1931 edition 所収のものは、一八〇四年版である。

22　現代日本語訳（大村勇訳）は以下の通り。「第23条　アメリカ合衆国の統治者たちのこと／大統領、議会、州議会、及び州参事会等は、人民の代表者として、合衆国憲法ならびに各国憲法によって彼らに分与された権限に従って、アメリカ合衆国の統治者たちである。また前記各州は、主権独立の国家であって、いかなる他国の司法権にも服すべきではない」（『信条集　後編』新教出版社、一九五七年）。

23　*A form of discipline, for the ministers, preachers, and members of the Methodist Episcopal Church in America: considered and approved at a conference held at Baltimore, in the state of Maryland, on Monday the 27th of December, 1784: in which Thomas Coke, and Francis Asbury, presided. : Arranged under proper heads, and methodised in a more acceptable and easy manner: With some other useful pieces annexed*, New York: William Ross, 1789.（青山学院資料センター蔵）

24　“Confederation”（アメリカ国家連合）とは、一七八一―八九年、連合規約（Articles of Confederation）のもとに組織された合衆国独立当初の一三州の連合体である。

25　一八九二年版（『メソヂスト監督教会条例及礼文全』）の全訳に関与した本多庸一が、同郷の後輩である山鹿旗之進に向かって、この第二三条旧訳の「国事の是非を云ふこと無く云々」を指し、「君これ見たまへ、こゝにこんな馬鹿らしい事があるよ。これはおほかた支那の条例を丸取にしたのだらう」と言って、かつて大笑いしたことがあるという（山鹿旗之進「伝道百年記念に就て（四）」、『護教』第一四五六号、一九一九〔大正八〕年七月一八日。森岡清美、前掲書、四一八頁より）。

26　「国立国会図書館デジタルアーカイブス」より（http://dl.ndl.go.jp/info:ndljp/pid/825187, accessed April 19, 2017）。なお、一八九四（明治二七）年に出版された本多庸一編『美以教会箇条及総則』（メソヂスト出版舎）には、（一八九二〔明治二五〕年版の『メソヂスト監督教会条例及礼文全』第二三条ではなく）一八八一（明治一四）年版の『美以美教会条例』第二五条とほぼ同一のものが載ってしまっている。

27　「国立国会図書館デジタルアーカイブス」より（http://dl.ndl.go.jp/info:ndljp/pid/825175, accessed April 19, 2017）。

28 以上、澤田泰紳、前掲書、七八―九五頁を参照。

29 *Minutes Joint of Commission*, Jan. 3-4, 1906, p. 11.（青山学院資料センター蔵）

30 *Minutes of the Joint Commission on the Union of Methodism in Japan. Buffalo, N. Y., July 18, 19, 1906*（青山学院資料センター蔵）。なお、H. M. Du Bose, *The Symbol of Methodism: being an Inquiry into the History, Authority, inclusion, and Uses of the Twenty-Five Articles*, Nashville, Dallas: Publishing House of the M. E. Church, 1907, Appendix 2にも掲載あり。あわせて本書の九頁において、デュボーズは、日本メソヂスト教会の宗教箇条が『メソヂスト宗教箇条』の要約であることを紹介するが、第一六条に関する言及は見られない。彼が本書の序文を書いたのは一九〇七年四月二三日であり、日本メソヂスト教会の成立と第一六条成文化の直前のことであった。

31 青山学院資料センター蔵。

32 『日本メソヂスト教会第壱回総会議事録』（教文館、一九〇七〔明治四〇〕年、青山学院資料センター蔵。以下、『第壱回総会議事録』）にも付録として収められている。

33 『第壱回総会議事録』五九頁及び「総会議事録」（『護教』第八二八号、一九〇七（明治四〇）年六月八日）。いずれも、後に教会条例に収められるものと少し文章が異なっている。

34 Davis S. Spencer, ed., *Journal of the First General Conference of the Japan Methodist Church (Nippon Methodist Kyokwai) held in Tokyo, Japan, May 22-June 7, 1907*, Tokyo: Methodist Publishing House, p. 61（青山学院資料センター蔵）。*Annual Report of the Board of Foreign Missions of the Methodist Episcopal Church for the year 1907*, New York, 1908, pp. 401-404（同センター蔵）にも設立総会の報告記事があるが、第一六条及び宗教箇条に関する言及はなし。第一六条の英訳は、"*16. Of the Civil Government.*/Believing that the powers that be are ordained of God as taught in the Holy Scriptures, we revere the Emperor of one ancient and unbroken lineage who is the rightful Sovereign of the Empire of Japan, respect the Constitution and observe the laws."であり、W. R. Lambuth, ed., *The Doctrines and Discipline of the Methodist Church of Japan. 1907. With Appendix*, Tokyo: Methodist Publishing House, p. 25に収められている。なお、*Basis of Union in Japan Agreed upon by the Joint Commission, Buffalo, N. Y., July 18, 19, 1906*, Tokyo: Methodist Publishing House, 1907, p. 9（澤田泰紳氏所蔵資料「在日本メソヂスト合同三派運動史」第一八番、同志社大学神学部図書館蔵）にも、カンマ（,）の有無を除いて同じものが収められている。ただ、本書には、タイトルが一九〇六〔明治三九〕年七月一八、一九日とありながら、第一六条の成文化されたものが掲載されているため、厳密には一九〇七（明治四〇）年の総会が反映された「合同基礎案」が載っ

てしまっていると言わねばならないであろう。

35 本多庸一「新日本メソヂスト教会組織の必要并其の新しき一斑」一九〇七（明治四〇）年六月一六日（高木壬太郎編纂『本多庸一先生遺稿』日本基督教興文協会発行、一九一八〔大正七〕年、三九〇頁。以下、『遺稿』。なお、初出が『護教』の場合、引用は原典である『護教』に依っている）。

36 岡田哲蔵、前掲書、二八〇頁。

37 尾崎安「別所梅之助」、日本キリスト教歴史大事典編集委員会編『日本キリスト教歴史大事典』教文館、一九八八年、一二六一—一二六二頁。

38 歴史学研究会編『日本史史料［4］近代』（岩波書店、一九九七年）所収のテキストを使用。なお、教育勅語には「日本帝国に君臨し給ふ万世一系の天皇を奉戴」という文言がないため、ここに日本メソヂスト教会とその「宗教箇条」の独自性を見ることもできるであろう。

39 たとえば、MECの宣教師史料（B013-L2-26, 27, 29, 30; B013-O1-4, 5; B017-9. 番号は「青山学院特別資料室の登録番号」による。詳細は目録、『日本における初期メソヂスト各教派の史料蒐集』青山学院大学総合研究所キリスト教文化研究センター研究叢書第七号、一九九六年を参照）、MCCの宣教師史料（MF-MCC-6: 1907. 4. 24-1907. 6. 11. 番号は「青山学院特別資料室の登録番号」による）、MECのミッショナリーレポート *Annual Report of the Missionary Society of the Methodist Episcopal Church for the year 1906*, 日本年会記録 *Annual Report of the Board of Foreign Missions of the Methodist Episcopal Church for the year 1907-1908*, 女性海外伝道協会機関誌 *Woman's Missionary Friend*,v.39, no.2 (Feb 1907) -no.11 (Nov 1907), 及びMCCの *The Missionary Outlook*, June 1907-Aug 1907 等である（以上、青山学院資料センター蔵）。

40 合同運動の中で、日本人による宗教箇条をめぐる発言・議論として筆者の知る限りでは、（一）宮地柏峯が記した、「合同、独立、自給（四）」（『護教』第七七七号、一九〇六〔明治三九〕年六月一七日）で、「信仰箇条と云へば一巻の聖書、之が信仰箇条なりと云つたが最も適当である。……尤も日本人中も教理信条が違つてゐる……十人十色と云つてもよい」という微妙な言葉と、（二）「メソヂスト三派合同の公報」（『護教』第七八八号、一九〇六〔明治三九〕年九月一日）に記された、「合同したる教会を日本メソヂスト教会と称す。／採決したる十八箇条の信仰箇条に緒言として、左の事共しるす。／日本メソヂスト教会は、キリストとその使徒とによりて示され、この合同案中なる信仰箇条に正しく記され、ウエスレー氏の新約書附注と、生存中氏の出版したる最初の五十二編の説教中に解説せられたる、聖書の基本的教義の上に、とこしへに立つべきものとす」を受けて、平川方舟が「合同総会及年会に対する所徳と希望」（『護教』第八一〇号、一九〇七〔明治四〇〕年一月二日）に、「信仰箇条は教会生命の支柱なれば、単純、自由、公明にして活気あらんことを要す（、）従来吾人の遵奉し来れる二十五ヶ条の信条は、実際信徒の間に寧ろ侮蔑冷遇せられたるにあらずや」と記した言葉が見られる程度である。

41　ジュリアス、ソーパー「メソヂスト諸派の合同」、『護教』第六五六号、一九〇四（明治三七）年二月二〇日。

42　合同運動における弊害については、澤田泰紳、前掲書、六七頁以下に詳しい。特に合同運動の後半は、米国やカナダの母教会及び各派伝道会社との関係の調整に終始した感が強い。

43　本多庸一編『日本メソヂスト教会教義及条例』（教文館、一九〇八〔明治四一〕年刊）第一一七条に、総会の権限として、「第一項　総会は本教会の宗教箇条を削除、改変し、若しくは教会現今の教義に違背する教義及規則を新に設くとを得ず」とある（第一一八条に関連項目あり）。この条文自体は特段珍しいものではないが（本国の教会条例である *The Doctrines and Discipline of the Methodist Episcopal Church. 1872. With an appendix* の第九三款にも同旨がある通り）、この条文をもって、「日本メソヂスト教会の条例（一）」（『護教』第八三一号、一九〇七〔明治四〇〕年七月六日。澤田泰紳、前掲書、一〇三頁に記された号数は誤り）が、「日本メソヂスト教会の総会は、之〔宗教箇条〕を加除するの権能なかりき」、「是に依て之を観れば宗教箇条は永遠変改するの自由なきが如しと雖も、此基礎案の修正も、此規定によりて為すを得べしとせば、他念『第一条を除く他』の文字を削除し、然る上にて宗教箇条変更の事もなし得られざるには非ざれ共、此は中々面倒なるとにて、先づ此宗教箇条は、容易に加除修正を許されざるもの也と知るべし」と記している。それは、設立総会時に、平澤均治が「議会の同意を得て合同基礎案中総会制限法に関して質問をなし続て左の決議案を提出す」のうちの一つが「〔基礎案第二編第一章〕第八節「修正」の規定中「第一条を除く外」の文字を削ること」というものであったが（『第壱回総会議事録』五八―五九頁）、「全権委員長監督アール、クランストン君は曩に提出したる合同基礎案中総会制限法改正に関する質問に対し答弁すること左の如し」、「信仰箇条改正の手続は先づ修正の条項を改正するを要す修正条項を改正するには次の総会期迄俟たざるべからず而して茲に四年を経て始めて制限法第一条を改正するを得る也故に此改正には八ヶ年を要するものとす」と答えたことに基づいている（『第壱回総会議事録』七一頁）。

44　ちなみに、日本聖公会が組織された際（一八八七〔明治二〇〕年）、日本の教会を規制するものとして『三九箇条』を採用することは、激しい議論の末、『三九箇条』はイギリスにおける一六世紀という全く特殊な宗教的・社会的・政治的状況の中で作られたものであるとして、否決されている（塚田理『日本聖公会の形成と課題』聖公会出版、一九七八年、八二―八三頁）。

45　岡田哲蔵、前掲書、二八〇頁。

46　鍵括弧内は別所梅之助の言葉、永藤武「神の受容とその讃美――別所梅之助の信仰と思想世界」（戸田義雄・永藤武編著『日本人と讃美歌』桜楓社、一九七八年所収、二七一―一〇三頁）より引用。また、別所が編集代表者の一人として担った『青年讃美歌』（讃美歌委員会編、一九四一〔昭和一六〕年）については、石丸新『賛美歌にあった「君が代」』（新教出版社、二〇〇七年）一四九―一五七頁。

47　『第壱回総会議事録』一三頁。

48　設立総会の前後二年間分の、『護教』紙上における別所の全ての発言（第七六九―八七三号）に目を通したが、宗教箇条に関しては、「合同雑感」（『護教』第七八五号、一九〇六〔明治三九〕年八月一一日）の中で、「新に興れるこの国に新たなる教を布かんとする我らは、よろしくその主張を明かにせざる可らず。信仰箇条の古色蒼然たるは、趣味すこぶる掬すべけれど、さる点よりいへば、聖書にかへるの優れるに如かず。われらは日本のキリスト教徒が、神の指導と自己の良心とによりて、宣言書を発する日あらんをまつ」と記した言葉と、「浅碧（その二）」（『護教』第七九一号、一九〇六〔明治三九〕年九月二二日）の中で、「三派が合同するに當り、採用ひたる十八ヶ条の信仰箇条とは、いかなるものぞとの懸念を抱かる、方々あり。右の全文はさきに監督ハリスのもとに来りをりしが、同氏不在のため、今これを得るに由なし。たゞ右はわが廿五ヶ条の信仰箇条中、今日に必要ならぬもの数条を削除せしにすぎず。されば大体は諸君において推察し得らるべしと信ず」と記した言葉が見られる程度である。

49　「附録本多先生説教及演説年譜」、『遺稿』附録二二頁。

50　本多庸一「新日本メソヂスト教会組織の必要并其の新しき一斑」一九〇七（明治四〇）年六月一六日（『遺稿』三九〇頁）。

51　本多庸一「公開状」一九〇七（明治四〇）年七月九日、『護教』第八三三号、七月一三日（『遺稿』四二二頁）。

52　岡田哲蔵、前掲書、三四九頁。

53　一九〇七（明治四〇）年一〇月二八日（『遺稿』一一八―一二〇頁）。

54　『護教』第五七八号（一九〇二〔明治三五〕年八月二三日）、第五九七号（一九〇三〔明治三六〕年一月三日）、第五九八号（一月一〇日）、第六一六号（五月一六日）、第六一七号（五月二三日）。氣賀健生、前掲書、一六一―一六二頁参照。

55　『護教』第一〇二八号、一九一一（明治四四）年四月八日（『遺稿』二二六―二二五頁）。

56　『遺稿』に収められたものには、下線部が付加されている。

57 氣賀健生、前掲書、二四―二五頁。

58 本多庸一（梅津順一訳）「私の回心」（氣賀健生、前掲書、二七八頁）。なお、この時の、宣教師たちによる「国のための祈り」がどのようなものであったかは、興味をかきたてられるものがある。

59 同右、二七九頁。

60 氣賀健生、前掲書、四七頁。

61 同右、一三四頁。

62 鈴木範久もまた、「伝統的な日本の君臣関係は、その主君に対し、臣下が絶対的に服従を要求される意味で、契約的な要素のうすい、宗教的な服従関係」であるとした上で、次のように説明する。「本多においてキリスト教の神は、その伝統的な君主が、時代の変動で喪失した場に、代って登場したものである。したがって、その新しき神との服従関係には、伝統的な忠孝の倫理秩序が、そのままアナロジーで適用された。ましてやその神の言葉である「聖書」のなかに、国家への忠孝を裏付ける言葉を見出すとなるや、それを神命（＝君命）として奉じたとしても、少しも不思議ではない」（鈴木範久『明治宗教思潮の研究――宗教学事始』東京大学出版会、一九七九年、一五二―一五三頁）。

63 木下尚江『荒野』（『木下尚江全集　第七巻』教文館、一九九四年所収、三三六頁）。以上、森岡清美、前掲書、四五三頁より。

64 比屋根安定『現代日本文明史（第十六巻）宗教史』東洋経済新報社出版部、一九四一（昭和一六）年、二六四―二六七頁。なお、宮崎繁一編著『祈る者は行うべし――本多庸一先生説教集・評伝』（一九七三年、非売品）一七九頁に載せられた決議の引用文には、「皇運ヲ扶翼シ」の文言が削除された形となっている。

65 西田毅「天皇制国家とキリスト教――「三教会同」問題を中心に」、『ピューリタニズム研究』第七号、二〇一三年所収、特に三三―三四頁。

66 注44で記したように、『三九箇条』を日本へ採用することに慎重な態度をとり、また、天皇の神聖性を前提にした大日本帝国憲法の〈信教ノ自由〉に潜む事柄の本質を看破し、日本のキリスト教が国家神道と妥協して独自的信仰を失う可能性さえ指摘した宣教師もいたほどの聖公会であったが（塚田理、前掲書、五三―五四頁）、その後、たとえば日本の聖公会祈祷書における天皇のための諸祈祷を時系列に見ていく時、その洞察・認識が次第に鮮やかさを失っていく傾向にあったことは否めない（同「日本聖公会祈祷書における〈天皇のため〉の諸祈祷の系譜」、立教大学キリスト教学会『キリスト教学』第二五号、一九八三年）。

第五部

第一一章

日本におけるラジオ放送伝道の歴史
——米国南長老教会在日本ミッションの場合

一　はじめに

「キリストへの時間」とは　筆者が、前任地・日本基督教団鎌倉雪ノ下教会の担任教師を辞した後、中部教区の名古屋市にある金城学院大学へ教務教師として赴任して最初の学校外での奉仕は、『「キリストへの時間」放送伝道開始60周年記念誌』（「キリストへの時間」協力委員会発行、二〇一三年）の編纂に携わることであった。

この「キリストへの時間」とは、中部日本放送株式会社（CBC: Chubu-Nippon Broadcasting）の電波を通じて、毎日曜日の朝六時半から一四分間の枠で放送されているラジオ番組の名称である。放送は讃美歌と聖書のメッセージから成り、説教者は、日本キリスト改革派教会[1]（以下、改革派）と日本基督教団（以下、教団）が四ヶ月ずつ、金城学院が二ヶ月、名古屋学院と岐阜済美学院が一ヶ月ずつ担当している。運営は、改革派、教団と各キリスト教学校から選出された委員から成る「「キリストへの時間」協力委員会」が行っている。

「キリストへの時間」の歴史は古く、一九五二年にまで遡り、二〇一二年に六〇周年を迎えた（放送開始日の詳細については後述）。よって、全国のキリスト者には無名かもしれないが、冒頭、54年版『讃美歌』五一五番「♪十字架の血に、清めぬれば、来よ、との御声をわれはきけり～（アナウンサー）〝キリストへの時間です〟♪主～よ、われは～」で始まる本番組は、愛知・岐阜・三重県の牧師・信徒たちからは、地味ながらよく知られている[2]。

米国南長老教会に遡る伝道の業　さて、「キリストへの時間」に関して、興味深いであろうと思われることは、それが、米国南長老教会（PCUS: Presbyterian Church in the United States.[3] 以下、南長老教会）の日本における伝道事業の一環として始められたという点である。

南長老教会は、J・H・バラの応援依頼によって一八八五（明治一八）年、R・E・マカルピン[5]、R・B・グリナン両宣教師を日本へ派遣して、日本基督一致教会（〔旧〕日本基督教会の前身）と協力した[6]。高知伝道を皮切りに、翌年マカルピンが名古屋に駐在し、愛知と岐阜が主な伝道地となった（南長老教会在日本ミッションが生んだ著名な教職者に、富田満と賀川豊彦らがいる）。二〇一一年九月に開催された、第一三回改革長老教会協議会全国牧師会の会場となった教団金城教会（名古屋市）も、南長老教会宣教師C・K・カミングによって設立された（旧）日本基督教会の講義所に遡る歴史を有する[7]。こうして見ると、南長老教会は、日本における改革・長老教会の歩みを顧みる時、見過ごしてはならないものであることがわかる。

本章の目的　よって、本章では、筆者が『「キリストへの時間」放送伝道開始60周年記念誌』（以下、『記念誌』）の編纂事業に携わった経験を契機にして、南長老教会在日本ミッションによって始められたラジオ伝道「キリストへの時間」の取り組みと、その歴史を紹介したい[8]。「キリストへの時間」の概観的な歴史についてはすでに『記念誌』の中で、小野静雄・篠田潔・田口博之の各氏によって叙述がなされているが、本章では特に、そのラジオ伝道の業が〝いかに教会の伝道の業として機能したか〟という点に注目して、『記念誌』の内容を補完したいと願っている。

そのために本章はまず、放送伝道という形態が日本にもたらされる前段階としてのアメリカの放送伝道の事情について一瞥し、日本におけるラジオ伝道開始当時の状況を確認する。次に、「キリストへの時間」ラジオ伝道の業が、ミッションと日本人教師の個人的協力の業だったものから、教会間協力による〝教会の業〟へと展開していった様子を描写する。続けて、「キリストへの時間」が、資金面でのミッション依存から自給独立へと向かい、その過程でさらに〝キリスト教学校をも含んだ「稀有とも呼べる[9]」協力関係の業〟へと至った事情を明らかにする。そして最後に、日本における今日《こんにち》とこれからのラジオ伝道のあり方を検討・模索したい。

そうして、南長老教会在日本ミッションによる伝道の一断面「キリストへの時間」を通して、日本における長老教会の歴史理解に新たな知見が増し加えられ、また、ラジオ伝道について考える契機ともなれば幸いである。

二　ラジオ伝道の歴史

1　アメリカにおけるラジオ伝道の歴史

ラジオ伝道の黎明期

「キリストへの時間」の歴史を触れる前に、まず、生駒孝彰の著書に依りつつ、アメリカにおけるラジオ伝道の歴史を一瞥したい。[10]なぜならば、日本においてラジオ伝道が開始される契機において、指導的役割を果たした人たちに、日本人のみならず、多くのアメリカ人宣教師の存在があったからである。「キリストへの時間」の場合には南長老教会宣教師J・A・マカルピン[11]（R・E・マカルピンの子息）の存在があり、また、「キリストへの時間」よりもわずかに早く「暗き世の光」（まもなく「世の光」に変更）の放送を開始したPOBC（太平洋東洋放送会社。後のPBA、太平洋放送協会の前身）もアメリカ人宣教師たちの存在があった。[12]

アメリカで、世界に先駆けて最初のラジオ局が設立されたのは一九二〇年のことであった。一一月二日、電気会社のウエスティングハウス社がピッツバーグにKDKAという商業放送局を設立し、放送を開始した。最初の一年間は聴取者がほとんどいなかったが、一九二一年末頃から突然ラジオ放送のブームが起こり、各地に新しい放送局が設立された。

宗教界がラジオによる伝道を開始したのは意外に早く、KDKA局が誕生した直後で、一九二一年一月二日には早くもピッツバーグのカルガリー教会の礼拝が放送されている。商業放送局はその後増え続け（一九二二年：二一八局、一九二三年：五五六局）、宗教局も設立された。一九二五年の総務省の発表によると、同年認可を受けたラジオ局のうち一四局に一局が宗教放送局であったという。

ラジオ伝道の発展　アメリカにおけるラジオ伝道を語る上で、触れておくべき人物がいる。エイミー・センプル・マクファーソン[13]（一八九〇―一九四四年）という名の女性伝道者とその番組である。マクファーソンは「フォースクエア・ゴスペル」と呼ばれるカリスマ運動の創始者で、彼女は一九二三年、「新しいチャレンジ！[14]」として「すばらしい可能性」であるラジオ伝道に取り組み、ロサンゼルスのラジオ局から礼拝をいくつか放送し始めた。翌年、独自のラジオ局としてKFSG（コール・フォースクエア・ゴスペル）を開局、彼女の番組は瞬く間に全米中の人気番組となり、「世界一のラジオ教会」と呼ばれるようになった。もっとも、その人気の理由は、内容に由来するよりも、「説教壇に性的魅力を持ちこんだ女性」といわれるほど彼女が魅力的な女性であったのが人気が出た理由とされている[15]」とのこと。

一九三〇年代から四〇年代になると、他の宗教局やラジオ伝道者の番組も注目されるようになっていき、チャールズ・フラーの宗教局から放送された「オールド・ファッション・リバイバル・アワー」等が人気番組となっていった。特にフラー博士の番組は、（先述した）太平洋東洋放送会社が「暗き世の光」を放送することを後押しした存在ともなった[16]。一九四三年の発表によると、全ラジオ番組の実に二五％が宗教番組になるほどであった。日本にラジオ伝道の灯がアメリカからもたらされる直前の、アメリカ本土のラジオ伝道はまさに花盛りの時であった（ちなみに、アメリカでテレビが伝道の手段として注目されるようになるのは一九五〇年代からである）。

2　日本におけるラジオ伝道事始め

戦前のキリスト教ラジオ番組　日本における、キリスト教以外も含めた宗教とラジオとの関わりは、ラジオ放送開始初期から始まっている（本項「戦前のキリスト教ラジオ番組」の記述は、河合重「日本における宗教放送――キリスト教放送を中心として」、『放送教育研究集録』第六号、一九六〇年と、石井研士「宗教放送とキリスト教」、立教大学キリスト教学会『キリスト教学』第四三号、二〇〇一年による）。日本における初めてのラジオ放送は一九二五（大正一四）年三月一日のことで、アメリカのそれよりも四年四ヶ月後のことであった。(17)

ラジオでの最初の宗教放送は、放送開始の二ヶ月後、一九二五（大正一四）年五月二四日のことで、「親鸞経の文化的意義」であった。キリスト教に関する宗教番組が初めて放送されたのは定かではないが、『ラジオ年鑑　昭和8年版』の記述に、一九三二（昭和七）年六月五日の「日野原善輔　教育と宗教」、六月二八日「石原謙　歴史とキリスト教」が見出される。(18) 伝道放送と言うよりも、教養番組であろうか。我々がキリスト教のラジオ放送と言ってすぐに思いつくような、聖書のメッセージを放送する伝道的傾向を含んだ番組が初めて放送されたのは、一九三三年七月のことのようである。「日曜礼拝」という一時間番組で、礼拝の実況と牧師の説教を内容とし、「予想以上の好評を博した」（『ラジオ年鑑　昭和10年版』）という。

「キリストへの時間」放送開始の契機

それではいよいよ、「キリストへの時間」がどのような経緯で開始されたかを見ていきたい。「キリストへの時間」が、南長老教会の日本における伝道事業の一環として始められたことは先述した通りだが、具体的には、第五六回南長老教会在日本ミッション年会（以下、ミッション年会）の中で、一九四九年三月二九日にガードナーが、福音伝道事業のためにラジオを使用する可能性について言及、その有用性を調査する委員会が立ち上げられたのが最初であった。(19) 議事録全体は詳細なものであるものの、〝なぜラジオなのか〟という理由づけは残念ながら一言も記されていないのであるが、ラジオ伝道について言及されたこの日付は重要である。なぜならば、日本放送協会（ＮＨＫ）が従来独占していたラジオ電波を民間にも開放することになる放送法案、電波法案、電波監理委員会設置法案が一九四九年一二月の通常国会に提出されるより前のことであり（翌一九五〇年四月二六日可決。いわゆる電波三法）、ミッションがいかに早い段階から放送伝道の可能性に着目していたか、注目に値するからである。

第五九回ミッション年会（一九五一年七月一七―二一日）では、他のキリスト教団体や他宗教によるラジオ放送についての動向なども報告されるなど、着々とラジオ伝道実施に向けて準備が進められていたことがうかがえる。[20]

「キリストへの時間」放送開始

ラジオを通して日本民間放送としての記念すべき第一声を発した。電波三法の成立を経て、一九五一年九月一日午前六時三〇分に、中部日本放送は

さて、ラジオ番組「キリストへの時間」の放送が開始された日付であるが、不可解なことに複数あり、私が当初調べた史料だけでも三種類の日付が確認された。日付順に、第一は、一九五二年一〇月から第三月曜日に朝八時三〇分から三〇分間の放送を開始されたというもので、[21]この場合一〇月の第三週の月曜日とは一〇月二〇日を意味することになる。第二は、一〇月二四日金曜日の午後六時一五分に開始されたというもの。[22]第三は、一〇月二七日の月曜日午前八時三〇分から三〇分間放送されたという、中部日本放送側の記録である。[23]

これだけ記録が一致しないのも珍しいが、『記念誌』発行後に、石丸新氏より、『つのぶえ』第三一号（つのぶえ社発行、一九五二年一〇月一日）九頁にも、放送開始の予告欄に「十月廿七日」とあるとのアドヴァイスも受け、（筆者が当初予想していた）中部日本放送側資料にも記された一〇月二七日放送開始を事実と見るのが、やはり正しいと判断して差し支えないであろう。[24]石丸新氏には、ここに感謝の意を表したい。それにしても、第二の日付・時刻は突拍子もないものであるが、もしかすると、これは、録音がなされた日時のことを指しているのかもしれない。[25]

さて、第一回目の放送はJ・A・マカルピンが担当し、一一月は改革派中津川教会牧師水垣清が放送を担当した。[26]このような、月に一回三〇分間という放送形態はあくまで「試験的なもの」として一二月まで続いたが、その後、一実業家の好意により放送をさらに一年間継続していく目途が立つに至る。[27]一九五三年以降については、たとえば、同年一月一四日から四月八日までの三ヶ月間は、毎週水曜日の朝八時四五分から九時までの一五分間の番組であったという記録が残っており、[28]現在も続いている週毎の放送形態は、この時期に確立したと言うことができる。

このようにして始まった「キリストへの時間」の放送について、当時の南長老教会世界伝道局の年次報告に記された紹介記事を見てみると、放送に興味を抱いた聴取者は大阪の「通信聖書学校」（Correspondence Bible School）に手紙

を書くよう促されていたこと、そして、「ラジオと新聞伝道（Newspaper Evangelism）の組み合わせは、我々が全力で推し進めなければならないものである」と、ラジオを用いた総合的伝道に強い意気込みが語られていることがわかる。[29]

「キリストへの時間」という名称

なお、本章でこれまで漠然と使用してきた「キリストへの時間」という番組名であるが、実は、放送開始当初から日本語表記・英語表記共に変遷が見られるようである。記録を過去から順にたどると、放送開始時は「キリストへの道」（中部日本放送の記録）、以降、“The Hour to Christ”[30]“The Hour of Christ”[31]“HOUR for Christ”[32]とあり、現在は、「キリストへの時間」、“The Hour for Christ”である。このような名称の変遷があっても、「キリストへの時間」側は、すでに見てきたように、放送開始時点は「キリストへの道」放送開始の一九五二年一〇月にまで遡るという自己理解であるが、中部日本放送側の理解では、「キリストへの時間」という名称で放送が開始されたのは一九五三年四月からであり[33]、それゆえ、中部日本放送における「最長寿番組」は一九五三年三月二日にスタートした一五分番組「歌のない歌謡曲」と認識されている[34]。よって、名称上は、最長寿番組の座は「歌のない歌謡曲」に譲らざるをえないかもしれないが、その実質においては、「キリストへの時間」が中部日本放送における最長寿番組と言うことも許されるであろう。

なお、余談であるが、日本におけるキリスト教関係の番組がラジオ放送（日本放送協会）として流れたのは戦前から例があることは先述の通りで、民間放送におけるキリスト教ラジオ番組についてはと言うと、たとえば、一九五一年一〇月二八日に「日本ルーテル・アワー」[35]の放送が、「キリストへの時間」放送開始直前の一九五二年八月末に富山の北日本放送から「暗き世の光」の放送が開始された例がある[36]。

いずれにせよ、「キリストへの時間」は、日本における放送伝道の最初期から関わっていることに違いはない。そして何よりも、番組名を「キリスト教の時間」「聖書の時間」等とせず、「キリストへの時間」と定めたことは、説教者が「イエス・キリストに出会ってほしい」との「熱き思い」を持っていたことをまさに表したもの[37]であり、先人たちの慧眼であった。

三　教会の業としてのラジオ伝道

1　南長老教会在日本ミッションとしての業

改革派日本人教師と協力　さて、以上のような経過を経て、ついに「待望されていた改革主義ラジオ放送伝道[38]」が開始された。番組開始当初から主事としてその責任を担ったのはJ・A・マカルピンであるが、放送開始まもない頃、彼は、アメリカのナッシュビルにある南長老教会世界伝道局宛書簡の中で、ラジオ伝道の成果に期待を込めつつ次のように記している。

……新しい業、それはラジオによって種を撒くことです。ミッションはラジオ委員会に、時間を確保して、私たちが適切な方法でプログラムを行うよう指示しました。すでに、〔放送を聞いた〕何人かは近くの教会の礼拝に出席しています。そして、それよりも多い人数の人たちが、大阪にある私たちの通信聖書学校に登録されています[39]。

番組の構成については、一九五四年のミッション年会の記録によれば、「讃美歌、聖書朗読とメッセージ、讃美歌、文書の案内」とあり[40]、驚くことに二〇一五年現在とほとんど構成が変わっていない[41]。なお、一九五九年に行われた第六七回ミッション年会では早くも、ラジオ伝道と共に、テレビ伝道の可能性が議論されている[42]。

番組放送開始後しばらくの説教は、J・A・マカルピン、W・A・マッキルエン、水垣清と壺坂国三の四人を中心に担われたようである[43]。四名とも、南長老教会在日本ミッションの宣教師と改革派教会の教師であり、現在のように教団の教師は含まれていない。それは、南長老教会が、戦後、教団を離脱した人たちによって一九四六年に設立された改革派教会を、最も好ましい協力者であると確認していたからであろう[44]。よってミッションが公的に教団諸教会と接点を持っていなかった段階であるから、教団の教師がそこに含まれていないのは当然と言えば当然であった[45]。

教団教師も伝道の業に携わる　ところが、教団教師が説教を担当し始めたことが、一九六〇年の史料で初めて確認できる[46]。なぜ一九五九―六〇年にかけての時期、教団の教師も説教者として加わることになったのか、その経緯は筆者の手元にある限りの史料、すなわちミッション側資料と教団中部教区側資料[47]からは、（読み落としの可能性を全く否定することはできないが）よくはわからない。ただ、一九五七年に南長老教会在日本ミッションは、改革派教会のみならず教団、（新）日本基督教会とも宣教協力を行うことを決定、すなわちミッションの協力方針が軌道修正されており、このことが影響を与えたのかもしれない[48]。

2　協力委員会としてのラジオ伝道の業

新しい協力関係　こうして、当初南長老教会ミッション・ラジオ委員会の働きとして始まった「キリストへの時間」ラジオ伝道は、教団教師の説教者の協力を途中で新たに得つつ、進んでいくこととなった。そのような〝ミッション・ラジオ委員会主導としての伝道の業〟であったが、一九六八年に大きな変化が起こる。それは、〝協力委員会体制によるラジオ伝道の業〟の開始である。

すでに、ミッション・改革派・教団の三者によって担われ始めていた「キリストへの時間」であるが、一九六三年の段階までは改革派側による説教担当が多かったが[49]、一九六四年になると、一年間五二週間中、改革派と教団で半々の説教担当となるに至った[50]。そしてついにその三者が、協力委員会を設置し、「キリストへの時間」を運営するという形態をとることになるのである。

ことの発端は、残された史料からは、ウィリアム・P・ボイル[51]が、一九六四年一二月六日に、土岐林三（教団）と石丸新（改革派）に書簡を送ったことのようである。そこには、両者のこれまでの協力に感謝する言葉と共に、「将来、私たちのラジオ伝道が、神の祝福を受け続けることができるよう、そして、それが日本の教会への有用性の中で成長できる」よう、一層の協力関係を願う内容が記され、次回のミッション・ラジオ委員会（一九六五年二月三日）への出席を促している。[52] そして、一九六五年四月五―九日に行われた第七三回ミッション年会で、改革派・教団の様々な指導者と相談した後、現地教会とミッションの各代表者からなるラジオ委員会を設置することの答申がなされた。[53]

協力委員会の設置

一九六六年一月二七日、「ラジオ委員会」が開かれ、「ミッションラジオ委員5名、教団代表2名（土岐林三、山北多喜彦）、改革派代表2名（水垣清、石丸新）」が出席、「「キリストへの時間」協力委員会と称する委員会を設置する」ことを決議した。[54] 一二月六日に再び委員会が開かれ、「委員会の性格についての討議」がなされている。席上、「山北・教団から言えば、JBC」[55]、「水垣・大会の空気　今までの個人的協力から、改革派としての協力という形となったが、その場合の性格は□〔判読不可！〕である」、「石丸・信仰的立場の表明必要」といった発言が認められる。[56] ここで興味深いことは、それまで「キリストへの時間」の業への関わり方は改革派・教団側から見た場合、各教団教師の「個人的協力」であったのが、これからは教会の業として、各所属教団とどう関係性を持っていけばよいかが確認されている点である。新しい段階に入ったのである。よって、教会の業として協同するのであるから、信仰の一致の必要性も当然の課題となる。ただ、この会議ではそれについての結論は導き出されず、また、その後も一致した信仰の表明がなされることはなかったようである。

一九六七年一月一七日に、「「キリストへの時間」協力委員会規定（案）」が委員会より提出された。[57] 翌年一月一日に委員会規定が発効、改革派・教団各二名と南長老教会在日本ミッション各三名の選出委員によって、[58] 二月一五日に第一回「キリストへの時間」協力委員会（以下、協力委員会）が開催されるに至るのであった。なお、規定案には「構成団体の承認を経た上で、1968年1月1日に発効する」とあったが、この第一回委員会の議事録によれば、協力委員会規定が、「日本基督教団は1967年2月、PCUS日本ミッションでは1967年3月にそれぞれ承認済」、「日本基督改革派教会の1967年大会にて承認されたことが報告」されている。[59] ラジオ伝道における、三者の教会的協力関係構築の努力の跡を見ることができる。

四　ミッション依存から自給独立へ

1　ラジオ伝道の見直し

莫大な費用　協力委員会方式によって「キリストへの時間」は新たな歩みを開始した。一九六九年時点での放送中の局は、中部日本放送（六時三〇分）、ラジオ関西（七時四〇分）、高知放送（七時二五分）、南海放送（七時三〇分）、西日本放送（七時四〇分）の他、極東放送を通してマニラと沖縄にも放送されていた。[60]堂々たる陣容である。

リスナーからのレスポンスも多く、たとえば一九七二年の一年間の場合、協力委員会席上の報告によれば、[61]三二九の応答をこちらから行い、四〇名が通信講座を受講、七二名に教会を紹介し、[62]一七名が求道中、五名が受洗したという。その他にも、ミッション年会記録などに、リスナーからの喜びの声が多数掲載されている。堂々たる布陣での「キリストへの時間」ラジオ伝道であったが、しかしそれを可能にした要因に、ミッションからの多大な資金援助があった。一九七一年の場合、予算九一六万円と決算八六三万九九七二円とあり、[63]その資金の全てがミッションによるものと見て差し支えない。[64]つまり、人的には三者の協力であったが、資金面はそのほとんどをミッションに依存したものであった。

資金に関わる最初の変化が見られるのは、一九七三年九月二五日開催の第一一回委員会席上のことである。[65]「今後のラジオ伝道の経済問題」として、総主事J・A・マカルピンより、本国から以下の通達のあった旨が報告された。

米国ボードの機構改革にともない、一九七五年から日本のラジオ伝道への援助は、日本の教会のラジオ伝道への献金に応じておこなう、との基本的態度がうちだされた。従つて日本の教会のラジオ伝道に関する支援の見込みについてボードに報告するように。

これに対して協力委員会は、以下のことを決定している。

本委員会としては、ボードに日本のラジオ伝道の必要さと米国教会の多大の経済的援助の必要性を訴えるとともに、クリスマスを目ざしてラジオ伝道のための募金を、国内関係教会においてつのることを決定す。

つまり、一方的援助ではなくなることが示唆され、さっそく、国内で「募金」を開始する対応をとることになるわけだが、議事録上では、なおもラジオ伝道がミッションの援助によって継続されることが前提とされていた。

ミッションからの資金援助打ち切り　ところが、一九七四年九月一六日、本国ボードより、予算案の「来年度より2割減額」との知らせが届く[66]（実際には、一九七六年度になって一割削減が実施された[67]）。以降、協力委員会の議事録をたどると、急激に、資金面に関する話題が多くなり、援助金の削減に対して様々な手を打ち始めている。まず、「援助金の激減にともない文書伝道を継続するのは困難である」として、審議の末、「やむをえず「聖書の友」を1975年11月をもって廃刊する事を可決」している[68]。これまで、「キリストへの時間」は、ラジオ放送と文書伝道の両輪で進められてきたが、資金難から文書伝道という車輪が外れたのであった。そしてついに、南長老教会より、最後通告とも言えるような、以下の説明がなされるのであった。

P・C・U・S〔南長老教会〕は海外への伝道に大きな関心を持っている。しかし諸事情により、このまま長期にわたる援助は困難となった。今後も協力関係は続けるが、「最終援助金」をもって、当事業が自給独立する企画を立てるように願っている。ついては、改革派と教団が協力して、独立した法人を組織して、この最終援助金を受け入れられる責任ある母体となってほしい[69]。

つまり、「諸事情」から、「最終援助金」をもって、ラジオ伝道の「自給独立」を求める内容である。この「諸事情」が何であるかは、筆者の今手元にある範囲内の史料のみからはよくはわからない。ただ、時は、ドルの変動相場制への移行時期とちょうど重なっている。[70]ドルの経済価値の減少により、宣教師を派遣し、その活動を維持することが日増しに困難になっていったことは想像に難くなく、複数人が経済的要因を指摘・回顧している。[71]さらにこの頃、放送料の値上げもあり、[72]資金をめぐる踏んだり蹴ったりの状況が続く。これらに対応するため、先ほどの文書事業の撤廃のほか、放送していた局数を断続的に縮小、一九八三年には放送を中部日本放送一局に絞ることとなった。[73]

2　さらなる協力の拡大

改革派・教団の各個教会との実質的連携

しかし、協力委員会はこの困難にただ立ち尽くしていたわけではない。諸教会に献金を呼びかけ、後援会組織を作ることを可決、[74]実行に移している[75]（なお、南長老教会からの求めにあった、法人化は行われていない）。さらに、「海外〔………〕、教団、改革派側の献金多少にかかわらず、現在の協力態勢を保持していく」との申し合わせを行って協力関係を確認、[76]そして「放送予定の案内の必要と共に、募金の訴えの必要から、機関紙を発刊することとなった。[77]それが、一九八三年一〇月から現在まで発行されて続けている、『「キリストへの時間」協力委員会報』である（二〇一七年七月時点で第六八号）。第一号の中で、J・A・マカルピンの跡を引き継いだ総主事S・F・サップは、「「キリストへの時間」は種まきです。……私の希望はラジオを通して、大きな意味で教会という主の御体を広げ、育て、養うことにあります」と述べている。[78]

こうして、経済的には、これまでのミッションの援助によって成り立っていた「キリストへの時間」は、改革派・教団の諸教会の援助によって、新たなスタートを切るのであった。

キリスト教学校との協力

さて、本章の冒頭でも触れたように、現在の「キリストへの時間」は、キリスト教諸学校も協力委員会の一員としてその運営に加わっている。南長老教会在日本ミッションの業に始まり、教会の業として展開してきた「キリストへの時間」が、なぜ学校とも連携をとるようになったのか。

現在は、金城学院、名古屋学院と岐阜済美学院の三校が携わっているが、紙幅の関係もあるため、ここでは金城学院のケースをとりあげたい。理由としては、献金額が最も多く、かつ筆者が仕えていることもあり史料への接触が他校のそれに比べて容易だからである。

金城学院の場合　一八八九（明治二二）年に南長老教会宣教師アニー・ランドルフが女学専門冀望《きぼう》館を設立したことに遡る金城学院と[79]「キリストへの時間」の両者の関係は、個々の緩やかな形では古くからあったが、直接的には、援助金が底をついたことを契機に、協力委員会が一九九〇年に「番組の活性化と地域キリスト教施設の参与」[80]を理由として金城学院に援助を依頼したからであった。そして、一九九一年から三〇万円の献金が金城学院からなされ、金城学院高等学校による出演協力が始まったが、二年後の一九九三年、さらなる資金難に陥ったことから、「米国長老教会と深い繋がりのある金城学院に特別な御協力をお願いすること」[81]となった。金城学院は、学院宗教主事会による、「PCUSのマカルピン先生の志を継承」し、「学院外の福音宣教にあた」り、「学院の建学の精神を内外にアピールするため」との、理事長・学院長宛て答申[82]をもとに、急遽、協力金の大幅な増額をはかったのであった（一九九三年は一四〇万円、一九九四年度以降現在まで毎年一〇〇万円）。あわせて金城学院の同窓会組織（「みどり野会」）も、「伝道の機会が増え、神の御言が、より多くの人々に広まることを希望[83]」して支援に呼応したのであった（より詳細な経緯については、次章「第一二章　金城学院と「キリストへの時間」の関係について――キリスト教学校における伝道の一断面より」を参照）。

以上は金城学院の一例であるものの、こうして一九九〇年代初頭より、キリスト教諸学校が「キリストへの時間」に携わることになったが、このことでもう一つ副次的な効果があった。それは、番組の最後でいわゆるスポンサー紹介のアナウンスがなされるが、その際、学校名が出ることによって、「ああいう学校と協力してやっている放送なら……安心して聞ける」と言う人も出てきて、番組への「信用度を確かにするようになった」と言われる点である。[84]一〇〇間年以上の歴史を有し、かつ、俗に「名古屋の三大お嬢様学校[85]」の一つと言われ、中部圏では誰もが知る金城学院が支援しているなら、宗教番組でも安心して聞ける、ということである。

会計の現状　一年間の放送の費用は四五〇万円程度かかるが、最近の財政状況として、二〇一一年度の会計報告によれば、収入合計は六一二万三二二五円であり、その中から繰越金二一〇万三二三〇円を引いた、四〇一万九九五円が外部献金による支えである[86]。そして、会計報告に記されている順に、その献金額の比率を示すと、「個人献金」九・七％、「日キ教団教会」一五・二％、「改革派教会」二三・六％、「金城学院関係」三三・二％、「名古屋学院関係」一一・九％、「済美学院関係」五・二％、「外国（個人）」一・二％となっている。

数字には現れ出てこない興味深い傾向の一つとして、改革派においては教会単位の献金が多く、教団は個人献金が多い点が挙げられる。このことの理由としては、協力委員会が国内募金を始める際、「募金活動は、教団、改革派とも、いわゆる教会組織（中会、教区）で決議等して動かすのでなく、自由賛助献金を各教会、個人に募る形ですることとする[87]」との申し合わせをし、その後、改革派の方では、中部中会内で「キリストへの時間」のための募金活動を行うことが議され（一九八八年の中部中会記録）、一九九一年度から公的に献金されるようになったことが大きいであろう[88]。それはまた、それぞれの教派の特質とも関係しているのかもしれない。

最近の収録風景。筆者（左）と、アナウンサーの小幡美智子さん（改革派教会員）

五　おわりに

1　直面する問い

変わらないもの　ラジオ伝道という「冒険的事業」、それは「キリスト教に対するためらいという伝統的な壁を突き破り、そうでなければ、キリストのメッセージに触れることもない何千という大勢の人々の家庭や暮らしの中に入っていくのです」（J・A・カグスウェル）[89]――そう期待されて始められた「キリストへの時間」であるが、時を重ねてもほとんど変わらない放送スタイルから、「かちかちで古くさい」[90]と言われることもあった。しかし、「「キリストへの時間」を通し、キリストによる救いを願い」[91]、それゆえに「神の言葉の使信を曲げないこと、御言葉に愚直なほどに信頼して、人間の〝工夫だおれ〟をいましめること……この姿勢は今後も、番組の編成や企画がかわっても、変えられてはならないもの」[92]として今に至っている。

テレビ伝道の場合であるが、アメリカにおけるテレビ伝道で成功した伝道者たちの特徴の一つに、「一般大衆の求めているものをすばやく感じとり」、「教派の思わくや意見など考える必要がな〔く、……〕ただおのれの信ずる教義や考えを一人でも多くに伝え」たから、というのがある。[93]つまり、教会に縛られない個人の業が多くの人々を惹きつけることができた、というのである。そういう分析があることを思うと、「キリストへの時間」が華々しさとはほど遠いものがあるのは、教会の業としての性格をより強く有するがゆえの証左かもしれない。よって、「キリストへの時間」の伝道活動は、特殊な（かつニッチな）伝道分野における、「日本の宣教史上、最初」とも言えるような「日キ教団・改革派教会・ミッションスクールの協力関係の宣教事業」[94]として、高く評価されてよいのではないだろうか。

激変していった環境　さて、「キリストへの時間」放送開始からしばらくの間は、多くの若者のリスナーからのレスポンスがあった。[95]一九七四年一―八月の場合、応答者の傾向は「若者が60～70％を占めている」と報告されていて、「多くが受験生であり、勉強の目的や人生の目的についての深刻な質問が多」かったという[96]。しかし時代は変わり、一九八五年頃から「病床者〔〕高令《ママ》者の応答が見られる[97]」ようになる。そして、一九八九年には「若者の応答は全くな」くなり、その「反面高齢者、特に伴侶を失った応答者が増[98]」加、一九九〇年には「30歳までの新・旧の応答者はなかった[99]」という。

もちろん若者以外のリスナー、応答者の存在は今もあり続けるのだが、少なくとも、ラジオを通じての伝道という方法は若者に届くツールではなくなった。しかしそもそも若者に限らず、キリスト教放送を含めたラジオでの宗教放送全般は戦後、「必ずしも〔宗教〕教団側、一般の日本人に広く受容されなかった」との分析さえある[100]。

そして、テレビとそれに続くインターネットの普及により、若者のみならず人々のラジオ離れは決定的となった。ラジオの広告費も、ピーク時（一九九〇年代前半）の半分程度とのことである。礼拝説教も、今はインターネットを通じて、自由に読むことも聞くこともできる時代となった。

2　ラジオ伝道の意義はあるのか

二つの可能性　それでは、ラジオを用いた伝道というあり方は、もはや全く意味を持たない、時代遅れの営みとなってしまったのであろうか。あるいは、変化する環境の中で、ラジオ伝道においては今後どのような伝道方策を模索すればよいのであろうか。本章では「キリストへの時間」をとりあげたので、特にこれに限って考えると――これはどこまでも私見であるが――次の二つを確認しておくことは大事なことと思われる。

ⓐ他のメディアとの連携　一つ目は、ラジオとインターネットの連携の可能性の模索である。より具体的には「radiko.jp（以下、ラジコ）」の存在を挙げることができる。ラジコは二〇一〇年三月にスタートしたAM／FMラジオ放送のネット配信サービスである。地上波の補完という位置付けで、ビル陰や高層住宅などラジオ電波が入りにくい地域の難聴取対策を主目的として始まった。月間利用者数は一二〇〇―一三〇〇万人と高い数字で推移しており、

ユーザーの半分以上を三〇―四〇代が占め（平均年齢は四二・五歳）、地上波のリスナーと比べると若年層率、女性率が高いという。スマホやパソコンなど、身近なツールで楽しめるようになったことで、ラジコで初めてラジオ番組に触れた新規ファン（一三・六％）、再び親しむようになった復活ファン（三〇・四％）など、地上波放送だけでは届かなかった層にも確実に広がっているという。[101]

実は、「「キリストへの時間」協力委員会規定」[102]の第二条は「本委員会の目的は、聖書において示されているイエス・キリストの福音をマス・コミュニケーションの手段を通して宣べ伝えることにある」と記している。つまり、規定上は、必ずしも「ラジオ」という手段に限定される必要はないということであり、「キリストへの時間」がラジオ以外の方法を選択すること、あるいはラジオ以外の方法との連携を積極的に採ることも、可能性としてはありうるということになる。

⒝民放ラジオから放送されることの意味

そして二つ目は――むしろこちらを強調したいのだが――〝地上波の民放ラジオから流れるキリスト教放送〟ならではの強みについてである。つまり、民放ラジオをインターネット経由で聞く（例：ラジコ）のでも、宗教専門のラジオ放送局で聞く（例：FEBC等）のでもない、特別な意義の存在である。

現在、オーストラリアでも、ローカルラジオ局でキリスト教番組を流すことの意味について、我々と同じような問いに直面しているようである。そのような中にあって、ジョッシュ・リードはローカルラジオ局を通じてのキリスト教放送の意義をその著書の中で強調している。それは、放送を通じて、人々が福音のメッセージを聞こうと意志するよりも前に福音のメッセージを受け取る備えをさせることになる点だ、と。[103]どういうことかというと、たとえば、我々が家族や友人に面と向かって「教会に行こう」と言っても、多くは無視され、あるいは一笑に付される。けれども、ラジオは面と面とで向かいあわないし、さらに民放ラジオの場合、一度つけたらそのまま聞き流すという傾向が強い。そうして、そのまま心を開いたまま福音のメッセージに触れ、教会へ踏み入るよりも前に「福音の種」を受け容れる素地を整えてくれる可能性がある、というものである。

確かに、今はインターネットでいくらでも説教を読み、聞くことができるが、その場合たいていは、インターネットを操作する人が、自らの意志でそのページにたどりつき、読み、聞く場合がほとんどである。意志せずして（それも心をリラックスさせた状態で）福音に触れる可能性があるというのは、「ながら作業」の中で聞く民放ラジオならではではないだろうか。(104)

注

1　一九九九年び第五四回大会までは「日本基督改革派教会」表記。第五四回大会記録の二九九―三〇〇頁を参照。

2　たとえば、名古屋における伝道について触れられた、田口博之「離れたところでの働きから見えてくるもの」（季刊『教会』第七四号、日本基督教団・改革長老教会協議会・教会研究所、二〇〇九年）の中でも、「キリストへの時間」が言及されている。

3　一八六一年に米国長老教会（分裂後これを北長老教会と通称）が奴隷制と南北戦争に関連して国家主権を合衆国全体にあると決議した時、州分権を主張、離脱して設立した教会。信条制度は北派と同じくウェストミンスター信仰告白を襲用したが、自由な解釈を排し、教会会議の政治的判断を否定した（大野昭「アメリカ南長老教会」、日本キリスト教歴史大事典編集委員会編『日本キリスト教歴史大事典』教文館、一九八八年、六二頁）。なお、一九八三年に米国南長老教会は米国合同長老教会(UPCUSA: United Presbyterian Church in the United States of America）と合同して、米国長老教会（PC (USA) : Presbyterian Church (U.S.A.)）と改称された。米国の複雑な長老派教会の分離・合同を理解する上で便利な系統図については、J・H・スマイリー、山口俊夫訳『長老教会の歴史』（教文館、二〇〇六年、一〇―一一頁）、及び長老派歴史協会のウェブサイト（http://www.history.pcusa.org/history-online/presbyterian-history/family-tree-presbyterian-denominations, accessed March 16, 2017）を参照

4　一八三二―一九二〇年。米国改革派教会宣教師で、日本最初のプロテスタントの洗礼式を執行したことで知られる。日本最初のプロテスタント教会である日本基督公会が設立された際（一八七二〔明治五〕年）、仮牧師に就任し、植村正久も彼から強い感化を受けたとされる（五十嵐喜和「バラ」、前掲『日本キリスト教歴史大事典』一一三四頁）。

5　「米国南長老教会ジャパン・ミッション　宣教師人名事典1885―1893（中間報告）」金城学院大学キリスト教文化研究所プロジェクトチーム編集・発行、二〇〇〇年、一―三頁。
6　米国南長老教会の日本伝道については、眞山光彌『愛知のキリスト教』新教出版社、一九九二年、一〇九頁以下を参照。
7　眞山光彌「金城教会草創期――自給独立を目指して」、『金城学院大学論集人文科学編』第二七号、一九九四年所収、一―四九頁を参照。
8　本章で使用する史料についてであるが、日本キリスト教史のほんの一断面であるラジオ伝道とはいえ、その協力関係も相まって関連する史料の範囲は広範にわたる。そこで本章では基本的に、ミッション側資料(本国への年次報告、ミッション年会議事録、書簡)、協力委員会側資料（議事録、会報、書簡）、ラジオ局側資料、教団側資料（教区総会資料、教区常置委員会資料、教区通信）、改革派教会側資料（中部中会記録）、学校側資料としては金城学院のもの（年史、理事会資料、同窓会資料）に限って用いた。筆者が「キリストへの時間」に携わり始めたのは二〇一二年度からであり、過去を直接知らない者である。それゆえに、史料に即して叙述することを大切にしたつもりであるが、当時を実際に知る方々から見て、思わぬ間違い・勘違いをしている箇所があるかもしれない。御容赦、あるいはご教示・ご指摘いただければ幸いである。なお、最近のラジオ伝道に関する言及が、第6回日本伝道会議「日本宣教170→200プロジェクト」編著『データブック　日本宣教のこれからが見えてくる――キリスト教の30年後を読む』（いのちのことば社、二〇一六年）の「第9章　メディア伝道」（一九八―二〇二頁）にわずかに見られるものの、日本のラジオ伝道に関する体系的な先行研究は、非常に少ないことを付記しておく。
9　田口博之、前掲論文、二三頁。
10　以下、アメリカにおけるラジオ伝道の基本的事柄に関する記述は、生駒孝彰『ブラウン管の神々』ヨルダン社、一九八七年、七六―九二頁、同『インターネットの中の神々――21世紀の宗教空間』平凡社、一九九九年、一五一―四七頁に依っている。
11　前掲「米国南長老教会ジャパン・ミッション　宣教師人名事典1885―1893（中間報告）」一〇―一一頁。
12　羽鳥明・村上宣道『世の光として輝くために――メディア伝道の開拓者たちの夢と祈り』いのちのことば社、二〇一一年、一〇二―一〇五頁。
13　宇田進「マクファースン、エイミ・センプル」、『キリスト教人名辞典』日本基督教団出版局、一九八六年、一五四六―一五四七頁も参照。
14　『エイミー――神の召しに応答したある女性の物語』生ける水の川、二〇〇一年、一三八頁。本書は、彼女の死後、彼女が書き始めていた自伝の原稿を基礎に、フォースクエア・ゴスペル教会国際本部の伝統継承委員会が完成させたもの。

15　生駒孝彰、前掲『インターネットの中の神々』二〇頁。

16　羽鳥明・村上宣道、前掲書、一〇三頁。

17　放送当初、三つの公益社団法人が設立されたが、一九二六（大正一五）年には三局が単一主体になって運営されることが好ましいとされ、社団法人日本放送協会が設立された（後述するように、ラジオ電波が民間にも開放されるのは戦後少し経ってからである）。

18　キリスト教に関する最初の放送がいつであるか、またたとえ最初の放送がいつであるかはわからなくとも史料的に遡れる最古がいつであるか、いずれも定かではない。その上で、『樋田豊治牧師説教集――キリスト者は棕櫚の樹のように』（日本基督教団金城教会発行、一九八四年）の「樋田豊治牧師年譜」に、「一九二四年（大正13年）……10月9日　日曜講座「永遠を思う心」と題し、日本放送協会名古屋中央放送局より放送」との興味深い記述がある（三六七頁）。しかし、前述したように日本における初めてのラジオ放送は一九二五（大正一四）年三月一日とされる。また、一九二四（大正一三）年一〇月九日は日曜日ではなく木曜日であり（もし一九二五（大正一四）年の誤植であったとしても、一九二五（大正一四）年一〇月九日は金曜日である）、詳細は不明である。ただ、同年譜の「一九二六年（大正15年）」には「10月3日　聖フランシスコの七〇〇周年に当り、「聖者の生涯を憶う」と題し日本放送協会名古屋中央放送局より放送」とあり、一九二六（大正一五）年一〇月三日は日曜日であるため、該記録の信憑性は一九二四（大正一三）のものよりも高く、これをキリスト教に関する最初期のラジオ放送の記録の一つとして見ることは差し支えないものと思われる。

19　*Minutes of the Annual Meeting of the Japan Mission of the PCUS 1948-1949*, p. 10.（以下、南長老教会に関する英文資料は金城学院蔵）

20　*Minutes of the Annual Meeting of the Japan Mission of the PCUS 1951*, p. 7.

21　*Minutes of the Annual Meeting of the Japan Mission of the PCUS 1952-1953*, p. 44.

22　*Minutes of the Annual Meeting of the Japan Mission of the PCUS 1967*, p. 26.

23　一九五二年一〇月二七日付の「CBC放送記録」及び「CBCプログラム」（いずれも中部日本放送株式会社蔵。『記念誌』一一九、一二〇頁に原典画像あり）。

24　J・A・カグスウェル、眞山光彌・浅若佐・西田スヱ子共訳『夜が明けるまで――南長老派ミッションの宣教の歴史』（新教出版社、一九九一年。原著は南長老教会世界伝道局から一九五七年〔第一一章補遺は一九六七年〕に刊行された）三三八頁に、眞山光彌が後注解説の形で放送開始日について触れているが（「マカルピンが最初の放送伝道を開始」したのが一九五二年一〇月、「『キリストへの時間』放送を開始」したのが一九五三年一〇月二七日というもの）、典拠は示されていない。

25　一九五二年一〇月二七日付の「CBC放送記録」によれば、その放送が生放送ではなく、録音による放送であったことがわかる。また、同日付「CBCプログラム」には、元々「名曲鑑賞」という番組名が記されていた箇所に取消し線が引かれて、「キリストへの道」という番組へ変更された形跡があり、放送開始時の事情を物語っているように思われる。

26　Mrs. James A. McAlpine, "Japan Mission," in *Annual Report of the Board of World Missions PCUS, 1953*, Nashville: Presbyterian Church in the United States, p. 93.

27　*Minutes of the Annual Meeting of the Japan Mission of the PCUS 1967*, p. 26.

28　*Minutes of the Annual Meeting of the Japan Mission of the PCUS 1952-1953*, p. 44.

29　Rev. W. C. McLauchlin, D.D., "Japan Mission," in *Annual Report of the Board of Women's Work PCUS: For the Church Year April 1 to December 31, 1953*, p. 93.

30　Rev. Donnell McCall, "Japan Mission," in *Annual Report of the Board of World Missions PCUS: For the Church Year January 1 to December 31, 1955*, p. 85.

31　Mrs. J. O. Barksdale, "Japan Mission," in *Annual Report of the Board of World Missions PCUS: For the Church Year January 1 to December 31, 1957*, p. 93.

32　Mrs. John Reagan, "Japan Mission," in *Annual Report of the Board of World Missions PCUS: For the Church Year January 1 to December 31, 1960*, p. 87.

33　中部日本放送株式会社編纂『東海の虹――中部日本放送十年史』中部日本放送株式会社、一九六〇年、一四八頁。ちなみに、『三十年のあゆみ』（中部日本放送総務局発行、一九八一年）には、「キリストへの時間」に関する記述は見られない。

34　『中部日本放送――50年のあゆみ』中部日本放送株式会社、二〇〇〇年、四四頁。

35　一九五一年九月に、米国の国際ルーテル・アワーによって東京ルーテルセンターに事務所が置かれ、同年一〇月二八日から放送が開始された（青山四郎「日本ルーテル・アワー」、前掲『日本キリスト教歴史大事典』一〇七六―一〇七七頁）。日本ルーテル・アワーについては、福山猛編纂『日本福音ルーテル教会史』（日本福音ルーテル教会刊行、一九五四年）五五七頁、編集責任者青田勇『日本福音ルーテル教会　教会史資料編纂委員会ニュース　歴史は語る　特集「ルーテル・アワー」』（第八号、二〇一三年一二月一五日発行（宗教法人日本福音ルーテル教会のウェブサイト（http://www.jelc.or.jp, accessed August 18, 2017）からダウンロード））所収の各記事（特に、青田勇「ルーテル・アワー」、マスメディア伝道の始まり」）、宣教１００年記念誌編集委員会編『日本福音ルーテルなごや希望教会　宣教１００周年記念誌』（日本福音ルーテルなごや希望教会発行、二〇一五年（日本福音ルーテルなごや希望教会のウェブサイト（http://www.nagoyakibo.org, accessed August 18, 2017）からダウンロード））一五―一六頁、等を参照。日本ルーテル・アワーの、国際ルーテル信徒連盟（本部：米国セントルイス市）の日本支部としての活動は二〇〇三年五月三一日をもって終えたが（「日本ルーテル・アワー、活動終える」二〇〇三年六月一六日（http://www.christiantoday.co.jp/articles/6360/20030616/news.htm, accessed August 18, 2017））、ルーテル・アワーの名称は、現在もＣＲＫラジオ関西及び山陰放送にて「ルーテル・アワー「心に光を」」として引き継がれている（「ルーテル・アワー「心に光を」」については、二〇一七年八月二日、有木義岳氏（西日本福音ルーテル教会のラジオ牧師）から詳しくうかがうことができた。この場を借りて、有木義岳氏に感謝申し上げる）。

36　羽鳥明・村上宣道、前掲書、一〇七頁。なお、「「世の光として輝くため」60年」（『クリスチャン新聞』二〇一一年九月二五日）は、「暗き世の光」「世の光」が「最初の日本語ラジオ伝道番組」、「わが国における最長寿ラジオ番組」であると説明しているものの、先述のルーテル・アワーとの兼ね合いの中で、「日本語ラジオ伝道番組」「最長寿ラジオ番組」と言った際の基準・定義をどう捉えるかを踏まえて、より詳細に検討しなければならないであろう。

37　『「キリストへの時間」協力委員会報』第三三号、一九九〇年一〇月に五日（協力委員会蔵）。

38　『つのぶえ』第三一号、つのぶえ社発行、一九五二年一〇月一日。

39　一九五三年一月五日付、岐阜発、アメリカ、テネシー州ナッシュビル世界伝道局宛書簡（*Missionary Correspondence Letters 1952～1953 Board of World Missions Historical Foundation* 所収）。

40　*Minutes of the Annual Meeting of the Japan Mission of the PCUS 1954*, p. 37.

41　『記念誌』の付録である「特別付録ＣＤ」には、過去の放送も収録されている。最も古いものは一九六五年のものであるが、やはりプログラムは現在と同様である。

42　*Minutes of the Annual Meeting of the Japan Mission of the PCUS 1959*.

43　*Minutes of the Annual Meeting of the Japan Mission of the PCUS 1956*, p. 30.

44　その事情は大変重要な事柄であるが、本章の範囲を越えるため、以下の文献と該当箇所を指示するにとどめておきたい。『日本基督改革派教会史――途上にある教会』日本キリスト改革派教会歴史資料編纂委員会発行、一九九六年、一五三頁。

45 もっとも、原則だけでは割り切れないものもあり、「南長老ミッションは、公的には改革派教会と関係をむすび、日本基督教団とは、宣教師と「諸教会・団体」の私的な関係にとどめた」(同右、一四九頁)のが実情のようである。

46 *Minutes of the Annual Meeting of the Japan Mission of the PCUS 1960*, p. 11. なお、史料に記されていた教団教師の名は土岐林三(御器所教会)であった。

47 当該年度前後の、教団の中部教区総会資料・教区常置委員会資料に、「キリストへの時間」の働きに教区として関わることも含め、「キリストへの時間」に関する記述はなし。

48 前掲『日本基督改革派教会史』一四七頁。

49 "Our speakers for 1963 were as follows: Rev. Shin Ishimaru 19times Rev. Kunizo Tsubosaka 14times (12"Question Box") Rev. Rinzo Toki 8times Rev. Eiichi Ito 7times Rev. J.A.mcAlpine 4times" (*Minutes of the Annual Meeting of the Japan Mission of the PCUS 1964*, p. 68.)

50 *Minutes of the Annual Meeting of the Japan Mission of the PCUS 1965*, p. 57.

51 ウィリアム・P・ボイルは、南長老派ミッションの中でも、教団諸教会との宣教協力を重視していた一人であった(J・A・カグスウェル、前掲書、三三七頁の眞山光彌による訳者後注)。

52 一九六四年一二月六日付、神戸発、土岐林三、石丸新宛英文書簡(「キリストへの時間」協力委員会蔵。以下、協力委員会蔵)。

53 *Minutes of the Annual Meeting of the Japan Mission of the PCUS 1965*, p. 57.

54 「ラジオ委員会報告」(協力委員会蔵)。*Minutes of the Annual Meeting of the Japan Mission of the PCUS 1966*, p. 59に同旨の報告あり。改革派側の二名選出の過程については第二〇回定期大会記録に基づいた、小野静雄「第2章　放送伝道の開始から「協力委員会」方式へ」(『記念誌』所収)二一―二二頁を参照。

55 JBCとは放送伝道共同委員会のこと。一九六五年四月一日より、教団とIBC(=ミッションボード連合委員会。一九四七年四月、北米八教派の外国伝道部が教団と協力するために組織)のジョイント・アクションとして委員会の活動が始まり、一九七〇年一月からはアバコもこれに加わり、三者の共同事業となった(「教団の記録」、『日本基督教団年鑑　第68巻〔二〇一七年版〕』二二〇頁より)。

56 *Radio Comm.*(協力委員会蔵)

57 『記念誌』一〇六頁に邦文、一〇七頁に英文の原典画像あり。

58　歴代委員については『記念誌』一一一―一一四頁参照。
59　「「キリストへの時間」協力委員会第1回委員会記録」（協力委員会蔵）。改革派側については、小野静雄、前掲文、『記念誌』所収、一二二頁。一方、教団側のラジオ委員会への委員選出と規定案承認の過程についてであるが、中部教区総会資料・教区常置委員会資料に目を通したものの、（読み落としの可能性を全く否定することはできないが、）それに関する記述は見られなかった。しかし、後に、協力委員選出に関しては、常置委員会の議事で扱われるようになったことを確認することができ、それは今も続いている（最初に確認できるのは、「1972年度第五回常置委員会」一九七三年三月六日、『第23回中部教区総会議案』一九七三年五月二二―二三日、七頁。最近では、規定改定に関して、「2011年度第2回常置委員会議事録」二〇一一年六月一五―一六日、『第62回中部教区総会議案・報告書』二〇一二年五月二二―二三日に記述あり。また、中部教区の機関紙『中部教区通信』第一二〇号（二〇一〇年三月七日）にも、「キリストへの時間」の紹介がある通り、その働きは教区と関わりのあるものである。以上、中部教区事務所蔵）。なお、ミッション側では、第七五回ミッション年会（一九六七年五月）で規定案の報告が見られる（*Minutes of the Annual Meeting of the Japan Mission of the PCUS 1967*, p. 28）。
60　一九六九年一〇月第二四回改革派大会提出の「「キリストへの時間」協力委員会報告」（協力委員会蔵）。
61　「「キリストへの時間」協力委員会　第10回委員会」一九七三年九月二五日（協力委員会蔵）。
62　はたしてどこの教会を紹介するかについて、「協力委員会規定」には明確に記されていないが、「「キリストへの時間」協力委員会　第11回委員会記録」一九七三年九月二五日（協力委員会蔵）には、「紹介する教派教会名」として、「応答者への教会紹介は、「次の教派の内、聖書信仰を奉じる協力的な牧師のいる教会を紹介す。日本基督教団、日本基督教会、日本基督改革派教会、日本長老教会、ナザレン教団、日本イエス・キリスト教団、単立教会」との記述が見られる。
63　*COMMITTEE OF COOPERATION FOR THE HOUR FOR CHRIST, Financial Statement, 1971.*（協力委員会蔵）
64　というのも、後に日本の教会による「キリストへの時間」自給独立が視野に入れられようとする時、ミッション側の予算の立て方に変更が加わった。従来、予算・収入の部における献金の項目は一つであったものが、アメリカからの献金と、日本からの献金との、二つに分かれて記されるようになり、日本側からの献金予想がゼロと記されたからである（*COMMITTEE OF COOPERATION FOR "THE HOUR FOR CHRIST," Treasurer's Report, as of Augst 31, 1974.* 協力委員会蔵）。この数字は、それまでの実情をひとまず反映させたものと考えられる。
65　「「キリストへの時間」協力委員会　第11回委員会記録」一九七三年九月二五日（協力委員会蔵）。

66 「「キリストへの時間」協力委員会　第13回委員会記録」（一九七四年九月一〇日）の「付記」（協力委員会蔵）。
67 *THE HOUR FOR CHRIST, ANNUAL BUDGET, 1976.*（協力委員会蔵）
68 「「キリストへの時間」協力委員会　第15回委員会記録」一九七五年九月一六日（協力委員会蔵）。
69 「「キリストへの時間」協力委員会　第17回（臨時）委員会」一九七六年五月一四日（協力委員会蔵）。
70 戦後の一九四九年以降、一ドル＝三六〇円の固定相場であったものが、一九七一年一二月からの一ドル＝三〇八円のスミソニアン体制を挟み、一九七三年二月には変動相場制へ移行した。
71 小野静雄、前掲文（『記念誌』所収）二〇頁、杉山明「キリストへの時間60周年記念を祝して」（『記念誌』所収）七二頁。
72 「「キリストへの時間」協力委員会　第20回委員会」一九七七年二月一八日（協力委員会蔵）。
73 西日本放送と南海放送の「キリストへの時間」放送は一九七六年一〇月に打ち切り、高知放送は一九八三年一月よりCRCラジオ伝道部が、ラジオ関西は同年四月より改革派西部中会が引き受けることとなった。協力委員会では、「CBCだけでも出来るだけ継続をはかるとの考えに至」った、とある（「「キリストへの時間」協力委員会　第31回委員会記録」一九八二年五月二五日〔協力委員会蔵〕）。なお、放送局が一局になるのに伴い、協力委員会を教団、教派で設置する必要は失われ、日本側協力委員を中部圏から選出するよう、委員会規定の改正がされた。すなわち従来、委員会の構成を、「日本基督改革派教会」としていたのを「日本キリスト改革派中部中会」へ、「日本基督教団」を「日本基督教団中部教区」へと変更している（小野静雄、前掲文、『記念誌』所収、二四頁）。
74 「「キリストへの時間」協力委員会　第18回（臨時）委員会」一九七六年六月三日（協力委員会蔵）。
75 『記念誌』一一五頁に、献金趣意書「ラジオ放送「キリストへの時間」のための献金のお願い」の原典画像がある。
76 「「キリストへの時間」協力委員会第33回委員会記録」一九八二年一二月三〇日（協力委員会蔵）。
77 「第36回「キリストへの時間」協力委員会　記録」一九八三年六月一三日（協力委員会蔵）。
78 『「キリストへの時間」協力委員会報』第一号、一九八三年一〇月三〇日（『記念誌』一一六―一一七頁に原典画像がある）。
79 金城学院の歴史は、一八八九（明治二二）年に南長老教会宣教師アニー・ランドルフが女学専門冀望《きぼう》館を設立したことに遡る。一八九〇（明治二三）年に私立金城女学校（以降、名称の変遷が煩雑であり、本章内では以下「金城」とする）と改称、一九〇三（明治三六）年に正式にミッション経営の学校となった。金城の最終的な管理権は一九三八年に（旧）日本基督教会大会へ委譲されるが、その直前に、ミッション年会によって神社参拝を禁じられていたにもかかわらず全校職員生徒が神社参拝を行い、金城とミッションとの関係が悪化する。戦後、一九四七年に、金城と南長老教会との関係は修復、メリー・スマイスとマーガレット・アーチボルドが着任する。また一九四八年には南長老教会ミッションとの協力を確認した。「キリストへの時間」を担ったJ・A・マカルピンの、金城学院との関係は、特に戦後、金城女子専門学校理事、金城学院監事として、金城の復興と発展に貢献、定年で帰国する一九七五年まで、二八年もの間、戦後の金城の復興と発展のために尽力した点をあげることができる（以上、金城学院百年史編集委員会編『金城学院百年史』金城学院、一九九六年、四三七、四三九、七〇九頁等を参照）。

80　協力委員会の一九九〇年一〇月二五日付、「金城学院高等学校 宗教部〔ママ〕」宛書簡（協力委員会蔵）。

81　文書「ラジオ放送『キリストへの時間』御支援のお願い」一九九三年七月三日付（金城学院理事会資料）。

82　「学院宗教主事会答申文書」、『1992年度　金城学院キリスト教活動報告書』四頁。

83　『金城学院同窓会みどり野会会報』第七五号、一九九三年一〇月一日、二〇頁（みどり野会蔵）。

84　『「キリストへの時間」協力委員会報』第二三号、一九九四年一二月一日（協力委員会蔵）。

85　都会生活研究プロジェクト［名古屋チーム］『名古屋ルール』中経出版、二〇〇七年、九五頁。

86　『「キリストへの時間」協力委員会報』第五八号、二〇一二年七月五日。

87　「「キリストへの時間」協力委員会第33回委員会記録」一九八二年一二月三〇日（協力委員会蔵）。

88　『「キリストへの時間」協力委員会報』第一八号、一九九二年七月一日（協力委員会蔵）。

89　J・A・カグスウェル、前掲書、二六〇頁。

90　『「キリストへの時間」協力委員会報』第五号、一九八五年一一月二五日（協力委員会蔵）。

91　『基督教年鑑　昭和44年（1969年）版』一三九頁。

92　『「キリストへの時間」協力委員会報』第一六号、一九九一年六月一〇日（協力委員会蔵）。

93　生駒孝彰『ブラウン管の神々』八九頁。

94　『「キリストへの時間」協力委員会報』第二〇号、一九九三年六月二〇日（協力委員会蔵）。

95　たとえば、一九六七年のミッション年会には次のような報告が見られる。ある少女は「キリストへの時間」を聞いて教会へ行こうと思い、教会の前まで来たが、建物の外観の雰囲気で満足して帰ってしまった。このようなレスポンスを受け取ったミッション・ラジオ委員会は、これではいけないと驚いて、彼女へのフォローアップに尽力、すると少女はついに教会への出席につながることができたという（*Minutes of the Annual Meeting of the Japan Mission of the PCUS 1967*, p. 26）。

96 「「キリストへの時間」協力委員会第13回委員会記録」一九七四年九月一〇日（協力委員会蔵）。
97 「1985年度「キリストへの時間」会計」（協力委員会蔵）。
98 「第51回「キリストへの時間」委員会記録」一九八九年九月一八日（協力委員会蔵）。
99 「「キリストへの時間」委員会への報告」一九九〇年（協力委員会蔵）。
100 石井研士「戦後におけるラジオでの宗教放送の変化――三つの調査を比較して」、『国学院大学大学院紀要――文学研究科』第三四輯、二〇〇三年所収、一四一頁。
101 要望が多かった、居住地域にかかわらず全国のラジオを聴けるエリアフリー聴取を提供する「radiko.jpプレミアム（エリアフリー聴取）」も二〇一四年四月に始まった。月額三五〇円（税別）の有料サービスだが、登録ユーザーは一年間たらずで一五万人を超え、当初の想定よりも早いペースだという。以上、ITmedia ニュース「5周年迎える「radiko」、有料サービス利用者が15万人突破　ネットで新たなファン獲得、好循環も」(http://www.itmedia.co.jp/news/articles/1501/19/news037.html, accessed March 16, 2017) を参照。
102 『記念誌』一〇九頁参照。
103 Josh Reid, *Powerful Christian Radio: The Strategy, Impact & Ministry of Local Christian Radio*, Josh Reid Media, 2014, pp.19, 20, 37-39.
104 ちなみにリードはほかにも、地域教会との連携という点でラジオ伝道に大きな可能性があると述べている（具体例についてはIbid., p. 92）。リードの著書は、もはやオーストラリアはキリスト教文化の国とは言えないという前提から著されているため（*Ibid.*, p. 54）、キリスト者の少ない日本に住む我々にも、ラジオ伝道の意義について考えさせられ、教えられること多い。

第一二章

金城学院とラジオ放送「キリストへの時間」の関係について

――キリスト教学校における伝道の一断面より[1]

一　はじめに

中部日本放送株式会社（CBC: Chubu-Nippon Broadcasting）の電波を通じて、一九五二年以来放送されているラジオ番組「キリストへの時間」は、多くの祈りと尊い支援によって成り立っている。その支援には、「キリストへの時間」協力委員会における委員としての働き、説教者、アナウンサー、そして録音担当の方を始めとした献身的な人的支えと共に、財政的支援が含まれる。

一九六七年以降の「「キリストへの時間」協力委員会」（以下、協力委員会）の文書記録や、一九八三年一〇月三〇日創刊の『「キリストへの時間」協力委員会報』（以下『会報』）を読み返すと、[2]財政的な困難が幾度も協力委員会を襲ってきたことがわかる。最近の「キリストへの時間」の財政状況として、たとえば二〇一一年度の会計報告を見てみると、収入合計は六一二万三二二五円であり、その中から繰越金二一〇万三二三〇円を引くと、四〇一万九九九五円の外部献金による支えがあったことがわかる。[3]その外部献金の中で、キリスト教学校である金城学院の献金額は、金城学院の同窓会組織「みどり野会」等を含めた学院関係全体で一三三万五七〇〇円となっている。これは外部献金全体の比率から言うと三三・二％にあたり、団体別に見た場合、最も比率が高い。[4]また、『「キリストへの時間」放送伝道開始60周年記念誌』（「キリストへの時間」協力委員会発行、二〇一三年）の出版に際しても、金城学院からの資金的援助によるところが大きい。

このように、現在、「キリストへの時間」は金城学院の支えによるところが小さくないわけであるが、両者のこのような関係はというと、必ずしも当初から存在したものではなかった。ある時期から金城学院による「キリストへの時間」の具体的支援が始まったのであるが、それは一体いつから、どのような経緯によって開始され、またどのような思いが込められていたのか。本章の目的はその実際を、特に金城学院側資料(年史、理事会資料、同窓会資料)、協力委員会側資料(議事録、『会報』)等を用いて——筆者が「キリストへの時間」に携わり始めたのは二〇一二年度からであり、過去を直接知らない者なので、それゆえに——史料に即して立体的に明らかにすることにある(使用した資料中、「キリストへの時間」に直接関わるものは、「キリストへの時間」協力委員会蔵のものである)。そのことを通して、「キリストへの時間」放送開始六〇周年を記念するこの時(※本章初出執筆当時)、金城学院側からは、「キリストへの時間」に協力することの意味が何であるかを振り返り、将来の展望とすること、また協力委員会側からは、どのような形で諸教会・学校・団体と連携していくことができるかについての自己点検の契機とすることが本章の目的である。

二　金城学院と「キリストへの時間」の協力関係に至るまで

1　金城学院と南長老教会

「キリストへの時間」は、米国南長老教会在日本ミッションの働きによって一九五二年に開始されたわけであるが、その南長老教会と金城学院の関係が、一体どのようなものであったかを、本項でまず確認したい。

金城学院の歴史は、一八八九(明治二二)年にアニー・ランドルフ(Randolph, Annie E.)が女学専門冀望《きぼう》館を設立したことに遡る。(5) ランドルフは、南長老教会の宣教師として中国で一六年間伝道活動にあたり、病気帰国命令を受けて途中名古屋に立ち寄り、四年間の滞在中に女学専門冀望館を設立したのであった。一八九〇(明治二三)年に私立金城女学校（以降、名称の変遷が煩雑であり、本項目内では以下「金城」とする）と改称、一九〇三（明治三六）年に正式にミッション経営の学校、つまりミッション・スクールとなった。金城の最終的な管理権は一九三八（昭和一三）年に日本基督教会大会へ委譲されるが、その直前に、ミッション年会によって神社参拝を禁じられていたにもかかわらず全校職員生徒が神社参拝を行い、金城とミッションとの関係が悪化する。戦後、一九四七年に、金城と南長老教会との関係は修復[6]、メリー・スマイス（Smythe, Mary F.）とマーガレット・アーチボルド（Archibald, Margaret M.）が着任する。また一九四八年には南長老教会ミッションとの協力を確認した。[7]「キリストへの時間」を担ったJ・A・マカルピンの金城学院との関係は、特に戦後、金城女子専門学校理事、金城学院監事として、金城の復興と発展に貢献。定年で帰国する一九七五年まで、二八年の間、戦後の金城の復興と発展のために尽力した点を挙げることができる。[8]

以上、南長老教会と金城の関係を駆け足で概観し、「キリストへの時間」が在日本南長老教会ミッションの働きであること、また、金城が戦後、ミッションとの協力関係を結んだことを確認した。ただ、「キリストへの時間」放送は一九五二年に開始されるものの、必ずしも、「キリストへの時間」と金城との直接的接点があったわけではなく、その関わりは、南長老教会ミッション及びJ・A・マカルピンを媒介とすることによって成り立ちうる程度のものであった、というのが実際であろう。

2　一九九〇年以前

「キリストへの時間」はすでに見て来たように、在日本南長老教会ミッションの一事業として開始された。「キリストへの時間」の歴史そのものについては、前章（「第一一章　日本におけるラジオ放送伝道の歴史――米国南長老教会在日本ミッションの場合」）で細かく触れたので、改めてここで細かい経緯については触れないが、一九六七年には「「キリストへの時間」協力委員会」が結成され、日本基督改革派教会と日本基督教団がこの事業に関わるようになった。

しかし、この時点でもなお、金城学院と「キリストへの時間」との直接的関わりは生じていない。

　それでは、その金城学院が「キリストへの時間」と直接接点を持ち始めるのはいつからであるか。残された史料に制限があるものの、[9]協力委員会記録や『会報』中、具体的に金城学院の名称が見出されるのは、『会報』第一号（一九八三年一〇月二〇日）の「献金者御芳名」の「教会・その他団体」の中に、「金城学院メサイヤ委員会」（傍点筆者）と出てくるのが最初である。『会報』第二号（一九八四年七月一日）には、同じく献金一覧「教会・団体・学校」の中に、「金城学院高校3H」と「金城学院高校」が出てくる。『会報』第五号（一九八五年一一月二五日）には「金城学院高校聖研グループ」とある。残された資料の中では数少ない部類の一つに入る〝詳細な会計簿〟、その一九八五年度分を見ると、その献金額は五〇〇〇円であったことがわかる。その他、協力委員会側記録である、一九八五年九月一〇日の「「キリストへの時間」委員会記録」中に、議事「(八)クワイヤーの件　金城学院大学聖歌隊の録音及び放送に就いて長津委員に一任する事を、承認」とあり、これは、会報の中にある長津栄の記述「私〔長津〕は、数年前から、〔中略〕金城学院大学聖歌隊の聖歌を私の説教担当の時に放送していただいた。／また、今では恒例になりつつあるが、金城学院高校の讃美歌コンクールの優勝クラスのご奉仕も願っている[10]」と関連するものであろう。

3　第一次協力段階——一九九一から一九九三年

　一九九〇年以前における金城学院と「キリストへの時間」の接点は、そのような個々の、細《ささ》やかな関わりであったわけであるが、この関係が一転するのは一九九一年からである。同年と一九九二年は金城学院から三〇万円、一九九三年は一四〇万円、そして一九九四年度以降現在までは毎年一〇〇万円が、「キリストへの時間」へ献金されているのである。この転換時に一体何が起きていたのであろうか。

　一九九〇年九月一七日に第五三回「キリストへの時間」協力委員会が開催され[11]、この委員会時の記録は残っていないのでどのような話し合いが行われたかはわからないが、金城学院・名古屋学院等へ「キリストへの時間」への参画依頼を決定したと思われる。そして、一九九〇年一〇月二五日、協力委員会から「金城学院高等学校 宗教部〔ママ〕」宛で、電波料金三〇万円（年五回隔月放送）の負担要請を骨子とした以下のような依頼文が出される（金城学院側・協力委員会側共に、体裁は違うものの、同旨の文書が残されている）。一部を抜粋する。

……去る、九月（一七日）に開催された、第五三回「キリストへの時間協力委員会」において一九九一年度の事業計画の審議の際、番組の活性化と地域キリスト教施設の参与の件が議せられ金城学院〔・〕名古屋学院・AHI〔アジア保健研修所〕等のこの番組への参画を呼びかけることが議せられました。／内容は、番組の名称及び前枠・後枠は現状のままとし、正味約一二分弱を「金城アワー」の様にして、年五回隔月で、三〇万円の電波料金（一回六万円）を負担して頂く案です。これは電波料金としては考えられない額です。「金城アワー」の内容は委員会が最終責任を負うものとなりますが、先生の話、生徒の話及び対談、放送部、宗教部、音楽部等作成の番組等多様に応対したいと考えています。……

金城学院へ依頼した契機について、この依頼文には「番組の活性化」だけが挙げられているが、やはり深刻であったのは財政的困難、すなわち、米国長老教会（PC（USA））からの援助資金が打ち切られた後、その最終援助金をも底をついて財政的困難に陥ったことであろう[12]。

金城学院側に残されている依頼文の方には、「6〜7年程前から金城学院高等学校の讃美歌コンクールの優勝・準優勝のクラスのメンバーに小生〔長津栄〕の放送担当の際、讃美歌の奉仕をしていただいています」というところに下線が引かれている。すでにそのような形で、金城学院（より具体的には高校）と「キリストへの時間」との接点があったからこそ、金城学院高校に依頼をすることのできる窓口があり、なおかつ、その後学院として財政的支援を行っていくことの道を開く可能性を高め得たのではないかとも思われる。

金城学院側では、一九九〇年一一月二日の金城学院高等学校職員会議において宗教課からの報告としてこの件について触れられ、その後、「金城学院　院長渡邊亘親」宛てに、高等学校長名（杉山舜一）で「ラジオ放送「キリストへの時間」参加協力について（お願い）」が出されている。その文面には、「キリストへの時間協力委員会より、番組の活性化と財政面の改善をはかるため、本学院高等学校へ番組への参画が呼びかけられました。一九九一（平成三）年四月からの発信に向けて、宗教課、視聴覚課等が中心となって、その準備に協力して行くため協力委員会と議しております。軌道にのれば幼稚園・中学校等の参画も考えられます」とある（一九九〇年一一月六日付）。

そして、一九九〇年一一月一九日に開催された金城学院常任理事会では、以下のような記録が残っている。

（二）ラジオ放送「キリストへの時間」参加協力について
杉山高等学校長から別紙資料により、キリストへの時間協力委員会より、番組の活性化と財政面の改善をはかるため、金城学院高等学校の番組参画が呼びかけられた。高等学校としては参画・協力して行きたいので、一回当たり六万円、年間三十万円の予算配慮をお願いしたい、と説明。

渡邊理事長から、予算に関係することなので財務委員会で検討していただきたい、と発言あり。

継続審議とする

その後、一九九一年一月一一日の財務委員会での、月額五万円・隔月で年間三〇万円という骨格予算の計上決定を経て、一九九一年一月一四日の常任理事会でこの件を審議し、「主旨に賛同して参加協力することとし、月額五万円の隔月で年間三十万円の骨格予算を一九九一年度から計上すること」が承認された。この結果はすぐに協力委員会へと知らされている。[13]

この「第一次協力段階」に至る経緯で興味深いことは、番組参画・協力の主体は高等学校であるが、その財政的支援は学院から出ている、ということである。また、金城学院が「キリストへの時間」に協力することについて、そのことの理念に関わる深められた議論は行われなかったようだということである。なお、その後「キリストへの時間」の放送で具体的にどのように「金城アワー」が行われたかは、協力委員会議事録及び『会報』からはわからない。(14)

三　学院全体による協力関係へ

1　第二次協力段階——一九九三年から現在

こうしてかろうじて放送事業は継続したが、わずか二年後の一九九三年一月に、同年六月をもって放送を打ち切らねばならない可能性があることが、協力委員会内で明らかとなった。すなわち、CRC(15)から年間二〇〇万円近い資金援助を受け、そのために番組制作もCRCに委ねるなどして、かろうじて一九九二年度の放送を実施していた状態であったのが、一九九三年一月になって、CRCから「新年度からは当方も資金急迫につき、一切の援助ができないので、御承知願いたい」との知らせを受けたのである。そこで、協力委員会は「米国長老教会と深い繋がりのある金城学院に特別な御協力をお願いすること(16)」としたのであった。

一九九三年二月二〇日、学院宗教主事会が開催され、その結果について、金城学院宗教主事会『一九九二年度　金城学院キリスト教活動報告書』の四頁に次のように記されている（以下、「学院宗教主事会答申文書」）。金城学院と「キリストへの時間」との関係を見極める上で重要なものであり、以下、そのまま引用する。

＊　　＊　　＊

１９９３年2月20日

学校法人　金城学院

理事長　　渡邉宜親殿

学院長

宗教総主事

眞山光彌

「キリストへの時間・金城学院アワー」について

理事長から、１９９３年2月7日付文書「ラジオ放送「キリストへの時間」に関するお願い」について学院宗教主事会で検討するよう依頼されましたので、2月20日（土）、学院宗教主事会を金城学院中学校宗教センターにおいて開催し、慎重に検討致しました。その結果、次のように答申いたします。

答　申

ジェームズ・マカルピン先生によって始められた「ラジオ放送「キリストへの時間」」につきましては、その経費をめぐって種々の歴史的変遷がありましたが、次の事由によって、金城学院がこれを継承し、とりあえず１９９３年度は、２００万円のスポンサーになることを提案いたします。

(1)ＰＣＵＳのマカルピン先生の志を継承する。

(2)学院の宗教主事が説教を担当する場合には、「キリストへの時間・金城学院アワー」として、学院外の福音宣教にあたるだけでなく、学院の建学の精神を内外にアピールする。

(2)〔ママ〕また、ハンドベルクワイア、クワイア、グリークラブなどの協力を得ることにより、学院の教職員・学生・生徒・父母会・ＰＴＡにも「キリストへの時間」を宣伝・アピールする。

以上

〈付記〉

(1)現在の「ラジオ放送『キリストへの時間』協力委員会」の組織は、次のとおりですが、金城学院がスポンサーになれば、必然的に委員会組織などは変更されるとのことです。

委員長　篠田　潔（教団半田教会牧師）
委　員　小野静雄（改革派名古屋教会牧師）
委　員　佐々木弘至（改革派津島教会牧師）
委　員　（欠員）（教団関係牧師）
総主事　サップ、シベット・Ｆ（ＰＣＵＳＡ）
主　事　長村秀勝（『つのぶえ』編集・発行人）

(2)もし金城学院がスポンサーになれば、名古屋学院大学及び名古屋学院からの寄附（合計40万円）は、ご遠慮する可能性が高いとのことです。

＊　＊　＊

上記文章中に出てくる、「１９９３年2月7日付文書「ラジオ放送「キリストへの時間」に関するお願い」」は、残念ながら写しを含めて、学院側・協力委員会側共に残っていない。しかし、財政的困難から、協力金の増額を訴えた内容であったのは間違いないであろう。注目すべきは、この時に文章上では初めて、金城学院と「キリストへの時間」との関係について、慎重な検討が加えられたという点である。南長老教会が、金城学院と「キリストへの時間」の共通項であるという歴史認識は、ここで初めて見出されるのである。

この「学院宗教主事会答申文書」を経て、「その結果年間１００万円の献金をして頂くことになり、さらに別の仕方でも協力しようとのお申し出をいただきました。それは直ちに同学院同窓会『みどりの会《〔ママ〕》』からの多額の献金のお申し出をいただいたことに実現されました」とある（文書「ラジオ放送「キリストへの時間」御支援のお願い」一九九三年七月三日付）。つまり、金城学院の迅速な対応によって、放送は一九九三年度以降も継続されたのであった。事実、一九九三年四月以降、「キリストへの時間」の説教者に、大学も含めた金城学院関係者が携わっていることがわかる（文書「一九九三年度ＣＢＣラジオ放送「キリストへの時間」金城学院担当者一覧」日付無）。金城学院による「キリストへの時間」への参与は、もはや高等学校の業としてではなく、財政的にも人的にも学院全体による、「福音宣教」「学院の建学の精神を内外にアピール」する業となったと言えよう。

『会報』第二〇号（一九九三年六月二〇日）に、「「キリストへの時間」委員会」名で、経過の短い報告と感謝の言葉が次のように掲載されている。

> 「キリストへの時間」の放送が、金城学院の全面的な協力をいただいて、継続が可能になりました。同じ南長老教会の支援と祈りをいただいて設立された金城学院と「キリストへの時間」が、このような形で東海の地に新しい使命を共有し、共働の機会が与えられたことには感謝であり、神様の限りない摂理と言えます。

その後、一九九三年六月二八日の常任理事会で、金城学院宗教総主事眞山光彌より、六月二四日に開催された協力委員会についての報告がなされ、一九九三年七月一二日の常任理事会では、眞山光彌から、「キリストへの時間」協力委員会委員長篠田潔より理事長渡邉宜親及び大学長讃岐和家宛に、金城学院からの一〇〇万円の協力献金についてのお礼の手紙（いずれも七月七日付）と「資料[17]」が送られたことが報告されている。

それにしてもやや不思議な点は、この大幅な増額に至る経緯について、資金難による増額要請があったということまでは確認できるものの、その後の経緯については学院側資料からは全く浮かび上がって来ない点であろうか。理事会記録等の確認作業は金城学院大学総務課にお世話になり、「増額するに至った経緯は1993年2月〜7月に開催された常任理事会の資料を重点的に確認したが、審議事項として挙がっておらず、金額が確定した経緯は不明」というコメントをいただいたが、その通りなのであろう。「学院宗教主事会答申文書」中、「理事長から……依頼されました」という言葉に、理事長から直接依頼された特殊な経緯を匂わせるが、どうであったか。さらに、協力委員会側記録も、遺憾なことに一九九一年度途中から一九九八年度分までが欠損していて、肝心のこの時期についてはわからないのである[18]。現時点で、手元の史料から再構成できる経緯は以上が限界である[19]。

なお、金城学院側でこの時実際に事に当たったのは、特に金銭的なことのほとんどを含めて、宗教総主事の眞山光彌であったと言われる（当時、高等学校宗教主事原榮作〔一九九三年三月退職〕の回顧より）。次項の、金城学院同窓会みどり野会による支援開始のきっかけについてのところでも触れるように、金城学院側では、眞山光彌が「キリストへの時間」放送継続のために努力・奔走していた様子がうかがわれる。眞山光彌はすでに故人であり、これ以上細かいことはわからない。

2　金城学院同窓会みどり野会の支援

金城学院同窓会みどり野会からも、第二次協力段階にあたる一九九三年度以降、毎年三〇万円の尊い献金がささげられている。一九九三年六月二六日に開催された第三回役員会で、協議事項「3．CBCラジオ「キリストへの時間」への寄付について」において、「毎年みどり野会から30万円を献金」と記されている（「第一《〔ママ〕》三回役員会記録報告」）。会計簿によれば、一九九三年七月三日に「キリストへの時間」へ献金されているとのことである。記録からは、献金に至った経緯ついては不明であるが、当時の様子を知る方々からお話をうかがったところ、宗教総主事眞山光彌より、「「キリストへの時間」を助けてほしい」という直接的依頼があったのがきっかけであったという。

『金城学院同窓会みどり野会会報』第七五号（一九九三年一〇月一日）二〇頁には、「キリストへの時間」に献金したことの報告と、篠田潔（肩書は「「キリストへの時間」協力委員会委員長／（日本キリスト教団半田教会牧師・金城学院理事）」とある）より感謝の一文が載っている。特に、献金の報告文には、「伝道の機会が増え、神の御言が、より多くの人々に広まることを希望し、ここにご報告いたします」と記してある。筆者は、当時の、そして現在のみどり野会役員の幾人かの方々にも「キリストへの時間」への思いを直接うかがったが、この報告記事と何ら変わることのない伝道への熱心が今も息づいていることを知り、印象的であった。

四　おわりに

以上、我々は金城学院と「キリストへの時間」の関わりが、どのような経過をたどってきたかを史料に即して見てきた。それらを四点に整理すると、次のようになるであろう。（一）一九九〇年以前からすでに、緩やかな形ではあったが個々の関係があったこと。（二）しかし、米国長老教会からの資金援助が底をついたことから、一九九〇年に「番組の活性化と地域キリスト教施設の参与」として金城学院に援助依頼がなされたこと。（三）そして、一九九一年から三〇万円の献金が金城学院からなされ、金城学院高等学校による出演協力が始まったが、二年後の一九九三年、ＣＲＣからの援助が打ち切られ、「米国長老教会と深い繋がりのある金城学院に特別な御協力をお願いすること」となり、金城学院も学院宗教主事会において「ＰＣＵＳのマカルピン先生の志を継承」し、「学院外の福音宣教にあた」り、「学院の建学の精神を内外にアピールするため」に、急遽、協力金の大幅な増額をはかった。（四）あわせてみどり野会も、「伝道の機会が増え、神の御言が、より多くの人々に広まることを希望」して支援に呼応したのであった。

ところで、一九九三年二月二〇日の学院宗教主事会においては、金城学院が「キリストへの時間」に協力する立脚地を、「PCUSのマカルピン先生の志を継承する」と位置付けたが、筆者は、一個人としての立場と見解においてではあるが、マカルピンよりもさらに遡って、次のように提案することもまたできるのではないかと思っている。それは、金城学院の創設者ランドルフの志を継承する、ということである。ランドルフが一八八九（明治二二）年に開校した女学専門冀望館はわずか三人の女生徒でもって始まるが、その中の一人、星野静枝についてランドルフは、御殿場から米国南長老教会の日曜学校の生徒たちに向けて次のような手紙を書き送っている。

そこで、私はこの可愛い少女〔星野静枝〕についてお話したいと思います。フルトン夫人と私は、彼女を育て教育するために預かり、神が彼女の心を変え、大切なクリスチャンの働き人にされるように望んでいます。彼女の父は名古屋の弁護士で、彼自身はクリスチャンではありませんが、静枝がクリスチャンになることを願っています。私たちは、彼とその家族が静枝と同じようにキリストに導かれるという大きな望みを抱いています。神の御霊だけが彼女の心を変え、神への奉仕にその生涯を献げる備えをすることができるのです。〔中略〕。神が彼女に新しい心を今、与え、彼女の将来の、偉大なライフ・ワークのために、適切な訓練が受けられるよう、どうか祈ってください。／私たちは、九月九日、名古屋で私たちの女学校を開設しようとし、少数の生徒たちのために準備をしています。自給がこの学校の規則です。しかも、中国と同じように、日本の貧しい子どもたちは、教育を受ける手助けを必要としています。[20]（傍点筆者）

ここに、ランドルフが設立した学校、すなわち、金城学院とそこで行われる教育に注がれている眼差しが明確に記されている。それは、この学校に属する一人の少女が、そして彼女を通して家族もまた、「キリストに導かれ」ることである。原文にはこうある。"We have great hopes he and his household may be brought to Christ as well as Shezue《ママ》." To Christ――キリストへ。「キリストへの時間」、その英語表記は現在でこそ"The Hour for Christ"であるが、かつては"The Hour to Christ"と呼ばれていたこともあった。「キリストへ」という言葉は、金城学院においても、「キリストへの時間」においても、これまで変わることなく響いてきた言葉である。

少子化の進んでいる現在、私立学校の経営はますます厳しい状況下に置かれていると言われる。ラジオを通しての放送伝道もまた（前章で触れたように）、二一世紀に入りメディアの在り方がますます多様化する中にあって、チャレンジを受け続けている。キリスト教放送を含めたラジオでの宗教放送は戦後、「必ずしも教団側、一般の日本人に広く受容されなかった[21]」との分析もある。そのような中にありつつも、金城学院が「キリストへの時間」の働きに参与することにより、共鳴が起こっているかのように創立者ランドルフの志"To Christ"を体現していることは確かであろう。

注

1　本章は多くの方々の助けを得て初めて執筆が可能となったものである。特に、金城学院大学総務課の岡本吉裕さんと日高英登さん、そして、みどり野会事務局の小梁川京子さんには大変お世話になった（肩書きは本章初出執筆当時による）。ここに感謝の意を表したい。

2　二〇一七年七月時点で、最新号は二〇一七年七月五日発行の第六八号。第四、九、一二、一四、二八、三一号が欠損している。

3　『「キリストへの時間」協力委員会報』第五八号、二〇一二年七月五日。

4　本書二六五頁を参照。

5　以下、金城学院の歴史については、主として金城学院百年史編集委員会編『金城学院百年史』金城学院、一九九六年を参照。

6　前掲『金城学院百年史』四三七頁。

7　同右、四三九頁。

8　同右、七〇九頁。

9　協力委員会が設立された一九六七年以降の委員会記録は、議事録や各種文書が一九六七年から一九九〇年までと一九九九年から現在までが残っている。また、貴重な記録となる『「キリストへの時間」協力委員会報』が発刊されるのは一九八三年一〇月三〇日からであり、これ以降の出来事の場合であれば、ある程度の追跡調査が可能となる。

10　長津栄（「キリストへの時間」委員、当時日本基督教団瀬戸永泉教会牧師）「新しき歌を主にむかいて歌え」、『「キリストへの時間」協力委員会報』第七号、一九八六年一二月一日。

11　「第52回「キリストへの時間」委員会記録」一九九〇年二月一三日。

12　『「キリストへの時間」協力委員会報』第一五号（一九九〇年一二月一〇日）に、「前号〔『「キリストへの時間」協力委員会報』第一四号、一九九〇年六月?。但し第一四号は現存せず〕で基金の残りが３００万円」であり、「その先の放送伝道事業の継続が困難であるとの意味をもった報告」がなされ、「募金活動に力を入れ」、「それと共に、キリスト教関係団体にスポンサーになっていただき、ある程度の番組構成の内容刷新のことも考えながら、資金面での補いと共に、内容面での転換も計りたいと、その企画中であります」と記されている。また、小野静雄「新しい装いで」（『「キリストへの時間」協力委員会報』第一八号、一九九二年七月一日）には、「昨年の前期には、財政上の困難がさしせまっていることを、ニュースでもお知らせし〔筆者注：なお「昨年の前期」の「ニュース」とは、『協力委員会報』第一六号（一九九一年六月一〇日）には財政上の困難についての記述が見当たらないため、キリスト改革派教会ラジオ伝道部発行の『季刊　ラジオ伝道ニュース』のことを指すのであろう〕、……それに応えて、沢山の献金をささげて下さ」り、さらに、「委員会では、この放送が経済的な理由で中止されることは、決して神様の御心ではないと信じ……「キリストへの時間」放送の意義を理解して下さる幾つかの団体に、支援と協力を呼びかけた」と経過が記されている通りである。

13　一九九一年一月一七日付、金城学院高等学校宗教主事原榮作のS・F・サップ、長村秀勝宛書簡と、文書「CBCラジオ〝キリストへの時間〟協力出演について」（日付無）が、委員会側資料に残されている。

14　ただ、文書「CBCラジオ〝キリストへの時間〟協力出演について」（日付無。一九九一年一月中旬頃と思われる）を見ると、金城学院高等学校側が大体どのような計画を立てていたかがわかる。たとえば、「お話」担当として、教員や生徒四人の名前が挙げられているほか、グリー・クラブやハンドベル・クワイヤの出演も想定されている。

15 「キリストへの時間」側資料では、「CRC」「CRCラジオ伝道部」「CRC日本伝道会」「CRCラジオ伝道部（北米改革派教会の放送部門）」等の記述が見られるが、北米キリスト改革派教会(CRCNA: Christian Reformed Church in North America)のメディア伝道局（BTGMI: Back to God Ministries International）の日本語部門、現在の「CRCメディア・ミニストリー」（二〇〇一年一月に「ラジオ伝道部」から名称変更）のことを指すのであろう（「CRCメディア・ミニストリーについて」http://www.jesus-web.org/radioprg/lnk_crcmm.htm, accessed March 16, 2017）。

16 文書「ラジオ放送「キリストへの時間」御支援のお願い」一九九三年七月三日付（学院側資料）。

17 「資料」とは、金城学院側資料によれば、『「キリストへの時間」協力委員会報』第二〇号（一九九三年六月二〇日）と、文書「ラジオ放送「キリストへの時間」御支援のお願い」（一九九三年七月三日付）のことであろう。なお、献金の実際は一九九三年度のみ一四〇万円であり、その他に「みどり野会」から三〇万円、「金城学院高校」から六万円、「金城学院大1年B組」から一万二千円の献金があった（『「キリストへの時間」協力委員会報』第二二号、一九九四年五月三一日）。

18 同じくこの時期については、他にも、金城学院と「キリストへの時間」との関わりで注目されることの一つとして、基本的に年二度開催の協力委員会へ金城学院関係者が継続的に出席することが一九九六年度から始まるのであるが、これについても、史料による裏付けはかなわないことを意味する。

19 「学院主事会答申文書」中、「とりあえず1993年度は、200万円のスポンサーになることを提案いたします」という、「と、、、、りあえず」という言葉からは、一九九四年度以降に向けて改めて検討する可能性があったことを知ることができるが、今回時間の都合上、この点についてまでは調査することができなかった。

20 Randolph, Annie E., "LETTER FROM MRS. RANDOLPH," in *The Missionary, October 1889*, p. 393.（金城学院蔵。『金城学院百年史』七三頁に、眞山光彌による日本語訳がある）

21 石井研士「戦後におけるラジオでの宗教放送の変化――三つの調査を比較して」、『国学院大学大学院紀要――文学研究科』第三四輯、二〇〇三年所収、一四一頁。

あとがき

まず、本書各章の初出について以下に記したい。

第一部の「第一章　初期日本プロテスタント教会における〈聖書解釈の伝統〉理解――「日本基督公会条例」を手掛かりに」は、金城日本語日本文化学会秋季大会（二〇一四年一一月）で講演発表し、金城学院大学日本語日本文化学会『金城日本語日本文化』第九一号、二〇一五年三月（一七―四〇頁）に掲載されたものである。元来の講演か、金城学院大学文学部日本語日本文化学科の学部生に向けて、日本のキリスト教の歴史に少しでも興味を持ってほしいと願いつつ平易に語ったものであり、必ずしも議論の本筋ではない教科書的なことにも言及しているのは、そういった事情による。「第二章　日本における礼拝指針の系譜――未見の日本基督一致教会『礼拝模範』と東京神学大学図書館蔵『長老教会礼拝規則』をめぐって」は、日本基督教学会第六二回学術大会（二〇一四年九月）で発表し、日本基督教学会『日本の神学』第五四号、二〇一五年九月（九七―一一七頁）に掲載されたものである。学会誌に掲載されたものであり、専門用語が何の断りもなく出てくるのはそのためである。むずかしく感じられた方は、これを一般読者向けに、ある部分をより平易または詳細に記述し、あるいは部分削除したものが、日本基督教団・改革長老教会協議会・教会研究所、季刊『教会』第一〇五号、二〇一六年一一月（一八―二八頁）に掲載されているので、あわせてご参照いただければと思う。「第三章　愛知における長老教会の伝道事始め――浪花中会と宣教師の働きとの関わりで」は、日本基督教団全国連合長老会第六二回宣教協議会（二〇一六年二月）で講演発表し、季刊『教会』第一〇四号、二〇一六年八月（七―二四頁）に掲載されたものである。宣教協議会は、主に牧師・長老が参加して伝道について協議する会であり、それゆえ本章は他章に比べ、特に（歴史を実証的に論じるより）伝道を意識した内容となっている。

第二部の「第四章　熊本バンドに移植されたL・L・ジェーンズの神学・思想とその影響――「新神学問題」以前の、高等批評的聖書解釈の流入」は、東京神学大学総合研究所『紀要』第一三号、二〇一〇年三月（一三一―一五〇頁）に掲載されたものである。なお、拙論「明治期日本プロテスタント・キリスト教界に移入された、異なった聖礼典理解――ジェーンズと熊本バンドを手がかりに」（一）季刊『教会』第八一号、二〇一〇年一一月（二一―三〇頁）及び同（二）、季刊『教会』第八二号、二〇一一年二月（三五―四六頁）は、これ（『紀要』第一三号掲載のもの）を今日の教会状況に即してかなり実践的に、一般読者向けに書き直したものである。「第五章　組合教会「信仰ノ告白」の制定経緯――「信仰箇条」から「信仰ノ告白」への移行における諸問題と、その影響」は、東京神学大学総合研究所『伝道と神学』第一号、二〇一一年三月（二二四―二四四頁）に掲載されたものである。第四、五章とも、筆者が博士後期課程在籍中に、指導教授（棚村重行先生）から与えられた課題に取り組む中で生まれた成果である。

第三部の「第六章　日本基督教連盟における教会合同運動の契機――宣教師団体との関わりを手掛かりに」と「第七章　なぜ日本基督教連盟は教会合同運動の担い手となり得たか――海老沢亮の理論を中心に」は、第八回東北アジア教会史研究会（二〇一二年九月）で研究発表し、『金城学院大学論集人文科学編』第九巻第二号、二〇一三年三月（二八―四二頁）及び同第一〇巻第一号、二〇一三年九月（一―一二頁）に掲載されたものである。

第四部の「第八章　「教義ノ大要」条項の成立経緯をめぐって――看過された日本基督教団信仰告白の源流」は、東京神学大学神学会『神学』第七〇号、二〇〇八年一二月（三三五―三五二頁）に掲載されたものである。基となったのは東京神学大学大学院の修士論文として提出したものであるが、『神学』掲載に際しかなり無理に縮めたこともあり、本章においても、日本基督教団成立時の緊迫したやりとりや雰囲気を伝えることまではかなわなかった。「第九章　日本基督教団成立時の「生活綱領」について――その成立経緯」は、日本基督教団愛知東西地区合同教師会(二〇一四年七月)で講演発表し、『金城学院大学キリスト教文化研究所紀要』第一八号、二〇一五年三月(一一―三〇頁)に掲載されたものである。これの続編となるのが、「第一〇章　日本メソヂスト教会「宗教箇条」第一六条の成立をめぐって――なぜ「万世一系の天皇を奉戴」との文言が含まれているのか」であり、青山学院校友会三重県支部総会(二〇一五年五月)で講演発表し、『神学』第七七号、二〇一五年一二月(八五―一〇六頁)に掲載されたものである。

第五部の「第一一章　日本におけるラジオ放送伝道の歴史――米国南長老教会在日本ミッションの場合」は、季刊『教会』第九九号、二〇一五年五月(一〇―一七頁)に掲載され、「第一二章　金城学院とラジオ放送「キリストへの時間」の関係について――キリスト教学校における伝道の一断面より」は、『「キリストへの時間」放送伝道開始60周年記念誌』「キリストへの時間」協力委員会発行、二〇一三年(四三―六四頁)に掲載されたものを、大幅に書き改めたものである。思いがけず取り組んだ、極めてマイナーな研究対象であったが、明治期からの日本プロテスタント・キリスト教界の課題でもある〈外国教会からの自給独立〉過程の縮図をそこに見て、実に様々なことを考えさせられた。

以上のように、本書は、既発表の文章を集めた構成となっているが、言うまでもなく、再録にあたっては全体に手を入れ、あるところは大幅に書き換えている。その上でもなお、本書の課題は多くある。たとえば、昨今、日本のキリスト教史を広くアジアとの関連で捉える視点がますます重要視されている潮流からすると、本書の構成は少し視野が狭いものと感じられるかもしれない。「まえがき」にも書いたように、筆者は「「日本基督教団」……が成立するに至るまでの経緯に関心がある」者であり、その線を外れない限りにおいて、また他の専門分野に勇み足的に足を踏み入れてしまうことには十分注意を払う必要があると認識した上で、前述の課題のあることを心に留めたいと思っている。他にも、第六、七章は日本基督教連盟の教会合同運動の発端部分についてほんの少し触れたに過ぎず、連盟の教会合同運動の全貌を明らかにするためにも、さらにその続きの研究を深めたいと願っている。

このような積み重ねがあって本書は成り立っているのであるが、ここで筆者が日本プロテスタント・キリスト教史に関心を持つに至った契機が何であったか、ということについて簡単に記しておきたいと思う。たぶん、それは筆者が東京神学大学学部四年次在籍中の、夏期伝道実習の時であった。二〇〇五年七—八月、筆者は奈良県にある日本基督教団奈良高畑教会に夏期伝道実習生として遣わされた。教会の皆さんは筆者を大変温かく迎え、また何よりも湯谷忠興先生（当時奈良高畑教会牧師）からは伝道することの喜びを教えてくださり、この時の楽しい経験が絶えず思い起こされ、今でも感謝に堪えない。

さて、その夏期伝道実習に、筆者は神学校で出された夏の宿題も持ち込んで行っていた。今となっては全く理由を思い出すことができないのであるが、なぜか、レラーンスのヴィンケンティウス（四〇〇頃—四五〇以前／ローマ時代の神学者、司祭、聖人。藤原一二三「ヴィンケンティウス（レラーンスの）」、『キリスト教人名辞典』日本基督教団出版局、一九八六年、一九八頁より）が書いた原典著作を持って行った。実は神学校の先輩たちからは、夏期伝道実習中は宿題をするような時間はないと聞かされていた。確かに宿題に費やす時間はほとんど確保できなかったが、何よりも感じざるを得なかったことは、少し時間が空いたとしても、その著作を読もうとする気分が一向に起こらなかったことである。

そうした実習中のある日、奈良市内の古書店に立ち寄った時のことである。そこに、キリシタン関連の書籍が、他分野の書物の存在に負けることなく鎮座して燦然《さんぜん》と並んでいるのが目に飛び込んできた。その瞬間、ああ、私は今日本に住み、日本で伝道に従事する者として召された、だから日本のキリスト教の歴史を学ぼう、そうであれば、日本のどの地域に遣わされても、その地域のキリスト教の歴史をも生涯にわたって学ぶことができる——そういう志が与えられたのである。

そして、神学校を卒業するための修士論文の作成は、日本プロテスタント・キリスト教史を選択し、特に、日本基督教団成立から六五年間以上が過ぎ、いよいよ教団成立の周辺を歴史として、それも筆者のような若い世代だからこそ客観視することができるのではないかという期待から、教団成立をめぐる諸問題を研究対象とすることとしたのであった。東京神学大学が、主として日本で伝道に従事する伝道者を養成することを目的とした機関でありながら、日本のキリスト教の歴史についての学びの機会が意外と少なく、またその学びの大切さを意識する神学生もあまりいないように見受けられ、その状況を不思議に思っていたことや、筆者が一般大学在学時に憲制史のゼミに属していたことも（後述）、その研究対象の選択を後押ししていたように思う。

筆者の学びにおいて、これまで多くの先生方にお世話になったが、日本プロテスタント・キリスト教史の学びにおいては、特に次の四人の先生方にお世話になった。まず、筆者が青山学院大学法学部在学時のゼミの指導教授であられた佐々木高雄先生（当時、青山学院大学教授。日本国憲法制定史）である。本書第五、八、九、一〇章の研究手法は、先生の方法論と御著書（『戦争放棄条項の成立経緯』成文堂、一九九七年）に依るところが大きい。関川泰寛先生（東京神学大学教授）からは、筆者が東京神学大学学部三年次に編入学し、歴史神学の右も左もわからない時期に講義や宿題を通して、第一次史料を読むことの大切さと楽しさを教えていただいた。鵜沼裕子先生（当時、聖学院大学教授、東京神学大学非常勤講師）は、筆者が東京神学大学学部三年次に、初めて日本キリスト教史の学びを受けた先生である。卒業後も、折に触れて筆者からの授業に関する質問に答えてくださり感謝であった。

そして何よりも、筆者の指導教授、棚村重行先生（当時、東京神学大学教授）の学恩に負うところが大きい。先生が特に重視された、二国間史料を使用するという方法論については、本書の第二、一〇、一一章でよく反映することができたと思う。しかし、先生からの期待に応えることができなかった点もあり、大変申し訳なくも思うのであるが、それでも忍耐をもって筆者をご指導くださり、また見守ってくださったことは、感謝に堪えない。余談ではあるが、しばしば食事に誘ってくださったことも、心休まるひと時であった。

本書の成立に至るまでも、多くの方々と関係機関にお世話になった。各章ごとの執筆に際してお世話になった方々や機関については、本文及び注の中で個々に記したが、ここでは全体を通してお世話になった方々と関係機関について記したい。

東京神学大学図書館では、『富田満氏資料』をはじめ多くの貴重資料を閲覧させていただいた。金城学院大学図書館と図書館職員の皆さんには、米国南長老教会の英文資料閲覧をはじめ、各種資料取り寄せの手続き等、大変お世話になった。

遡って筆者が、後期課程で学ぶことができたのは、時間と費用の両面から支援していただいた日本基督教団鎌倉雪ノ下教会長老会と、教会員の皆さんのご配慮があってこそであった。また、牧師の先生方、特に筆者が個人加盟している連合長老会関係の諸先輩先生方からは、様々な面において継続的な励ましをいただいた。奉職している金城学院大学では、小室尚子先生（学院宗教総主事）をはじめ多くの方々にお世話になり、他にも親しい方々から、折に触れて励ましを与えてくださった。そして、両親に心から感謝したい。今自分があるのは、両親のおかげだからである。そして何よりも、これら全てを背後にあって導き、絶えず慰めをもって臨んでくださった神に感謝したい。

最後に、本書の出版にあたっては、日本キリスト教団出版局の方々、出版実現に向けて手引きしてくださった土肥研一さんをはじめ、特に校正作業を担当してくださった伊東正道さんには大変お世話になった。また、本書の出版にあたっては、「金城学院大学父母会特別研究助成費」（二〇一七年度）の補助を受けた。感謝の意を表したい。

二〇一七年九月　金城台にて

落合建仁

落合建仁（おちあい　けんじ）

1981 年、大阪府に生まれる。東京神学大学大学院博士後期課程単位取得後退学。日本基督教団鎌倉雪ノ下教会主任担任教師代務者及び担任教師を経て、2012 年より金城学院大学に奉職。現在、同大学文学部准教授・宗教主事。著編書に『聖書入門――主を畏れることは知恵の初め』（共著、日本キリスト教団出版局、2014 年）、『日本基督教団中部教区史資料集（七）』（共編、日本基督教団中部教区常置委員会、2015 年）、『日本キリスト教史の小径』（全国連合長老会出版委員会、2016 年）がある。

日本プロテスタント教会史の一断面
―― 信仰告白と教会合同運動を軸として

2017 年　9 月 25 日　初版発行
© 落合建仁 2017

著者 ………… 落合建仁
発行 ………… 日本キリスト教団出版局
〒 169-0051　東京都新宿区西早稲田 2-3-18
電話・営業 03（3204）0422、編集 03（3204）0424
http://bp-uccj.jp
印刷・製本…… 三松堂印刷
装丁 … 向谷地ひろむ
ISBN 978-4-8184-0978-1　C3016　日キ販
Printed in Japan

日本キリスト教団出版局

日本基督教団史
《オンデマンド版》

日本基督教団史編纂委員会編

1967年当時、「教団成立前後の先人の跡を、今日の教団の状況の中で再認識する機会となるとともに、明日の教団の歴史を担うべき人々へ貴重な資料を提供する」との願いが込められて刊行された書の復刻版。 4600円

日本基督教団史資料集
第1巻第1篇 日本基督教団の成立過程
《オンデマンド版》

日本基督教団宣教研究所教団史料編纂室編

日本基督教会、日本メソヂスト教会、日本組合基督教会、日本バプテスト教会、日本福音ルーテル教会、日本聖教会などの諸教派の、戦前における活動や信仰告白、教憲・教規、日本基督教連盟の働きなど、教団成立までの史料を網羅。7000円

日本基督教団史資料集
第2巻第2篇 戦時下の日本基督教団
《オンデマンド版》

日本基督教団宣教研究所教団史料編纂室編

合同なった戦時下の日本基督教団の活動・組織の実態の史料を網羅。部制を残したままの教団組織の問題や信条問題、6部・9部への弾圧、また戦争協力（軍用機献納、海外占領地政策への協力など）の実態を証言する。 7000円

日本キリスト教史
《オンデマンド版》

海老澤有道　大内三郎

類書のない本格的な通史として学問的に高く評価されている本書は、日本におけるキリスト教の受容と迫害、成功と挫折の経過とその意味を、一般の読者にもわかりやすく語りかける。

8600円

日本メソヂスト教会史研究

澤田泰紳、土肥昭夫編集

旺盛な伝道精神で教会を設立をし、学校教育、社会事業にも心血を注いできたメソヂスト教会。豊富な図表とともに明治期における合同運動から三派合同への過程をたどる。宣教師の残した資料を教会史として構築した記念碑的研究。 6400円

天皇制とキリスト者
《オンデマンド版》

飯沼二郎

明治以来今日まで、国民統合の象徴とされてきた天皇制と対立を余儀なくされた日朝両キリスト者の苦悩と思想を通じて、キリスト教の信仰を、真に現在の日本に生かす道を探る。

2800円

価格は本体価格。重版の際に定価が変わることがあります。